曾国藩全鉴

第2版

（清）曾国藩 ◎ 著
东篱子 ◎ 解译

中国纺织出版社

内 容 提 要

曾国藩是晚清第一名臣,被称为中国历史上的洋务之父、最后一位理学大师,是近代最有影响力的人物之一。他的人生智慧、思想体系,深深地影响了几代中国人。本书收录了曾国藩的《冰鉴》《挺经》《曾国藩家书》这三部最有代表性的著作,并附录了曾国藩小传,力求站在历史的高度,全方位、多视角真实地解读曾国藩治国、治军、治家、治学、修身的超人智谋,以供现代人学习和借鉴。

图书在版编目(CIP)数据

曾国藩全鉴 / (清)曾国藩著;东篱子解译 . —2 版 . —北京:中国纺织出版社,2014.8(2023.1重印)
ISBN 978-7-5180-0674-8

Ⅰ.①曾… Ⅱ.①曾… ②东… Ⅲ.①曾国藩(1811~1872)—全集 Ⅳ.①Z425.2

中国版本图书馆 CIP 数据核字(2014)第 099457 号

副 主 编:李百芹
编委会成员:余长保 蔡 践 党 博 杨敬敬 李 蕊 孙红颖
任娟霞 陈金川 李向峰 朱雅婷 罗 苏 陈 美
庞莉莉

策划编辑:向连英 特约编辑:陈志海 责任印制:周平利

中国纺织出版社出版发行
地址:北京市朝阳区百子湾东里 A407 号楼 邮政编码:100124
邮购电话:010—67004422 传真:010—87155801
http://www.c-textilep.com
E-mail:faxing@c-textilep.com
中国纺织出版社天猫旗舰店
官方微博 http://weibo.com/2119887771
北京华联印刷有限公司印刷 各地新华书店经销
2010 年 5 月第 1 版 2014 年 8 月第 2 版
2023 年 1 月第 11 次印刷
开本:710×1000 1/16 印张:20
字数:269千字 定价:38.00 元

凡购本书,如有缺页、倒页、脱页,由本社图书营销中心调换

前言

曾国藩（1811—1872年），湖南湘乡人，初名子城，字伯函，号涤生，谥文正。他从一个普通的农家子弟，以并不超绝的资质，"文能应试，武能杀人"，缔造出一支强悍无比的湘军，扶大厦于将倾，成为力挽狂澜的"中兴第一名臣"，位列晚清"三大重臣"之首，并因其精于治国、治兵、治学、治家，而备受后人推崇。他的人生，他的思想，他的智慧，深深地影响了几代中国人，以至于他虽已去世一百余年，提起曾国藩，人们仍津津乐道。

梁启超对曾国藩有这样的评价："曾文正者，岂惟近代，盖有史以来不一二睹之大人也已；岂惟我国，抑全世界不一二睹之大人也已"。毛泽东也曾叹服道："余于近人，独服曾文正，观其收拾洪杨一役，完满无缺。使以今人易其位，其能有如彼之完满乎？"曾国藩的个人魅力，由此可见一斑。

为何人们对曾国藩有如此高的评价？他的成功之处又在什么地方呢？

本书力求站在历史的角度，全方位、多视角真实地反映曾国藩的一生。从《挺经》《冰鉴》《曾国藩家书》入手，揭示曾国藩成为名臣的诀窍，全面阐释了曾国藩的成功之道、妙论箴言，并结合具体史实进行深入探讨，为了既尽量忠实反映曾国藩的修为思想，又使文章通俗易懂，雅俗共赏，我们基本上采用"原典""译文""解读"的形式阐述曾国藩的学术思想。"原典"是曾国藩的言论的直接引用；"译文"则是用白话文对"原典"译释，便于读者理解;"解读"则是以曾国藩的行为、言论为主,结合历史上的有关事实,对"原文"内容所做的剖析和引申。

与同类的出版物相比,该书除了具有指导人生成功的实用性以外,还具有三个尤为显著的特点。

其一是浓缩性。本书浓缩了曾国藩一生的精华,不仅是一部对从政具有指导作用的全鉴,还是一部集修身、处世、识人用人、治军、为政于一体的人生成功学全鉴。

其二是知识性。本书力求从中国传统文化的重要组成部分:儒家、兵家、道家、法家等流派入手,结合历史典故、箴言,旁征博引,从不同角度剖析曾国藩的成功之处,力求面面俱到,以给读者呈现更多的关于曾国藩的资料,帮助读者更详尽地了解其背景。

其三是"悦读"性。本书语言含蓄隽永,所选的事例读来如沐春风,如饮醇酒。同时版面设计生动活泼,不拘一格,更增赏心悦目之感。

此书是一部案头、枕边必备的宝典,值得珍藏。相信您会惊喜地发现它就是一座宝藏,取之不尽,用之不竭。

曾国藩的谋人谋事之道,不仅是其个人成功经验的总结,更是两千多年来无数成功人士共同智慧的结晶,经过千锤百炼,堪为后来者的成功指南。社会在发展,时代在变化。在 21 世纪的今天,我们显然不能生吞活剥、机械地照搬曾氏的理论和方法。但是,只要我们认真研读、深刻体会和领悟书中的原则,就能从中获得许多有益的启迪。让我们带着对曾国藩的敬佩之情,来细细品读这本包含曾国藩一生智慧的书吧!

解译者

2014 年 4 月

目录

第一编　挺经

《挺经》是曾国藩尽其毕生的心血于临终前写成的一部"压案之作",是曾国藩"精通造化,守身用世的秘诀",是曾国藩从自身几十年的得失成败中总结出来的实用宝典,是他修身处世、居官治平的最高法则。曾国藩的一生,正是凭借这个"挺"字,在困厄中求出路,在苦斗中求挺实,历尽劫难,以坚韧挺劲的无畏精神而成就了"天下之大功"。

第一章　内圣 / 2

◎ 内圣外王,修德持身 / 2
◎ 以诚为本,慎独自处 / 3
◎ 曾国藩修身十二课 / 4

第二章　坚忍 / 6

◎ 做官第一重要的是坚忍 / 6
◎ 忍是一种修养,更是一种能力 / 7
◎ 恪守"拙诚",厉行实干 / 9

第三章　刚柔 / 11

◎ 刚柔互用,不可偏颇 / 11

- "刚"性太强，便以"柔"性掩之 / 12
- 刚柔相济，以柔克刚 / 14

第四章　廉矩 / 16

- 贤者无以自存，自古之憾 / 16
- 勤求廉矩，严于自律 / 17
- 曾国藩廉矩目的：致贤、养民、正风气 / 20

第五章　诡道 / 23

- 带兵治军，仁礼并用 / 23
- 兵无常势，见机而行 / 24
- 严格约束部将，重视纪律教育 / 28

第六章　久战 / 30

- 养精蓄锐，且挺且韧 / 30
- 意志为本，敌必克之 / 31
- "久战"能胜的主要原因是"心战" / 36

第七章　忠疑 / 38

- 朴诚淳信，守己无求 / 38
- 忠而遭疑者，古已有之 / 39
- 识才选将，炼能征善战之师 / 44

第八章　藏锋 / 47

- 自屈求全，龙蛇之道 / 47
- 切忌锋芒太露 / 47
- 主静藏锋，宁静致远 / 50

第九章　盈虚 / 53

- 势不使尽，否极泰来 / 53
- 功成身退，天下之道 / 54
- 曾国藩修身内容的综合表述 / 56

第十章　砺志 / 59

- 做人从立志开始 / 59
- 砺志修德，志向高远 / 60
- 凡成大器者必要砺志 / 63

第十一章　家范 / 65

- 信守"八字"与"八本" / 65
- 家和则百福生 / 66
- "和"为中心，八字家规 / 68

第十二章　明强 / 70

- 高明由于天分，精明由于学问 / 70
- 为学不可不精，为人不可太精 / 71
- 处事不乱，不逞一时之强 / 74

第十三章　英才 / 77

- 世不患无才，患用才者不能器使而适用 / 77
- 国家之强，以得人为强 / 78
- 举贤不避亲仇 / 81

第十四章　勤敬 / 84

- 爱民必先察吏，知人必慎于听言 / 84

- 勤政之要务在"顺民心" / 84
- 称职的政治家要具备的四种品格 / 87

第十五章 廪实 / 90

- 勤俭自立，习惯劳苦 / 90
- 廪实为要，勤劳为本 / 91
- "廪实"理财从俭字入手 / 94

第十六章 峻法 / 97

- 除暴安良，时势所逼 / 97
- 崇法卫法，礼义并彰 / 98
- 保国安民，"礼""法"并重 / 100

第十七章 外王 / 104

- 令人敬畏，全在自立自强 / 104
- 自立为本，当为我用 / 105
- 科技是强国之本，御敌之道 / 108

第十八章 荷道 / 110

- 文章之道，贵在气象光明俊伟 / 110
- 学以致用，便是荷道 / 111
- 行气为文章第一要义 / 114

第二编　冰鉴

《冰鉴》取以冰为镜,能察秋毫之义,是曾国藩所著的一部识人鉴人的专著。在《冰鉴》中,曾国藩摒弃传统相术之习俗,从整体出发,采用由外而内、动静结合的方法,就相论人,就神取人,从静态中把握人的本质,从动态中观察人的归宿,全面阐述了自己在识人、用人方面的心得,极具实用价值。尽管时过境迁,但其中仍不乏精华,很多方面仍然值得现代人借鉴。

第一章　神骨鉴 / 118

- 精神具乎两目,骨相具乎面部 / 118
- 识人观人,神骨为先 / 118
- 文人先观神骨 / 123
- 欲辨邪正,先观动静 / 125
- 欲察德操,则观动静 / 126
- 识人用人,德操为上 / 128
- 骨有九起,观以识人 / 130
- 天生骨相,不足为论 / 131
- "骨色"察优劣,"骨质"看贵贱 / 133

第二章　刚柔鉴 / 138

- 既识神骨,当辨刚柔 / 138
- 刚柔并用,天人合一 / 138
- 刚柔源于五行的相生相克 / 140

- 五行有合法／143
- 形相于外，顺和为上／143
- 谦虚忍让，柔以待人／147
- 识人刚柔，偏才可用／149
- 从内刚柔看人的心性／150
- 缺乏激情的人愚笨／153

第三章　容貌鉴／155

- 容以七尺为期，貌合两仪而论／155
- 古人对人体形象的看法／155
- 相貌种种，各具其质／157
- 人的姿容可贵之处在于"整"／159
- 容貌是一个人内在品质的外在表现／160
- "贵征"与"贱征"之貌／161
- 貌有清、古、奇、秀之别／164
- 观人相貌，知其性格／165
- 识人仪表，细察其人／166
- 目者面之渊，鼻者面之山／167
- 眼睛是面部的两方水潭／167
- 鼻不高者脑不灵／169

第四章　情态鉴／173

- 容貌骨之余，情态神之余／173
- 情态弥补神之不足／173
- 久注观精神，乍见观情态／176
- 情态有四：柔弱、狂放、疏懒、周旋／178
- 情态四种，各具风流／179
- 用人之长，容忍所短／181

- 前者恒态，又有时态 / 184
- 察人要恒态、时态相结合 / 185
- 优柔寡断者，不可谈心 / 187

第五章 须眉鉴 / 190

- 少年两道眉，临老一付须 / 190
- 眉主早成，须主晚运 / 190
- 放眼观人，独具慧眼 / 192
- 观眉毛形状以识人 / 195
- 眉毛中隐藏的秘密 / 196
- 眉目亦语，其意俱表 / 198
- 须眉所美，相称相合 / 200
- 须眉之间的玄妙关系 / 201
- 观眉目，辨人心 / 203

第六章 声音鉴 / 207

- 闻其声而知其人 / 207
- 闻声辨思，闻声辨理 / 207
- 听声知人，据音识才 / 211
- 辨声听音，以知其人 / 213
- "声"与"音"是有区别的 / 214
- 粗卑俗陋之声要不得 / 216
- 音乃声之余，细曲中现分别 / 218
- 听其言，察其人 / 219
- 闻声辨贵贱 / 222

第七章 气色鉴 / 223

- 面部如命，气色如运 / 223

- 气色显示着人们的运 / 223
- 观人之气,知其贤愚 / 225
- 气在内为精神,气在外为气色 / 228
- 以气为自身的主宰 / 228
- 躁静之决,多在于色 / 230

第三编　曾国藩家书

《曾国藩家书》通过教读书、做学问、勤劳、俭朴、自立、有恒、修身、做官等方面,展现了曾国藩"修身、齐家、治国、平天下"的毕生追求。由这些书信,可窥斑见豹地探索曾氏一生之行为思想,从中感受到清朝末年的政治风云变幻和他仕途春风得意背后的警觉,由于树大招风,功高盖主,封建王朝随时都有可能上演"狡兔死,走狗烹"的时代悲剧,所以他虽身居高位,但内心却如履薄冰,如临深渊。读之,不知不觉中,人生境界得到了净化和超拔。

第一章　修身智慧 / 234

- 常存敬畏之心,则是载福之道 / 234
- 人生在世,一定要有所畏惧 / 235
- 怀有恬淡之心,不为名利所累 / 237
- 看淡名利方能活得从容 / 238
- 读书可以改变气质 / 241
- 读书体味得深的人,气质也会超凡脱俗 / 242

第二章　齐家准则 / 245

- 节俭持家,福泽悠久 / 245

- ◎ 勤俭治家才是获得幸福的最好方法 / 246
- ◎ 勤劳谨慎，兴家之道 / 249
- ◎ 勤者兴家立业，懒者一事无成 / 249
- ◎ 言传身教，潜移默化 / 252
- ◎ 重德行，戒奢傲，身教重于言行 / 253
- ◎ 齐家"八本堂""八本经" / 255
- ◎ 树家训，立家规，家道中兴 / 256

第三章　用人方略 / 259

- ◎ 以诚待人，伪亦趋诚 / 259
- ◎ 待人以诚，容人以恕 / 259
- ◎ 用才首先辨才、知才、识才 / 262
- ◎ 办事不外用人，用人必先知人 / 262
- ◎ 诸酋不和即官军之利 / 266
- ◎ 遇利益注重分配，遇名声注意分享 / 266

第四章　处世技巧 / 270

- ◎ 独立不惧，确定不移 / 270
- ◎ 关键时刻要忍匹夫之勇 / 270
- ◎ 不要轻易出头露面干预公事 / 274
- ◎ 凡事留有余地，避免走向极端 / 275

第五章　治军韬略 / 279

- ◎ 善于审时度势 / 279
- ◎ 天下事当于大处着眼 / 279
- ◎ 进兵宜稳，不应操之过急 / 282
- ◎ 稳字当头，慎中进取 / 283
- ◎ 善用兵者总以主客二字最审慎 / 286

- 以主待客，制敌而不被敌制 / 287
- 宜全心忍耐 / 289
- 先忍让退缩，再后发制人 / 289

第六章 为政之道 / 292

- 居官以耐烦为第一要义 / 292
- 处事不烦、不急不躁 / 292
- 谨慎的迟疑是审慎的表现 / 295
- 谨言慎行方可办大事 / 296
- 大乱未平之际应学会藏身匿迹 / 299
- 龙蛇伸屈之道乃生存之道 / 300

参考文献 / 303

附录 曾国藩小传 / 304

第一编　挺经

《挺经》是曾国藩尽其毕生的心血于临终前写成的一部"压案之作",是曾国藩"精通造化,守身用世的秘诀",是曾国藩从自身几十年的得失成败中总结出来的实用宝典,是他修身处世、居官治平的最高法则。曾国藩的一生,正是凭借这个"挺"字,在困厄中求出路,在苦斗中求挺实,历尽劫难,以坚韧挺劲的无畏精神而成就了"天下之大功"。

第一章 内圣

内圣外王，修德持身

【原典】

细思古人工夫，其效之尤著者，约有四端：曰慎独则心泰，曰主敬则身强，曰求仁则人悦，曰思诚则神钦。慎独者，遏欲不忽隐微，循理不间须臾，内省不疚，故心泰。主敬者，外而整齐严肃，内而专静纯一，齐庄不懈，故身强。求仁者，体则存心养性，用则民胞物与，大公无我，故人悦。思诚者，心则忠贞不贰，言则笃实不欺，至诚相感，故神钦。四者之功夫果至，则四者之效验自臻。余老矣，亦尚思少致吾功，以求万一之效耳。

【译文】

仔细思考古人修身方面的要义，其成效特别显著的约有四项：慎重独处，则心泰安然；庄严恭敬，则身体强健；追求仁义，则众人爱戴；正心诚意，则神灵钦敬。慎重独处，就是遏制贪欲，连其中最隐蔽微小之处也不忽略，遵循自然之理而行，一时也不间断，这样内心自省而无愧于心，所以心胸安泰。庄严恭敬，就是仪容整齐严肃，内心宁静专一，稳重矜持不懈怠，所以身体强健。追求仁义，本身须心存仁义滋养天性，作用于外则须视百姓为同胞，视万物为朋友。如此大公无私，自然人民爱戴。正心诚意，即内心忠贞不二，言语笃实无欺，以至诚之德感应天地万物，因此神灵钦敬。如果真能达到上述四者的修身功夫，那么效验自然来到。我已老迈了，却还想在修身方面下功夫，来求得一点点的成效。

> 解 读

以诚为本，慎独自处

曾国藩的天人观和心物观，统统是围绕"内圣"之学来立论的，所以他与其他理学家一样，强调个人的涵养功夫。

他认为：涵养功夫当以"诚"为本。君子，没有比真诚更重要的了。如果真诚而不自欺欺人，则再没有比这更好的了。在他看来，"圣学王道"的核心就在一个"诚"字。

什么叫作"诚"？在曾国藩看来，当然有"专心纯一"的意思。至诚，可以产生神奇的功力，他认为，孔子是专心诚意的典型，所以曾国藩称之为"诚神"。

然而，曾国藩远不止是把"诚"解释成这种语义学上的意义，而是把它当作一个哲学范畴。他说："诚便是忠信。"作为一种自我涵养的理学体系，他从"不欺、不著私物、忠信"生发开去，进而说："无私著者，至虚者也。是故天下之至诚，天下之至虚者也。"他的"无私著"或"至虚"，实质上是顺应自然。

在"诚—不欺—无私著—虚—物来顺应"的这个涵养功夫的理学体系中，曾国藩继承程朱之学，把道家的"虚静"与佛家的"入定"引入了儒学。他跟佛家一样，把"静坐"当作达到"虚"的一个重要手段。他强调，"总是要静"，"'静'字功夫要紧"。如何才能"静"？途径多样，而重要的一条是"耐"。纵观曾国藩一生，得"耐"字之益甚大。在失败之中，他因能"耐"，故坚忍不拔；在胜利之中，他因能"耐"，故未得意忘形；在待人交友之际，他因能"耐"，故多投契而少念忌；在接物处世之际，他因能"耐"，故临乱不慌，有条不紊。所以他说："耐"则归于静，趋于贞。贞者，正也。贞足干事，贞中养身。

从处世、省身、见理这样的角度考虑，戒浮主静，确是通向成功之路的重要一着。然而，如果把"静"提到了过分的高度，由"静"而"虚"，由"虚"而"无"，万事皆空，万念俱灰，不图进取，不思创新，则"静"或

"静坐"便成为灰色人生的起点。曾国藩虽然从理学上主张"静",但他实际上如自己在日记上常反映的,"不能安坐""心不静",名利之心,升官之望,加上忠君报国之志,总是时刻缠绕着他,他一生并没有几个时辰"虚静"过,这是一方面;另外,他在理论上也确实把"静"看成"一阳初动"的契机。概括地说,要在静中蓄养一股生意,静极生阳,静是启的准备阶段。这样,曾国藩又把理学家的"静坐"与道家的"虚静"和佛家的"入定"区别了开来。

曾国藩又认为,"慎独"是立诚主静的集中表现。只有自谦无欲,才能静,故"慎独则心安"。周敦颐说:"无欲故静。"曾国藩的"静极""无私著""至虚",也是把"诚、静、慎独"提到了"存天理,灭人欲"的理学高度。

概而言之,"诚"可以化育天地万物,求诚须不欺,不欺必能居敬慎独,居敬慎独者必无私著,无私著者必中虚,虚必静,静生阳,阴阳来复,是谓天行。这就是曾国藩"立诚居敬"说的一种循环。

《中庸》指出:

唯天下至诚,为能尽其性;能尽其性,则能尽人之性;能尽人之性,则能尽物之性;能尽物之性,则可以赞天地之化育;可以赞天地之化育,则可以与天地参焉。

所以,人只有诚,并且通过诚,才能认识自己的真实本性,也才能认识其他人的本性以及整个世界的本性。

可见诚不仅是一个道德问题,也是一个认识论的问题,不能做到诚,既不能认识自己,也不能认识他人,更谈不上认识整个世界。人做不到诚,也就只是一个凡人,当然做不了曾国藩所说的"第一等人物"。

相关链接

曾国藩修身十二课

一、持身敬肃。衣冠外貌保持整齐,心思神情端正严肃,时时刻刻都要警惕、检查自己的念头、举止中有无背离义理之处。平日闲居无事的时候宁静安泰，保养德性，一旦投于事务之中则专心致志，不存杂念。精神状态清澈明朗，就如同旭日东升，光彩照人。

二、静坐养性。每天不限什么时候，要拿出一定时间用来静坐养性，反省、体悟自己天性中隐现的仁义之心。正襟危坐，凝然镇定，如同宝鼎一般沉稳。

三、早早起床。天色初亮就赶紧起身，睡醒了就不要再恋床。

四、读书专一。一本书没有读完时，不要再看其他书籍。东翻西阅随意读书，对自己的道德学问毫无益处。

五、阅读史书。丙申年，曾国藩购置了一套《二十三史》，其父对他训诫说：“你为买书去向人借钱，我不惜一切替你赔补还账，你若是能够仔仔细细地读一遍，才算是不辜负我的一番苦心啊！”自此之后，曾国藩每天都仔细读书。

六、说话谨慎。对此要时刻注意，这是修身内省的最重要的功夫。

七、保养真气。真气存蓄于丹田之中，彻里彻外光明正大，所作所为毫无羞于对人说之处。

八、爱护身体。曾国藩接到其父的手书说："节制操劳，节制欲求，节制饮食。"他认为应该时刻以此作为健体却病的准则。

九、每天都应获知新学问。每天读书时将自己的心得记录下来，如果刻意从书中凿空，求取深意，那就是偏私他人。

十、每月不可荒疏旧技能。每月写作几篇诗文，以此检验自己积存义理的多少，保养真气强弱。但不能完全沉溺于其中，因为这最容易使人玩物丧志、隐没本性。

十一、写字。饭后写半个时辰的字。所有文字方面的交际应酬，都可以作为练习写字的机会。凡事不可留待第二天去做，事情越积越多，就越难清理。

十二、夜晚不出屋门。它使人耽搁正事，精神疲惫，务必戒除。曾国藩一生于"克己之学"从不稍懈，坚持终身。

第二章　坚忍

做官第一重要的是坚忍

【原典】

昔耿恭简公谓，居官以坚忍为第一要义，带勇亦然。与官场交接，吾兄弟患在略识世态而又怀一肚皮不合时宜，既不能硬，又不能软，所以到处寡合。迪安妙在全不识世态，其腹中虽也怀些不合时宜，却一味浑含，永不发露。我兄弟则时时发露，终非载福之道。雪琴与我兄弟最相似，亦所如寡合也。弟当以我为戒，一味浑厚，绝不发露，将来养得纯熟，身体也健旺，子孙也受用，无惯习机械变诈，恐愈久而愈薄耳。

【译文】

过去耿恭简公曾说过，做官第一重要的是坚忍不拔，有耐性，其实带兵也是这样。和官场往来，我们兄弟都忧虑的是略知世态需求却本身怀有一肚皮不合时宜的想法，既不能硬作自我主张，又不能软去迎合世事，所以到处落落寡合。迪安之妙就在于他全然不了解世态，他腹中虽然也有些不合时宜的念头，却能一味浑同包容，永不表现显露。我们兄弟却时刻显露出来，总不是拥有福气的法子。雪琴和我们兄弟最相像，也少有彼此投合的人。弟应当以我为戒，一味浑厚包容，绝不显露表现，将来性情修养纯熟，身体也健壮旺盛，子孙也受用无穷，不要习惯于机变诡诈之方，这样恐怕在官场越久，德行就会越浅薄。

> 解 读

忍是一种修养，更是一种能力

在中国历史上，政治斗争、军事斗争各种争权夺利的斗争极其复杂，忍受暂时的屈辱，磨炼自己的意志，寻找合适的机会，是成功者所必不可少的心理素质，所谓"尺蠖之曲，以求伸也；龙蛇之蛰，以求存也"，正是这个意思。坚忍，体现了一个人的心理能量，一个人的意志力。

刀不藏锋时，不叫"忍"。心中的感情思想像利刃没遮拦的时候叫怒。怒不是忍。

心中无"刃"，空空荡荡无利器的时候，也不是"忍"。

刃锋磨隐了，刃锋藏在心胸的刀鞘里，才能算是真正的忍。

西汉时期的淮阴侯韩信受胯下之辱的故事是妇孺皆知的。

韩信是淮阴人，自幼不农不商，又因家贫，所以衣食无着，想去充当小吏，却无一技之长，未被录用。因此终日游荡，往往寄食于人家。他曾和亭长很要好，经常到亭长家里去吃饭，吃多了，也就惹得了亭长的妻子厌烦。于是，亭长的妻子提前了吃饭的时间，等韩信到的时候，碗已经洗过很久了。韩信知道惹人讨厌，从此不再去了。他来到淮阴城下，临水钓鱼，有时运气不佳，只好空腹度日。那里正巧有一个临水漂洗棉絮的老妇人，见韩信饿得可怜，每当自己的午饭送来了，总分一些给韩信吃。韩信饥饿难耐，也不推辞，这样一连吃了几十日。一日，韩信非常感激地对老妇人说："他日发迹，定当厚报。"谁知老妇人竟含怒训斥韩信说："大丈夫不能自谋生路，反受困顿。我看你七尺须眉，好似公子王孙，不忍你挨饿，才给你几顿饭吃，难道谁还望你报答不成！"说完，老妇人竟拿起漂絮而去。

韩信受人赐饭之恩，虽受激励，但苦无机会。实在穷得无法，只得把祖传的宝剑拿出叫卖，卖了多日，竟卖不出去。一天，他正把宝剑挂在腰中，沿街游荡，忽然遇到一个屠夫，那屠夫有意给他难堪，嘲笑他说："看你身体高大，却是十分懦弱。你若有种，就拿剑来刺我，若不敢刺，就从我的胯下钻过去。"说完，双腿一叉，站在街心，挡住了韩信的去路。

韩信打量了一会屠夫，就匍匐于地，径直钻了过去。别人都耻笑韩信懦弱，他却不以为耻。其实绝非韩信不敢刺他，因为他胸怀大志，不愿与小人多生是非，如果一剑把他刺死了，自己势必难以逃脱。所以，他审时度势，暂受胯下之辱。后来韩信跟刘邦南征北战，屡建奇功，被封为淮阴侯。他报答了那位老妇人，但并未报复那个屠夫，而是把他找来，叫他当了一名下级军官。

"忍"不是窝囊废物般的忍气吞声。所以"忍"之"刃"就不仅仅是表音的声旁，也是对表意的义附。"忍"是一种能力。《说文解字》说"忍"乃"能也"。

"能"又是什么？

"能"是一种属于熊类的像鹿一样的野兽，皮毛之下，有强壮坚硬的骨肉，所以把贤能而强壮的人叫作能杰。

韩信像

忍是一种能力，是那些善于把尖锐的思想感情含蓄起来的人的本领，是他们行人所不能行，成人所不能成之事的首要条件。腰带宝剑的韩信，硬是从别人的胯下钻了过去，能够忍受胯下之辱，没有超凡的内在定力，恐怕是很难完成的。

忍让是一种修养，一种德行，一种度量，一种糊涂。如果我们人人具有宽容忍让的心态，人与人之间的关系也肯定会变得更加和谐。

忍为修养，其义应该相当深刻，相当广泛。世间取人，唯才、唯德，德才兼备，有才且要忍，有忍才能有德；不能恃才便张扬，真正的才，是不张扬的。如此，才、德、忍便是一种互导和印证的必然关系。

相关链接

恪守"拙诚"，厉行实干

孔子说："夫子之道，忠恕而已矣。"曾国藩正是把"恕"当作"夫子"的一项重要修养目标。"恕"，是对人而言的，自己不愿意做的，不要强求别人做。"忍"，则是对自己说的。在一个虚浮的世界，唯有守"拙"的人才获得成功，唯有至"诚"才能收实效。取巧和虚伪，固然可以占得一时的便宜，终究必定是失败的。曾国藩的一生事业，就靠着"拙诚"二字而成功。

所谓"拙诚"，用现代的话来说，就是"埋头苦干"，就是多做实际工作，不作口头宣传。这虽不能完全包括"拙诚"二字的意义，但它的精粹就在于此。所以专说大话而不去埋头苦干的人，是曾国藩最瞧不起的。他的湘军首领都是些不善于说话的人。他认为湘军之所以能胜利就在于此。其实这就是"拙诚"二字的实效。

为了贯彻他的"拙诚"主义，他又创"五到"之说。所谓"五到"者，就是"身到、心到、眼到、手到、口到"。至于这"五到"的解说，按曾国藩自己说："所谓身到，比如当官，要亲自验尸处置偷盗案，亲自私查乡里；治理军队，要亲自巡视营垒，不惜冒箭石之危。心到，就是要苦心剖析事情，有条有理，先分析后概括归纳。眼到，即认真观察人，认真处理公文。手到，可以说是事的关键，要随手写记，以防遗忘。口到，就是交代别人做事和警惕之话，虽有公文也要再三叮咛。"

曾国藩这"五到"之说，引起很多人的注意，并且企图着手实践。细看其所谓"五到"，无非是脚踏实地、不厌烦琐、不怕艰难地埋头苦干。看上去虽觉得不是一件难事，但若非有自己认定"拙诚"二字而抱着这个决心的人，是不容易做到的。

曾国藩的为人，不论治军、治政或立身为学，都有一种不可及的精神。这种精神就是坚忍和"吃硬"。

当曾国藩已经决定一个主张，并且认为是对的，那么无论环境如何恶劣，前途如何困难，他都是勇往直前，不避艰苦，拼命地去干，从死路中求生路。这种精神用现代的话来说，就是"实干精神"。

所谓"实干精神"，不仅在得意时埋头苦干，尤其在失意时绝不灰心。有一次曾国藩的弟弟（曾国荃）连吃两次大败仗，曾国藩写信去安慰他说：

"从前的事就如昨天逝去，以后的事好比今天新生。要另起炉灶，重新打开新局面，开辟新世界，最近两次的大失败，不正可以磨炼英雄，使你大有长进吗？谚语谈：'吃一堑，长一智。'我一生的长进，都在遭受挫折和屈辱的时候。你务必要咬紧牙，磨砺意志，积蓄力量，增长智慧，万不可以自灭其志。"

他的弟弟听了他的话，后来果然有所成就。可见不灰心是一切事业成功的基础。

曾国藩认为，只说不做的人最是要不得，所以他的军队中，不用这种人成为一种风气，曾国藩认为唯天下的至拙，可以破天下的至巧。凡是自己认定拙朴的人，才能够厉行实干主义。曾国藩的一生是靠"坚忍"成事的。

曾国藩像

第三章 刚柔

刚柔互用，不可偏颇

【原典】

近来见得天地之道，刚柔互用，不可偏废，太柔则靡，太刚则折。刚非暴虐之谓也，强矫而已；柔非卑弱之谓也，谦退而已。趋事赴公，则当强矫，争名逐利，则当谦退；开创家业，则当强矫，守成安乐，则当谦退；出与人物应接，则当强矫，入与妻孥享受，则当谦退。若一面建功立业，外享大名，一面求田问舍，内图厚实，二者皆有盈满之象，全无谦退之意，则断不能久。

【译文】

近年来体会到天地之道，要刚柔互用，不可偏废。太柔就导致萎靡不振，太刚则容易招至折断。刚并不是说要暴虐，只是矫正使弱变强；柔也并不是卑弱，而是在强的方面谦让而已。办公事，就应勉力争取，争名逐利，就应当谦退；开创家业，应当奋发进取，守成安乐，则应当谦逊平和；出外与人接触应答，应该努力表现；回家与妻儿享受，就要悠闲舒缓。如果一方面建功立业，外享有崇高声名威望；另一方面求田问舍，图谋奢侈的待遇享受，这两者都有盈满的征兆，全无一丝谦虚退让的表示，那么这一切必定不会长久。

解读

"刚"性太强，便以"柔"性掩之

曾国藩"刚柔"功法到家，在自己鼎盛之时，看到"刚"性太强，便以柔掩之，并强调刚强与刚愎不同，值得人深思。

人不可无刚，无刚则不能自立，不能自立也就不能自强，不能自强也就不能成就一番功业。刚就是使一个人站立起来的东西。刚是一种威仪，一种自信，一种力量，一种不可侵犯的气概。自古以来，哪一个帝王将相不是自立自强闯出来的呢？哪一个圣贤不是各有各的自立自强之道呢？由于有了刚，那些先贤们才能独立不惧，坚忍不拔。刚就是一个人的骨头。

人也不可无柔，无柔则不亲和，不亲和就会陷入孤立，四面楚歌，自我封闭，拒人于千里之外，柔就是使人挺立长久的东西。柔是一种魅力，一种收敛，一种方法，一种春风宜人的光彩。哪一个人不是生活在人间，哪一个人没有七情六欲，哪一个人离得了他人的信任与帮助？再伟大的人也需要追随者，再精彩的演说也需要听众。柔就是一个人的皮肉，是使一个人光彩照人的东西。太刚则折，太柔则靡。

湖南省出大官，这也与湖南人的刚柔相济，刚性有余相关联。兄弟叔侄，不同住一村，彼此厮杀，毫不客气。斗完了，彼此仍然互相往来，忘却过去一切。这已成风气。

与刚性好斗相关的是拳术。

我国拳术之盛，当首推湖南。在几十年前就是这样，如果一个青年男子不能表演几手功夫，不算是湖南人。如左宗棠、彭玉麟、杨载福、王鑫、谭嗣同、黄兴、蔡锷等，无不擅长拳术。

湖南的文风大炽，自古已然。自朱熹、张载到岳麓书院讲学后，教育便极为发达。

湖南学风有两个显著特点：一是程朱理学一直居于统治地位；二是注重

第一编 挺经

经世致用。

所以湖南人不善经商,唯擅长"两杆":一是笔杆,另一是枪杆。湖南人以笔杆讨生活者,比比皆是。太平天国以后,无湘不成军,也可以说,无湘不革命。湖南人在中国近代革命中的地位,实在不愧为中坚分子。

曾国藩募练湘军,终成大功,这事情给予湖南人很大的刺激,结果"从军"成为湖南人的一种风俗。中国人有句俗话,叫作"好铁不打钉,好男不当兵",这话在湖南则不然。在湖南,许多富裕的人家,也让青年们出来当兵,往往一家几个兄弟全都出来当兵。所以,当兵在别的地方也许是无奈的归宿,在湖南却是正当的职业。

枪杆子里面出政权,近代政治家很多出身行伍。

曾国藩坚忍卓绝的意志,挺毅不屈的气度,使他成为一个"说不尽的曾国藩"。但是,在他那"挺毅"的形象背后,确实有个令人惊叹的"柔"字。

曾国藩早年在翰林院整月地研读《易经》,自然受到了其中阴阳消长、刚柔相济思想的影响,他常常引用《易经》中的"日中则昃,月盈则食"来告诫自己和家人。

在其著《冰鉴》一书内就有《刚柔篇》,下分"总论刚柔""论外刚柔""论内刚柔"三节,专门探讨盈虚消长的道理。他说:"日中则昃(太阳偏西),月盈则亏,天有孤虚(指日辰不全),地阙(缺)东南,未有常全不缺者。"

事物就是这样此消彼长，祸福相依，已所谓苦尽甘来，绝处逢生，山穷水尽，柳暗花明。所以，在大吉大利后，可能就是大凶大难时。

人人都喜欢吉利，本能地回避凶难。那么，有没有办法保持吉利，回避凶难呢？曾国藩的办法是柔顺、收敛、抱残守缺。他认为在大吉大利时，通过柔顺可以走向吉利。一般人只知道"刚毅"过了头才需要柔顺，而不知道取得了成绩还需要柔顺。

柔顺是什么？曾国藩说："柔顺，所以守其缺而不敢求全也。"有一点残缺和遗憾就让它有一点残缺和遗憾，不要求全、求圆、求满，这就是抱残守缺。很多人不明白这一点，一味追求大获全胜，功德圆满；可是一旦大获全胜或者功德圆满，那凶险和灾祸也就随之降临了。

相关链接

刚柔相济，以柔克刚

中国有句名言，叫作"温柔天下去得，刚强寸步难行"。一语道破以柔克刚之奥妙。君子柔且刚，刚且柔，这又道出了刚柔相济之道。非一味地柔，而是为柔则月缺不改光，为刚则剑折不钝锋。那么，以柔克刚，要点在于"克"，柔是刚的手段，以柔为挺，以柔为进，这就是柔的实质。

人生的道路，总是曲折的，不是笔直的。事物的正与反也是处于动态的，世界上的一切事物都是处于不断发展变化之中，世上没有死的教条。面对悬崖如果直走过去，不但不能走到对面，相反会摔得粉身碎骨，只有采取迂回的方式，才能达到彼岸。

在生活中，两点间的最短距离往往不是直线，而是曲线，什么时候应当强硬，什么时候需要妥协，都不是一成不变的。

比如奉劝别人，不能直来直去，要以婉转的方式打动他，这样才能达到说服他的目的。《后汉书·烈女传》中记载着这样的故事：河南人乐羊子的妻子，不知是谁家的女儿。乐羊子走在路上时曾拾到一块金子，回来把它交给妻子。妻子说："我听说有志气的人不喝叫盗泉的泉水，廉洁的人不吃嗟来之食，何况是拾取别人遗失的东西，贪图利益从而玷污了自己的品行！"乐羊子十分羞愧，就把金子扔到野外，而到远方去拜师求学。学了才一年，乐羊子就回来了，妻子跪着问他回来的缘故，乐羊子说："长时间在外，因而思念你，没有别的原因。"妻子就拿起刀走到织布机跟前说："这绸缎是从养蚕抽丝开始的，后在织布机上织成的。一丝一丝积累起来，才织成一寸，一寸一寸地不断积累，才能积成一丈一匹。现在如果割断这绸缎的话，就会前功尽弃，浪费了时光。您积累知识，应当每天学到自己所不懂得的东西，用来修养您的德行。要是学到一半就回来，与割断这绸子有什么两样呢？"乐羊子被妻子的一番话感动了，就又回去继续学业，七年没有回家而成就了学业。

就此看来，乐羊子的妻子确是一个奇女子，为了成就丈夫的学业，宁愿忍受空房的寂寞。但更让人佩服的是她劝人的方法。如果见到丈夫如此卿卿我我，就生气指责的话，乐羊子很可能听不进去。她拿断织来类比学业，形象生动，使人信服。

"以迂为直"的劝说方式，比直接"死谏"更有效。迂，并不是单纯的"迂回"或走弯路，这需要大智慧，是高层次的人生技巧。

人世间的人情冷暖是变化无常的，人生的道路是崎岖不平的。要知退一步之法，明让三分之功。因此，当你遇到困难走不通时，必须明白退一步的为人之道；当你在事业一帆风顺时，一定要有谦让三分的胸襟和美德，这样会让自己的人生之路走得更加顺畅。

第四章 廉矩

贤者无以自存,自古之憾

【原典】

翰臣方伯廉正之风,令人钦仰。身后萧索,无力自庇,不特廉吏不可为,亦殊觉善不可为。其生平好学不倦,方欲立言以质后世。弟昨赙之百金,挽以联云:"豫章平寇,桑梓保民,休讶书生立功,皆从廿年积累立德立言而出;翠竹泪斑,苍梧魂返,莫疑命妇死烈,亦犹万古臣子死忠死孝之常。"登高之呼,亦颇有意。位在客卿,虑无应者,徒用累欷。韩公有言:"贤者恒无以自存,不贤者志满气得。"盖自古而叹之也。

【译文】

翰臣方伯廉正的作风,令人钦敬仰慕。然而其死后家境萧条败落,无法庇护自家亲人,这使人觉得不仅是清廉的官吏不能学做榜样,甚至觉得善良的事情也没必要做。他一生好学不倦,正打算著书立说流传后世却不幸去世。我昨天送百两纹银帮助他办丧事,又做了一副对联悼念他,大意是说:"豫章平定贼寇,家乡保护人民,不要惊讶书生建功立业,都因为二十年积累道德学问才这样;翠竹斑如泪滴,苍梧招魂欲返,怎可疑惑贤妻死节贞烈,也如同千万载臣子死为忠孝的常行。"我这样站出来大声呼吁,颇有号召众人学习之意。然而仅处于客卿的位置上,估计无人响应,只好独自反复感叹不已。韩愈说过:"贤德的人经常无法维持自身的生存,无德的人却志得意满,不可一世。"也是自古以来人们对这种情形的叹息呀!

解 读

勤求廉矩，严于自律

曾国藩以书生带兵，不爱财、不怕死，正应了岳飞所说的："文官不爱钱，武官不怕死，则天下治矣。"可惜清朝二百余年的历史中，像曾国藩这样的官员是凤毛麟角。如果说，曾国藩在小的时候生活在湖南偏僻的山村，勤俭持家，是能够做到的，那么，当他权倾天下、显赫一时，仍不忘勤俭，居安思危，这种远见卓识与坚忍的毅力，则是常人不易做到的。

直到晚年，曾国藩克己求过、严以自律，仍不稍宽。他曾说：吾平日以"俭"字教人，而吾近来饮食起居殊太丰厚。昨闻隗时若将军言，渠家四代一品，而妇女在家并未穿着绸缎软料。吾家妇女亦过于讲究，深恐享受太过，足以折福。

余盖屋三间，本为摆设地球之用，不料工料过于坚致，檐过于深，费钱太多，而地球仍将黑暗不能明朗，心为悔慊。余好以"俭"字教人，而自家实不能俭。傍夕与纪泽谈，令其将内银钱所财目经理，认真讲求俭、约之法。

人而不勤，则万事俱废，一家俱有衰象。余于三四月内不治一事，于居家之道，大有所悖，愧悚无已！

这种勤求廉矩的精神是一般人所不可及的。

在他的日记中也充满了"律己"文字，此外，他还请求朋友和兄弟直言相告。

他曾说："安得一二好友，胸襟旷达，萧然自得者，与之相处，度吾之短。其次则博学能文，精通训诂者，亦可助益于我。"

许多居高位的人，就是因为听不到一句逆耳的话，听不到一句真实的舆论，结果把自己的前程葬送了。曾国藩这种"勤求廉矩""喜闻诤言"的态度，是很难得的。

曾国藩还有一件持之以恒、终生不渝的自律事情，便是起早。他常说："起早，尤千金妙方，长寿金丹也。吾近有二事法祖父：一曰起早，二曰勤洗脚，似于身体大有裨益。"

其实起早不仅有益于身体，于做事方面也有裨益。湘军之所以有战斗力，便是能吃苦。而湘军起床早，吃饭早，也是比对手强的地方。

凡是律己廉矩的人，都是有坚卓志向的人。

曾国藩这样律己严刻，并不是仅仅表现在口头上，他是说到做到。我们看他立志写日记，直到他逝世的前一天，从来没有间断。便可见他做事是如何有恒心了！

即使带兵打仗，曾国藩也时时注意自律。他说：天下滔滔，祸乱未已，吏治人心，毫无更改，军政战事，日崇虚伪，非得二三君子，倡之以诚朴，道之以廉耻，则江河日下，不知所届。默察天意人事，大局殆无挽回之理。鄙人近岁在军，不问战事之利钝，但课一己之勤惰。盖战虽数次得利，数十次得利，曾无小补。不若自习勤劳，犹可稍求一心之安。

带兵的人最要紧的是得人心，而得人心的唯一途径，是严以律己。只有以身作则，身先士卒，才能指挥将士，激励士气。曾国藩的战略本来平常，他所以能取得最后胜利，完全是严格要求自己的结果。

非但如此，曾国藩直到年事已高，位居总督之职时，对于自己仍不肯稍失检点。他在日记中说：余日衰老，而学无一成。应做之文甚多，总未能发奋为之。忝窃虚名，毫无实际，愧悔之至！

日月如流，倏已秋分。学业既一无所成，而德行不修，尤悔丛集。自顾竟无剪除改徙之时，尤愧曷已。

到江宁任，又已两月余。应办之事，余未料理。悠悠忽忽。忝居高位，每日饱食酣眠，惭愧至矣！

可见曾国藩的一生，没有一天不在监督自己，教训自己。也就因为这个缘故，使他在道德和事业方面一天天进步。

曾国藩的廉矩之名朝野共仰，声名有加，而一些同僚却畏之如虎，敬而远之，原因是他对于那些贪官污吏，竭力主张查办。

至于贤良之士，曾国藩则力为推荐或挽留，他说：朱明府之得民心，予已托人致书上游，属其久留我邑。若因办饷得手，而遂爱民勤政，除盗息讼，我邑之受赐多矣。

对于国家，曾国藩于咸丰元年（1851年）三月初九日曾上一折，言兵饷事。四月二十六日进一疏《敬陈圣德三端》，其言激直，有人忧其会因此获皇上谴斥。其上疏之故，具见咸丰元年（1851年）五月十四日写给弟弟的信中：二十六日，余又进一谏疏，敬陈圣德三端，预防流弊。其言颇过激切……余之意盖以受恩深重，官至二品，不为不尊，堂上则诰封三代，儿子则荫任六品，不为不荣。若于此时再不尽忠直言，更待何时乃可建言？而皇上圣德之美，出于天性自然，满廷臣工，遂不敢以片言逆耳。将来恐一念骄矜，遂至恶直而好谀，则此日臣工不得辞其咎。是以趁此元年新政，即将此骄矜之机关说破，使圣心日就兢业，而绝自是之萌——此余区区之本意也。现在人才不振，皆谨小而忽于大，人人皆习脂韦唯阿之风，欲以此疏稍挽风气，冀在廷皆趋于骨鲠，而遇事不敢退缩——此余区区之余意也。折子初上之时，余意恐犯不测之威，业将得失祸福置之度外。不意圣慈含容，曲赐矜全。

自是以后，余益当尽忠报国，不得复顾身家之私……父亲每次家书，皆教我尽忠图报，不必系念家事。余敬体吾父之教训，是以公而忘私，国而忘家。计此后但略寄数百金旧债，即一心以国事为主，一切升官得差之念，毫不挂于意中。

于此，足见曾国藩对于国家的态度。

曾国藩主张政治家应当负有领导社会的责任。亦希望教育家能负领导社会，转移风气，使之廉洁向上的责任。其《劝学篇》中曾说：若夫风气无常，随人事而变迁。有一二人好学，则数辈皆力追先哲；有一二人好仁，则数辈皆思康济斯民。倡者启其绪，和者衍其波。倡者可传诸同志，和者又可嬗诸无穷。倡者如有本之泉，放乎川渎；和者如支河沟浍，交汇旁流。先觉后觉，互相劝诱，譬之大水小水，互相灌注。以直隶之士风，诚得有志者异乎先路，不过数年，必有体用兼备之才，彬蔚而四出，泉涌而云兴。

他对于任官、择人，尤其注重操守。他说：大抵观人之道，以朴实廉价为质；有其质而更傅以他长，斯为可贵。无其质则长处亦不足恃。甘受和，白受采，古人所谓"无本不立"，义或在此。大约有操守而无官气，多条理而少大言，以此四者以衡人，则于抽厘之道，思过半矣。

他的《劝诫州县四条》，有两条是倡廉的：一曰治署内以端本。宅门以内曰上房，曰官亲，曰幕友，曰家丁；头门以内曰书办，曰差役；此六项者，皆署内之人也。为官者，欲治此六项人，须先自治其身。凡银钱一分一毫，一出一入，无不可对人言之处，则身边之人不敢妄取，而上房官亲幕友家丁四者皆治矣。凡文书，案牍，无一不躬亲检点，则承办之人，不敢舞弊，而书办差役二者皆治矣。

一曰崇俭朴以养廉。近日州县廉俸入款，皆无着落，而出款仍未尽裁，是以艰窘异常。计唯有节用之一法，尚可公私两全。节用之道，莫先于人少。官亲少，则无需索酬应之繁；幕友家丁少，则减薪工杂支之费。官厨少一双之箸，民间宽一分之力。此外，衣服饮食，事事俭约；声色洋烟，一一禁绝；不献上司，不肥家产。用之于己者有节，则取之于民者有制矣。

他在《英雄诫子弟》文中说道：伏波将军马援，也是一位绝代的英雄豪杰，而他在致他兄长之子的书信中告诫说："我要你们听到人家的过失，如同听到父母的名字，耳朵可以听，但嘴上不能说。喜好议论人家长短，妄评政事法令的是非，这是我最厌恶的，宁死也不愿子孙有这类行为！龙伯高敦厚、周密而谨慎，口中没有挑剔别人的语言，谦虚、自制而节俭，廉明公正有威望，我爱他看重他，希望你们仿效他。杜季良豪侠讲义气，忧人之忧，乐人之乐，他父亲丧事上来致意的客人，许多郡州都有人来，我爱他看重他！但不希望你们效法他。学习伯高而达不到他那样水平，也还是个廉矩而整饬的文士，就是和平常所说的'刻鹄不成尚类鹜'一样。仿效季良不成，沦为天下闻名的轻薄儿，就是和平常所说的'画虎不成反类犬'一样。"这也是谦逊谨慎，收敛自己高远的胸怀，接触卑下近旁的道理，如果不这样，就不能够保持自己的久长和远大，含藏得不严密，就施展得不准确。苏轼的诗句"始知真放本精微"，就是这个意思。

相关链接

曾国藩廉矩目的：致贤、养民、正风气

曾国藩一世廉矩，勤政爱民，了解民间疾苦，多次为民请命，减免税赋。廉矩使他挺起两根硬骨头。

曾国藩做了十多年的京官，十分尽责，他这种勤恳廉洁的精神，很为一般人折服。

他壮年时曾立志，要有民胞物与之量，有内圣外王之业，要做一个天地

间之完人。所以他说：治世之道，专以致贤养民为本，其风气之正与否，则丝毫皆推本于一己之身与心，一举一动，一语一默，人皆化之，以成风气，故为人上者，专重修身，以下效之者，速而且广也。

他所标榜的"廉矩报国，侧身修行"，也是注重以身化人，可见他是以从军、从政作为转移风气的过程。何尝要为一姓一家效愚忠呢？何以谓之转移风气？就是改造社会的意思。他常引顾亭林《日知录》上"保国者，其君其臣，肉食者谋之，保天下者，匹夫之贱，与有责焉"的话来勖勉属员。保即为保天下，就是不要使"仁义充塞而至于率兽食人，人将相食"，换句话说，就是不要使人欲横流、兽性高张、道德沦丧、礼法荡然，社会没有办法来维系，这才是人世间最危险的事情，好像是"人吃人"了。

所以他把功名富贵不当一回事，常常教训儿子说："予不愿大官，但愿为读书明理之君子，富贵功名，皆有命定；学为圣贤，全由自己做主。"他认为事业的成功是不可捉摸的，属之天命；学问道德是可以困勉而得的，使人们皆循正道而行，国运自然就好了。做官也应该以此为目的。所以他说：为督抚之道，即与师道无异，其训饬属员殷殷之意，即与人为善之意，孔子所谓"诲人不倦"也。其广咨忠益，以身作则，即取人为善之意，孔子所谓"为之不厌"也。为将帅者之于偏裨，此一以君道而兼师道，故曰"作之君，作之师"；又曰"民生于三，事之如一"，皆此义尔。

这不就是经世学的道理吗？所谓作君作师，即精神领袖和事业领袖合一，以事业表现精神，以精神贯注事业。曾国藩一生侧重此义，两者兼而有之，所以能把"汗马勋名，问牛相业，都看作秕糠尘垢"了。

他说廉矩的道理，不外"致贤""养民"和"正风气"三端。风气如何能正呢？必须先培养人才，使之各得其用，让他们产生一种领导作用，这就是所谓致贤了。同时把人民的生活改善，使之安居乐业，"仓廪实而后知礼义，衣食足而后知荣辱"，这就是所谓养民了。总之是教养廉矩，让治者与被治者，或士大夫阶级与农工商阶级，都能发展他们的技能，配合一致，殊途同归，然后风气可转，社会自然就欣欣向荣了。

战争期间，非重奖、厚利，不足得人死力，而奖励手段则又不外升官、发财二事。初时的湘军，筹饷相当困难，前线弁勇除口粮稍优外，不可能再

另外给予重金奖励，而幕僚等后方人员薪资亦并不丰厚。办厘人员薪水来自厘金提成，粮台人员薪水来自湘平与库平银两的差色折算余数，弄得好也还收入不错。而文案人员则薪水出自军费，标准甚低，数有定额，仅能维持全家生活。他们所以对曾国藩幕府趋之若鹜，主要是为了学点真才实学，混个一官半职。曾国藩利用幕府训练与培养出大批人才，并委以重任，保举高官，以致"荐贤满天下"。这样，保举也就成了曾国藩吸引人才、鼓励士气的主要手段。

曾国藩出生在一普通的农户人家，他与湘乡农村有着广泛的联系，他了解农民的疾苦、愿望和要求，他的部队实际上是一支农民部队，他正是依靠这支部队打败了捻军和太平天国军队的。

曾国藩说：养民是为了民，做官也是为了民，当官不为民着想，那是我深恶痛绝的。为民不是一句空话，不是一曲爱民歌，不是做几件事情摆摆样子，而是要真心实意地爱，"愛"字中间有一个"心"字，所以爱民就要出于"真心"。

在给曾国荃的一封信中，曾国藩这样写道：大抵与士兵和百姓交往，只要真心实意地爱护他们，就可以得到他们的谅解。我之所以深得民心与军心，就是因为这个缘故。在与官员和绅士交往时，即使心里看不起某些人，也不能在语言上、表情上、礼节上表现出来，我之所以在官场上不得志，就是因为常常表现出来的缘故啊！

尽管曾国藩与官员和绅士之间常常发生矛盾，这给他的仕途增加了不少麻烦，但由于他能真心实意爱护军民，所以还是能心有所想，事有所成。曾国藩的这种爱民思想应该说得益于他所受的儒家文化的影响。

在《尚书》《礼记》《论语》和《国语》中，民本思想已经很重，到了孟子，民本思想获得了高度的发展。孟子说："民为贵，社稷次之，君为轻。"这种以民为贵的思想可以说是历朝历代明君实行仁政的基础。孟子还说："乐民之乐者，民亦乐其乐；忧民之忧者，民亦忧其忧。"想民之所想，急民之所急，这是获得民心的法宝。

得天下就要得民心，得民心就要"所欲与之聚之，所恶勿施尔也"。

曾国藩称孟子为"真豪杰"，表示愿意终身以孟子为师。他的爱民思想、民本思想大概可以从孟子那里找到根据。

第五章 诡道

带兵治军，仁礼并用

【原典】

带勇之法，用恩莫如用仁，用威莫如用礼。仁者，即所谓欲立立人，欲达达人也。待弁勇如待子弟之心，尝望其成立，望其发达，则人之恩矣。礼者，即所谓无众寡，无小大，无敢慢、泰而不骄也。正其衣冠，尊其瞻视，俨然人望而畏之，威而不猛也。持之以敬，临之以庄，无形无声之际，常有懔然难犯之象，则人知威矣。守斯二者，虽蛮貊之邦行矣，何兵勇之不可治哉。

【译文】

带兵的方法，用恩情不如用仁义，用威严不如用礼遇。"仁"的意思就是：要想自己立身成事，先让别人立身，要想自己达到目的，先要帮别人达到目的。对待士兵要像对待自家子弟一样，希望他成事立业，希望他发达兴旺，那么人们自然感恩于你。"礼"的意思，指人与人之间平等相待，不分年龄大小，不分位置上下，彼此不能侮谩、安适平和而不骄傲自大。衣冠端正，庄严肃穆，人们看见就生敬畏之心，觉得威严持重不莽撞。做事敬业，待人稳健，无形无声中现出崇高难犯的气象，这样，别人自然尊重他的威严。遵守这两个方面，即使到国外出使也行得通，更何况带兵治军呢？

解读

兵无常势，见机而行

《老子》云："用兵有言：吾不敢为主，而为客；不敢进寸，而退尺。是谓行无行，攘无臂，扔无敌，执无兵。"大意是说，我不敢先发进攻，而是采取守势；不敢冒进一寸，而要后退一尺。这就叫作：虽然有阵势，却像没有阵势可摆；虽然有奋臂进击，却像没有手臂可举；虽然可以牵制敌人，却像没有敌人可以牵制；虽然手持兵器，却像没有兵器可持。

老子的这一思想对曾国藩影响很大，成为他攻防战守的主要理论基础。他说："凡用兵主客奇正，夫人能言之，未必果能知之也。"那么何为主，何为客？何为奇，何为正？这主客奇正有什么奥妙，又是如何体现的呢？曾国藩说，守城者为主，攻者为客，守营垒者为主，攻者为客，中途相遇，先至战地者为主，后至者为客。两军相持，先呐喊放枪者为客，后呐喊放枪者为主。两人持矛相斗，先动手戳第一下者为客，后动手即格开而即戳者为主。

这种战略战术核心思想就是要以退为进，不轻易出击，保存实力，后发制人。

一般说来，用奇兵比用正兵好，老子就说要"以奇用兵"，奇兵的优点是隐蔽，出其不意，变幻莫测，但有时也要用正兵，威风凛凛，气吞山河，使敌不敢进犯。

那么，什么时候为主，什么时候为客，什么时候用正兵，什么时候用奇兵，这要视具体情况而定。曾国藩说："忽主忽客，忽正忽奇，变动无定时，转移无定势，能一一区别之，则于用兵之道思过半矣。"可见"变动无定时，转移无定势"，这才是用兵的最高智慧和最高境界。

曾国藩说："行军本非余之所长，兵贵奇而余太平，兵贵诈而余太直。"他指示下属说："兵事喜诈而恶直也。""古人用兵，最重'变化不测'四字。"又说："行兵最贵机局生活。忽主忽客，忽正忽奇，变动无定时，转移无定势，能一一区别之，则于用兵之道思过半矣！"关于稳慎与灵活的关系，曾国藩在一副箴弟联中说得很明白：打仗不慌不忙，先求稳当，次求变化；办事无声无息，既要精到，又要简捷。

稳慎与变化，有先后之序；精到与简捷，须同时并求。这就是曾国藩的战略原则的总的要求。

为了力求机局多变，曾国藩提出了"虚虚实实"之法。他说：兵法最忌"形见势绌"四字，以隐隐约约，虚虚实实，使贼不能尽窥我之底蕴。若人数单薄，尤宜如此诀。若常扎一处，人力太单，日久则形见矣；我之形既尽被贼党觑破，则势绌矣，此大忌也。

有一年，湘勇一统领张连兰所部三百人驻扎在牛角岭，前后左右没有增援部队，曾国藩听说后立即写信加以制止，认为这样做太呆板了，正犯了"形见势绌"的毛病，结果五旗失守，他们没有吸取教训，又把第三旗驻扎在这里，曾国藩写信告诉他们，这就更呆板了。他说：用兵当深思熟虑，不能驻扎，就应退守，然后，军队合到一起，等敌人来时，就联合起来与之决战，只要有一次得胜，锐气就会振作起来。大凡敌我交战，胜负常在须臾之间，即使救兵在八里之外，也不能援救；若是雨雪泥泞天气，即使在四里之外，也不能援救。再加上将士精神心血，也是有一定限度的，假若时刻兢兢业业，夜夜提防，不过十天，就会疲劳不堪。疲劳之师，就会产生暮气，肯定没有战斗力。曾国藩所担心的一是怕孤军无援，二是怕劳师无力。

《淮南子·兵略》云："用兵之道，示之以柔而近之以刚，示之以弱而乘之以强，为之以歙（收敛）而应之以张，将欲西而示之以东……若鬼之无迹，若水之无创。"这种方法就是在表面上不显得斗志昂扬，迎敌时却勇猛顽强；表面上显得弱小无力，攻敌时却威力无比；部队将要向西行动，却虚张向东的声势。总之要无形无迹，变幻莫测，让敌人摸不着头脑。正是出于这种战略战术考虑，曾国藩对张连兰说："必须变动不测，时进时退，时虚时实，时示怯弱，时示强壮，有神龙矫变之状，老湘营昔日之妙处，全在于此。"湘军在与太平天国军队交战中始终处于弱势，太平天国军队有百万之余，而湘军在其鼎盛时期也不过三十万人，没有正确的战略和战术，是不可能取得最后胜利的。

为了避免"形见势绌"，就要采取"变化不测"的方针。曾国藩曾指出曾国荃"行军太缺少变化"，他说："世事变化反复，往往出乎意想之外。所谓道高一尺，魔高一丈，不饱历事故，焉知局中之艰难哉！……余之拙见，总宜有呆兵，有活兵，有重兵，缺一不可。"特别"宜多用活兵，少用呆兵，多用重兵，少用轻兵"。

虚实结合，主要体现在示形上。他在《陆军得胜歌》中具体地说："起手要阴后要阳，出队要弱收队强。初交手时如老鼠，越打越强如老虎。"之所以"起手要阴"，要"如老鼠"，就是为了麻痹敌之心意，而蓄养己之气力，"先为不可胜，然后伺间抵隙，以待敌之可胜"。这就是"气敛局紧"的意思。所以，曾国藩断言道："凡用兵之道，本强故示弱者多胜，本弱故示强者多败。"本强而示弱，是用兵之虚；而且虚的目的，是充分发挥己之实（实力），"越打越强如老虎"。这种虚实结合，终归是形虚而实实，正如《孙子》所说，"兵之所加，如以投卵者，虚实是也"，"形人而我无形，则我专而敌分"。

为了机局多变，曾国藩主张"奇正互用""忽正忽奇"。他评论道："吴竹庄带彪勇并义武营驰剿新昌，甚好甚好，有重兵以镇守，有轻兵以雕剿，正合古人奇正互用之法。"何谓奇正？他解释说："中间排队迎敌为正，左右两旁抄出为奇兵。屯宿重兵，坚扎老营，与贼相持者为正兵，分出游兵，飘忽无常，待隙狙击者为奇兵。意有专向，吾所恃以御寇者为正兵，多张疑阵，示人以不可测者为奇兵。旌旗鲜明，使敌不敢犯者为正兵，羸马疲卒，偃旗息鼓，本强而故示以弱者为奇兵。建旗鸣鼓，屹然不轻动者为正兵，佯败佯退，设伏而诱敌者为奇兵。"一般来说，在战场上，以正兵为主，奇兵为辅。但根据战争形势的变化，有时候用兵的重点方向，或者说，军事指挥人员的主要着笔处，不在正兵，反在奇兵，这是因为"凡战者以正合，以奇胜"。出奇之所以能制胜，主要是乘敌不意，攻敌不备。《孙子》中说："奇正之变，不可胜变也。"奇正互用，忽正忽奇，正取此意。

为求机局多变，曾国藩还很注意重兵与轻兵，呆兵与活兵之辨。他说：

"进退开合，变化不测，活兵也；屯宿一处，师老人顽，呆兵也。多用大炮辎重，文员太众，车船难齐，重兵也；器械灵活，马驮辎重，不用车船轿夫，风驰电击，轻兵也。"他指出："我的拙见，总宜有呆兵，有活兵，有重兵，有轻兵，缺一不可。"但他主张"宜多用活兵，少用呆兵；多用轻兵，少用重兵"，或者"半活半呆，半剿半守，更番互换，乃能保常新之气"。"至军务之要，亦有二语，曰坚守已得之地，多筹游击之师而已。"他批评向荣、和春的江南大营之败，在于"以重兵株守金陵，不早思变计"，即不知于"空处着笔"，动用轻兵、活兵之妙。所以，他坚决反对曾国荃屯兵金陵城下，"以数万人全作呆兵，图合长围"。他反问道："今岂肯以向、和为师，而蹈其覆辙乎？"

虚实、正奇、呆活、轻重，以及战场上如何具体运动，关键取决于见机审势。同治元年三月，曾国荃部将南渡长江以进金陵时，曾国藩指示说："以你军目前的情势来看，若在下游采石渡江，隔断金陵、芜湖两贼之师，下窥秣陵关，这就得势。若在上游三山渡江，使巢、和、西梁留守之师与分攻鲁港之兵隔气，这就失势。"这是在用兵地点上审势之一例。"至于进兵金陵早迟，亦由弟自行审察机势。机已灵活，势已酣足，早进可以；否则不如迟进。"这是在用兵时间上审势之一例。他概括地说："用兵以审势为第一要义。"

但他在另一处说："审机审势，犹在后来，第一先贵审力。审力，知己知彼的切实功夫。""古人说，兵骄必败。老子说，两军相对，哀者胜。不审力，这就是骄；审力而不自足，这就是老子所说的哀。"审力，是指战员的基本功；审机审势，则是对指战员的更高要求。咸丰五年，湘军水师被分割为外江、内湖两部分，进击无力，陆师围攻九江，也久攻而不下，曾国藩驻扎南康，一筹莫展。太平军则乘机西上，第三次攻克武昌。八月，罗泽南至南康、湖口一看，"自知兵力不足以图功"，便毅然率勇扬长而去，弃赣奔鄂。曾国藩后来多次提到这一事例，盛赞说："有识者皆佩服罗山用兵识时务，能取远势。余虽私怨罗山之弃余而他往，而未尝不服其行军有伸有缩，有开有合也"。

善于审力、审机、审势，则静动、主客、迅速、正奇、虚实、轻重、呆活、伸缩、开合等对立事物，皆可有机地统一，运筹自如，得心应手，否则，必然弄巧成拙，南辕而北辙。这就是曾国藩"先求稳当，次求变化"的辩证思考。蔡松坡说，曾国藩的治兵言论，"多洞中窾要"，乃"治兵之至宝"。作为对《孙子》《司马法》《尉缭子》《吴子》《六韬》及《练兵实纪》等中国古代兵法理论的继承，作为对中国近代军事实践的总结，曾国藩的战略战术思想，确实含有丰富的辩证因素。"多洞中窾要"的评论，当是言之有据的。

相关链接

严格约束部将，重视纪律教育

曾国藩深谙"兵者，阴事"的道理，对行军打仗本不在行的书生而言，他每临战阵，多以失败告终。但他注意总结教训，而且注意民心的作用，严格约束部将。

曾国藩为了把湘军训练成为一支劲旅，一支有胆有技、能征善战的子弟兵，是不吝花费心血的。曾国藩将湘军的训练分为训教与操练两种，而以训教为根本，特别注重思想教育。

湘军的训教，没有制成明文颁布，但在曾国藩所著的《劝训练以御寇》中有反映。他写道：禁嫖赌，戒游惰，慎言语，敬尊长，此父兄教子弟之家规也。为营官者，待兵勇如子弟，使人人学好，个个成名，则众勇感之矣。

曾国藩以理学家的身份创立湘军，为此他十分重视义理之教在湘军中的作用。王守仁曾说过"破山中之贼易，破心中之贼难"的话，曾国藩遂将此一思想运用于治军上，则可理解为，重视"操练"就是"破山中之贼"的工夫；"训教"则是"破心中之贼"的工夫。因为"破心中之贼难"，所以对于训教必须下苦功夫。如何训教，曾国藩将其分为两个方面，即官兵与兵民。在官兵方面，他强调以义理来带兵。

在湘军中，倡导将领以父兄待子弟般对待士兵，士兵也就视将领为父兄，加之湘军中客观存在的亲党邻里的血缘和地缘关系，每每在训教后，均收到勇丁感动得五体投地的效果。

曾国藩十分重视湘军的纪律教育，力争以湘军形象改变老百姓心目中"兵不如匪"的看法。曾国藩说："恐民心一去，不可挽回，誓欲练成一旅，秋毫无犯，以挽民心而塞民口，每逢三八操演，集诸勇而教之，反复开说至千百语，但令其无扰百姓。自四月以后，间令塔将传唤营官，一同操演，亦不过令弁兵前来，听我教语。每次与诸弁兵讲说至一时数刻之久，虽不敢云说法点顽石之头，亦诚欲以苦口滴杜鹃之血……国藩之为此，盖欲感动一二，冀其不扰百姓，以雪兵勇不如贼匪之耻，而稍变武弁漫无纪律之态。"目的在于，要在精神上唤起兵勇的自觉，以对抗太平军。曾国藩苦口婆心，开诚布公，劝导士兵严守纪律，爱护百姓。

对湘军的操练，曾国藩强调勤与熟。他将湘军营规定为《日夜常课之规》七条：

一、五更三点皆起，派三成队站墙子一次。放醒炮，闻锣声则散。

二、黎明演早操一次，营官看亲兵之操，或帮办代看。哨官看本哨之操。

三、午刻点名一次，亲兵由营官点，或帮办代点。各哨由哨长点。

四、日斜时，演操一次，与黎明早操同。

五、灯时，派三成队站墙一次，放定更炮，闻锣声则散。

六、二更前点名一次，与午刻点名一次。计每日夜共站墙子两次，点名二次，看操二次。此外营官点全营之名，看全营之操无定期，每月四五次。

七、每次派一成队站墙，唱更，每更一人轮流替换。如离贼甚近，则派二成队，每更二人轮流替换。若但传令箭而不唱更，谓之暗令。仍派哨长、亲兵等常常稽查。

曾国藩对湘军日夜课程的七条规定，就是要突出一个"勤"字，使士兵在营中日夜都有一定功课可做，严格遵守点名、演操、站墙子、巡更、放哨等营规，曾国藩对于治军中"勤"字的理解是"治军以勤字为先，实阅历而知其不可易。未有平日不起早，而临敌忽能早起者，未有平日不习劳，而临敌忽能习劳者，未有平日不能忍饥耐寒，而临敌忽能忍饥耐寒者"。他在给朋友的信中又提到，"治军之道，以勤字为先。身勤则强，逸则病；家勤则兴，懒则衰；国勤则治，怠则乱；军勤则胜，惰则败"。只有在平日里保持高度的紧张，才能有备无患，战时镇定自若。

第六章　久战

养精蓄锐，且挺且韧

【原典】

久战之道，最忌势穷力竭四字。力则指将士精力言之，势则指大局大计及粮饷之接续。贼以坚忍死拒，我亦当以坚忍胜之。惟有休养士气，观衅而动，不必过求速效，徒伤精锐，迨瓜熟蒂落，自可应手奏功也。凡与贼相持日久，最戒浪战。兵勇以浪战而玩，玩则疲；贼匪以浪战而猾，猾则巧。以我之疲战贼之巧，终不免有受害之一日。故余昔在营中诫诸将曰："宁可数月不开一仗，不可开仗而毫无安排算计。"

【译文】

打持久战，最忌讳"势穷力竭"四字。力，就是指将士的精力而言；势，就是指战略大局，全盘作战计划及粮饷的供应补充。敌人以坚忍的气概拼命抵抗，我们也要以坚忍的精神抗衡，到最终取胜。这时只有在休养士气时，相机而动，不必过于追求速胜，而白白消耗精锐之士气。等到时机成熟，就如瓜熟蒂落一样，自然可以一出击便歼灭敌人，凯歌返回。凡是和敌人相持日久，最要戒备的是散漫地打仗。士兵们会因散漫作战而不在意，不在意就会懈怠不认真。敌人因为散漫作战而更狡猾，狡猾就会变得机巧。用我军的懈怠去和敌军的诡诈机巧作战，终不免有受害的一天。所以我过去在军营中告诫诸将说："宁可数月不开一仗，不可开仗而毫无安排算计。"

解 读

意志为本，敌必克之

  曾国藩的《挺经》，表现在作战上，以打硬仗、持久战著称。他讲求蓄势蓄力，坚挺取胜。在曾国藩的军旅生涯中，最驰名的久战之役，就是攻陷天京。

  清同治元年（1862年）春，曾国藩调动湘、淮军七万余人，兵分十路，包围天京。直到秋末，忠王李秀成在天王洪秀全多次严诏之下，率二十万太平军回救天京，激战四十五日，屡攻不利，仓促撤离，李秀成被"严责革爵"。不久，洪秀全责令李秀成领兵渡江，西袭湖北，以收"进北攻南"之效。但李秀成迟至次年春才率主力渡江西进，途遭湘军阻截，于五月被迫从六安折返江南，调动湘军不成，反遭重大损失。二年冬，李鸿章所部淮军在"常胜军"（即洋枪队）支持下，自上海推进至常州城下。左宗棠部也进围杭州。曾国荃部湘军攻占天京外围各要点，逐渐缩小包围圈。三年正月，湘军合围天京。城内米粮日缺，洪秀全与将士以"甜露"（一种野草制的代食品）充饥，仍打退湘军多次进攻。

  曾国荃自受任浙江巡抚以来，深感朝廷破格擢升，极想早日攻克天京，以报知遇之恩。但天京城为天国的京都所在，已达十二年之久，坚壁固守，实力不弱，虽已有大军三十余万，四周围住，快近三年，如坚攻，就是用百万大军，也无从破入。因此与部将李臣典、萧泗孚几人商议，明面上用大军不停地硬攻，暗地里却挖掘地道，直达天京中心。

  曾国藩自咸丰四年（1854年）以团练大臣的身份出征以来，历尽千辛万苦，如今兵临天京城下，他本应长吁一口气，放松一下已绷紧的神经，可是，此时曾国藩却不敢有丝毫的懈怠，他所面临的天京城，大且稳固，几万湘军散布在天京城下，经验告诉他，想要在短期内攻克天京，剿灭太平军，纯属天方夜谭。在经历了九江、安庆攻坚战后，曾国藩认为必须对天京实施持久战，在对其包围的情况下，切断天京粮道，待其弹尽粮绝时，进行最后的攻坚。因此，攻击的重点就是控制水、陆运输线。

天京城大人众，靠陆路的肩挑人扛来送粮食，犹如杯水车薪，且不经济。长时期以来，天京城内大宗粮食主要靠水上运输线，以长江和内河为主。内河粮道是天京至高淳，"使苏浙之米，能由高淳小河通金陵"。自从曾国荃逼扎雨花台以后，彭玉麟就将内河水路完全切断。

九袱洲之战以前，在长江水道上太平军仍然控制着九袱洲、下关、燕子矶一带，因此一些外国商人为牟取暴利，不断偷运粮食，卖给坚守天京的太平军。

九袱洲之战以后，湘军水师先后占领了九袱洲、下关，于是长江水道也为湘军所控制。此时，曾国藩一面高价买下外商所偷运的粮食，一面上书朝廷，通过总理各国事务衙门照会各国驻华公使。要求在攻克天京以前，严禁外国轮船停泊在天京城外，以彻底杜绝天京的一切粮源。曾国藩在写给曾国荃的信中说：合围之道，总以断水中接济为第一要义。百余里之城，数十万之贼，断非肩挑陆运所能养活。从前有红革船接济，有洋船接济，今九袱洲既克，二者皆可力禁，弟与厚、雪以全副精神查禁水路接济，则克城之期，不甚远矣。

对于此举，曾国藩甚为得意，在给沈葆桢的信中无不欣慰地写道：今大小河道皆为官兵所有，谷米日用之需，丝毫皆需肩挑入城，故贼中大以为不便。

因此，天京城内的太平军将面临粮食日渐告罄的严峻局面。

太平天国定都天京以后，东王杨秀清为提高天京城的防御能力，分别在九洑洲、七里洲、中关、下关、雨花台、紫金山、秣陵关、江东桥、上方桥等处，严密筑垒，坚如城池，并掘宽壕与之相辅。曾国荃在力克雨花台后，又屡克数处，只有西南要隘江东桥，东南粮道上方桥还未攻克。

同治二年（1863年）七月二十日，曾国荃命萧庆衍率七营湘军，出印子山，向东迫近太平军营垒下寨，驻守上方桥及七桥瓮与太平军竭力抵抗，使萧庆衍七营只有招架之功，而无筑垒之力。曾国荃遂令总兵张诗曰、李臣典等分军拦截太平军，使萧庆衍七营湘军得以筑成进攻上方桥的营垒。二十二日，又令李祥和等军在萧庆衍军垒前又筑新垒。并以大炮日夜攻击上方桥太平军。二十九日，湘军与太平军接仗以后，太平军被击败，河下船只尽数丧失。深夜，萧庆衍偷袭上方桥，待太平军察觉，湘军已半入垒中。次日，上方桥遂告陷落。江东桥是天京的西南要隘，十二日晨，江东桥被攻克。

天京城失去了上方桥和江东桥要隘后，天京城东南还有中和桥，双桥门、六桥瓮、方山、土山、上方门、高桥门及秣陵关、博望镇，作为天京城的辅蔽。九月二十二日，上方门、高桥门、双桥门石垒被萧庆衍、陈堤、彭毓橘等攻陷。军事要隘博望镇，上可以接应皖南水阳，旁可以控制芜湖金柱关。九月十九日驻守金柱关的湘军守将朱南桂会同朱洪章、武明良偷袭博望镇，取得成功。九月二十五日，陈堤、熊登武又攻陷了中和桥。继而曾国荃又派赵三元、伍维寿夺取了秣陵关。至此，紫金山西南完全被湘军所控制。

曾国藩在天京城东南屡获胜利的情况下，于九月二十七日率领萧庆衍、陈堤、彭毓橘、李臣典视察孝陵卫地势，伺机扩大成果。陈坤书等人自太平门、朝阳门出战，企图扼制曾国荃在天京城东的发展势头。无奈，被曾国荃击败，陈坤书也受了枪伤，不得不退回城里，萧庆衍乘机夺得孝陵卫。十月初五、初六两日，曾国荃又先后派军将天京城东的淳化、解溪、隆都、湖墅、三岔镇五个要隘攻克，使得天京城东百余里内无太平军立足之所。十月十五日曾国荃率军进扎孝陵卫，天京城渐被合围。

此时南京近郊，各方征调的大军已达八十余万之多。曾国荃一再向苏抚李鸿章请援，但李鸿章自攻克常州以后，就即不再理会。至六月十五日那天，湘军所掘地道，长达十余里，已达天京中区了。曾国荃以这秘密的大功行将告成，倘被天国识破，势必前功尽弃，因此下令加紧炮轰，免得掘地声给天

国听到。这时李秀成正辅助幼主，虽属智勇兼具，忠心耿耿，但从前所占府县，既不能连贯一片，统一攻守，后来却被湘军分别击破，失地日增。在天国晚年，他已早感消极。至此，虽能勉守南京，已无出击之力，此消彼长，彼此的形势已相差太远了。

这日未到午夜，湘军在地道终点，突用大量炸药，轰穿地面。轰隆巨响，好像天崩地塌，大队兵卒由李臣典等率领，涌进天京中心，一时真是火烟遍地，喊声震天。太平天国军事先不防此变，倍觉慌张。急由洪宣娇等保卫幼主。李秀成、洪仁发、洪仁达、赖汉英、罗大纲、秦日纲、陈开、赖文鸿、吴汝孝、古峰贤、陈仕章、吉安瑾等众将领，纷纷四出抵御。而由地道涌上的这些湘军，一部分四面作战，另一部分已由中区攻向边区的城门，守城的天国兵士前后受到夹击。城门顿时失却几个，这时城外清军，如同黄河决口般地蜂拥而入，越进越多。李秀成、洪仁发等混战将近天明，虽把清军悍将如李臣典等杀伤数人，想到自己外无援军，人马越战越少，遂知大势已去，匆促动乱间，碰着几位将领，急忙率领残部，杀开一条血路，向西门突围。

清军当初既已密围天京，何以这时的天国将领还能向西门突围而出？原来曾国荃幕僚们早已熟计妥善，认为地道妙计，攻克天京，已具把握。目的是在破城第一，硬要坚围，势必双方多伤人马；第二是天国败以后，必求生路，所谓困门，自己也死伤必多，因此有意留出西门。其实天国之地，倘若不是被从地道突破，守城实力，还是足够。这时急切逃生，不管任何一个城门，也能突围冲出的。然而，曾国藩的湘军毕竟太庞大了，又早有准备，终使太平军惨败，天京陷落。

"探骊之法，以善战为得珠。"曾国藩之所以能探骊得珠，首先是因为他极端重视战争全局，"从大处落墨"。他从实践中获得了一个重要认识：军中阅历有年，益知天下事当于大处着眼，小处下手。

咸丰八年（1858年）六月，曾国藩奉命率军援浙。但石达开七八万人不久放弃了浙江衢州等地，进入福建，朝廷乃三次令他率援浙之师援闽。当曾国藩集结军队，摆开了三路入闽的架势时，太平军却进入了江西腹地。原在吉安的太平军也突围往东，不久，另路太平军则从闽南进入赣南。于是曾国藩在东、南、北三面受敌，不得不把一万多人分为三路，伸出三个拳头，在任何一方都难以获胜。这种被动的局面促使曾国藩不得不深思。

最后，他下决心改变湘军在江西战场上的处境，于咸丰九年（1859年）正月上了一本著名的《通筹全局折》，指出："就数省军务而论，安徽最重，江西次之，福建又次之，就全局观之，则两利相形，当取其重；两害相形，当取其轻。又不得不舍小图大，舍其枝叶而图其本根；就现在之兵力稍加恢廓，北岸须添足步三万人，都兴阿、李续宜、鲍超等任之；中流现有水师万余人，杨载福、彭玉麟任之；南岸须添足马步二万人，臣率萧启江、张运兰等任之。三道并进，夹江而下。幸而得手，进占十里，则贼蹙十里之势；进占百里，则贼少百里之粮。其于金陵、庐州（今合肥）两大营均足以抽釜底之薪，而增车外之辅。"

时曾国藩目疾甚深，目光甚蒙，难以开视，仍在作战地图前深思熟虑，纵横捭阖。他坚持：论大局之轻重，则宜并力江北，以图清中原；论目前之缓急，则宜先攻景德镇，以保全湖口，先固南岸。

这是曾国藩统筹战争全局的一项重要的战略原则。根据这一原则，他在江西战场上缩回了两个拳头，让自己统领的这部分湘军抱成一团，集中打向赣北，夺回景德重镇，不但立即改变了被动的局面，而且为他后来进军安庆奠定了基础。

对于攻打太平军的整体战场，曾国藩在咸丰九年间也进行了战略上的考虑。

当时，从两湖、赣、皖到江、浙、闽，各省都有太平军在奋力拼搏。太平军与清军的分布，犬牙交错，处处有对垒，时时有战斗。如果不从全局上考虑，只注意防堵追击，争一城一池之得失，虽也可以获一时之利，但战争的发展前景还难以预料。故曾国藩根据"舍小而图大，舍其枝叶而图其本根"的战略原则，把目光死死盯着金陵，盯着金陵在上游的屏障安庆。后来的战局发展，基本上是按曾国藩的这个规划发展的。但这一战略思想和战略部署，一时还不容易被所有的人理解和接受。

曾国藩还不得不作出努力，付出代价。他常说："我对大利大害，都悉心考究。"他冒着风险，屡次拒绝朝命，虽然确有西防则因未获得地方政权而办事艰难，东征则因兵力单薄而顾此失彼，北援则因路途遥远而缓不救急等主客观因素，但基本原因却是他悉心考究了大利大害之所在，决心"任凭各处糜烂，仍不分安庆兵力"。他甚至说："此次安庆之得失，关系吾家之气运，即关系天下之安危"。"舍小而图大，舍其枝叶而图其本根"的战略原则掌握着他，支配着他，使他终于成就了一番大业。

相关链接

"久战"能胜的主要原因是"心战"

久战，是对抗性的战争，是综合因素的较量，是曾国藩最为关注的。更重要的是，曾国藩讲求"心战"，以"心战"夺敌锐气，养己威势，练就一支能够"久战"的队伍。

他的"心战"首先是"养吾气"。

（1）养吾正气，防其邪气。

对全军进行思想政治教育，使广大将士深信其事业是"正义"的，其军队是"正义之师"，所从事的战争是"正义之战"。

（2）善吾和气，防其离气。

搞好官兵团结、上下团结、三军团结。治军之道，"要在人和"，"和则一可当百"。如果"上不信下，下不信上，上下离心"，必至于败。

（3）练吾胆气，防其恐气。

练兵先练胆，人无胆气，一切技艺都归无用。

（4）严吾刚气，防其娇气。

"气不自壮，励之乃刚"。军纪必须威严，军容必须整齐，要培养全军的阳刚之气。

他的"心战"其次是"攻敌心"。在"攻敌心"方面，主要是：

（1）谕义夺心。

兵临敌境，应大造舆论，宣传自己出师目的是为了禁残止暴，救民于水火，揭露对方残暴无道，借以瓦解敌方军心民心。

（2）谕威夺气。

未战之前，先大肆宣扬自己军队多么强大，将帅如何英明，装备如何精良，三军如何团结，给敌人以强大的心理威慑。即《尉缭子》讲的"讲武料敌，使敌之气失师散"。

（3）先声夺人。

两军对垒，我方先造巨大的声势，使敌感到强大不可抵御，丧失胜利的信心与斗志。"先声有夺人之心。"

（4）挫敌人锐气。

敌来进攻，我方以精兵强将先拔头筹，挫其锐气。

由此可知曾国藩"久战"能胜的原因。

第七章　忠疑

朴诚淳信，守己无求

【原典】

盖君子之立身，在其所处。诚内度方寸，靡所于疚，则仰对昭昭，俯视伦物，宽不怍。故冶长无愧于其师，孟博不惭于其母，彼诚有以自伸于内耳。足下朴诚淳信，守己无求，无亡之灾，翩其相戾，顾衾对影，何悔何嫌。正宜益懋醇修，未可因是而增疑虑，稍渝素衷也。国藩滥竽此间，卒亦非善。肮脏之习，本不达于时趋；而逡循之修，亦难跻于先进。独间狷守介介，期不深负知己之望，所知惟此之兢兢耳。

【译文】

一般说来，君子讲求的立身之道，在于他所处的环境地位的和谐。确实做到反省内心，毫无愧疚之处，那么仰望日月青天，俯视大地万物，就会心胸宽宏，无畏无惧，更不会羞惭。所以，公冶长不愧对老师孔子，东汉范滂没辱没母亲教诲，他们都有内心足以自信的东西。您这个人，淳朴诚实守信，恪守本分无求于人，可是意外灾祸却连连降临。夜晚对影沉思，充满悔恨不满。这时正应加深提高修养，培养美德，不能因此而增疑虑，略微改变平时一贯的信念。我在此地滥竽充数，结果也不太好。糟糕的习性本来就跟不上眼前的形势；而缓慢地学习，也难跻身高明者之列。独有一件，那就是恪守自己独立正直的原则，希望不十分辜负知己朋友对我的期望，所追求的也只是小心谨慎地做到这些而已。

解读

忠而遭疑者，古已有之

古人云：唯忠疑之际，人臣最难处。猜疑毁谤，黑白相昧，乃人性蛇蝎处。然而，君子之心，廓然大公。忍侮于大者，浩然正气，坚而不移。

忠而遭疑者，古已有之。

写下千古绝唱——《离骚》的屈原，是忠而遭疑乃至投江而死的悲剧性人物。两千三百多年前，在洞庭汨罗的高高堤岸上，一位风骨嶙峋、冠袍庄肃的老臣，毅然怀抱砾石，奋身投入了滔滔北去的江流；猎猎的江风中，还久久回荡着他悲怆的号泣：宁溘死而流亡兮，恐祸殃之有再，不毕辞而赴渊兮，惜壅君之不识！

这位老臣，就是为振兴楚国而竭智尽忠，蒙受了不白之冤，也绝不背弃祖国的伟大逐臣屈原。

屈原名平，字原，约生于楚威王元年或楚宣王二十九年（公元前341年前后）。这时代正距楚之"吴起变法"失败五十年，楚国朝政再无当年那样的兴旺气象了。相反，僻居西方的秦国，却在长达二十余年的"商鞅变法"中崛起，成为睥睨天下的一大强霸。

屈原的父亲伯庸，曾多次郑重地告诉屈原：屈氏乃古帝颛顼之后，并与楚王同姓。屈原降生的日子，又正是"得天地之正中"的"寅年、寅月、寅日"。这是一个不寻常的预兆，兆示着他将担当兴国安邦的大任！至于乐平里的乡邻们，说得就更神奇了：据说屈原降生的时候"香炉坪"上，霎时腾起了浓浓的紫烟，化出一条五彩虹霓直跨蓝天，还说有一团火球，从虹霓上滚落，发出阵阵毕剥之声，把乡邻们都惊呆了……

屈原当然明白：这些传说，不过寄托着人们对他的厚望罢了。真要担当兴国安邦的大任，还得靠他后天的努力，刻苦诵读诗书史传，孜孜探索治国治民的正道。所以，他从未有一刻放松过自己，早起在书斋攻读，傍晚来井

边"照面"回顾一天的学业，自省德行之修治。在他的内心深处，早就与商周时代的贤相伊尹、吕望相许相印，立志像他们一样，做辅助楚王一统天下的功臣。

楚怀王的前期是屈原政治生涯中最为光芒四射的时期。他"入则与王图议国事，以出号令；出则接遇宾客，应对诸侯"，显得那样聪颖明睿、潇洒自如。最重要的是，屈原精通历史，"明于治乱"，富于革新锐气。许多研究者都推测，屈原很可能在此期间促成楚怀王实施了一系列"朝政改革"。这些改革包括"举贤授能""修明法度"，光大先祖"功烈"及"前王之踵武"，以实现"国富强而法立"的目标等内容。而楚怀王，也因急于有所作为，欲与西方的强秦、东方的齐国争雄，对屈原的主张十分支持。楚国的朝政由此蒸蒸日上，出现了前所未有的兴旺气象。三十多年后，当屈原徙倚于汨罗江畔，即将怀石自沉而作《惜往日》一诗时，追述起这一段改革生涯，仍不免热情激荡，充满了无限的依恋。

但楚国的旧贵族势力，却不能容忍触犯他们既得利益的朝政改革。他们无法正面对抗楚怀王，便决定采取"釜底抽薪"之计，先把屈原从楚怀王身边剪除。

一日傍晚，楚王宫中楚怀王正与令尹昭阳讨论近日秦魏战局，当昭阳说到秦魏复战，秦虽攻占曲沃（今河南灵宝东北），对楚却颇为顾忌，终又将魏俘全部放还时，楚怀王不禁神采飞扬，朗声大笑："当年朕率六国之师叩关攻秦，早把秦惠王吓慌了，此者实不足惧也！"

正在兴致勃勃之间，上官大夫神色诡秘地进宫求见："大王！臣有要事急禀……"

"何事？"楚怀王见是上官大夫，显得颇不耐烦。

上官大夫眼珠骨碌一转，故作嗫嚅之状："事关大王威灵，臣不敢妄言。"

"说！"

"臣闻国中之人纷纷议论，大王自得屈左徒，内外大事均付屈左徒操办，气象殊非昔比！"

"此言说得倒也不错，自朕擢拔屈原，他所办诸事甚合朕心，确也免去了朕之操劳。"楚怀王说罢，抚髯而笑。

上官大夫却词锋一变："但屈原之心，却并不感念大王。臣今日拜望屈原，他竟扬扬得意地声称，楚有今日之兴旺全赖他屈某深谋远虑。大王昏聩，不识大体，令尹昭阳，碌碌庸才。楚国之事，非他莫能为也！"

楚怀王脸色一沉："他屈原果真这样说？"

"臣亲耳所闻！"上官大夫装作为楚怀王不平的样子说："朝中上下谁不知道，屈原起草的法令，其实都出于大王您之英明决断。想不到屈原竟如此狂妄，每一法令公布，都夸说是他的功劳。这不是心怀异志，企图凌驾于大王之上吗！"

楚怀王这个人本就好大喜功，听到这里早已忍耐不住狂怒之气："岂有此理！"

他站起身来，在大殿上盛怒踱步，终于大声对令尹昭阳说道："这样的狂徒岂可重用！你即刻传朕之命：罢去屈原左徒之职，贬为三闾大夫，暂停参与朝政议事！"

这便是上官大夫在背后施放的恶毒一箭。

屈原蒙受这不白之冤，竟连申辩的机会都没有，便被从左徒之位上赶下了台！

由于屈原的被黜，失势的贵族权臣重又受到楚怀王重用，一场由屈原策动的朝政改革，从此中断了。一抹夕阳从楚王宫渐渐消隐，苍苍茫茫的暮霭，笼盖了整个郢都……

天命反侧（天命反复无常），

何罚何佑（怎能佑善罚恶）？
齐桓九会（齐桓以九会诸侯），
卒然身杀（为何突然死去）？
彼王纣之躬（再看那位商纣），
孰使乱惑（是谁使他迷狂）？
何恶辅弼（为何厌恶贤辅），
谗谄是服（却听信谗舌如簧）？
比干何逆（比干触犯了什么），
而抑沉之（竟被当殿剖心）？
雷开何顺（雷开怎样媚从），
而赐封之（被赐以爵位、王位）？
何圣人之一德（为什么圣人同德）？
卒其异方（结果却大不一样）？
梅伯受醢（梅伯被砍为肉酱），
箕子佯狂（箕子也披发佯狂）？

这是屈原最哀恸的一刻，壁画上的齐桓公，恍惚间幻化成了楚怀王——他当年曾率诸国之师伐秦，转眼间却又"卒然身杀"、客死于秦。那狂怒乱惑的纣王，信任的也似乎不是"雷开"，而是谗谄怨毒的上官大夫和子兰，正将忠贞直谏的屈原剖心！

这就是《天问》——屈原在获悉楚怀王死讯的情感迷乱中，怆然写下的奇诗，历史的兴亡悲剧和楚国的现实之难，正这样交汇一起，激荡着蒙冤受屈的屈原，向着庙堂壁画，向着渺渺苍穹，苦苦地诘问，哀哀地恸泣！屈原本来以为，楚怀王的被欺因秦和客死，应该震醒新上台的楚襄王，他谏"武关之会"而遭放逐的冤屈，也应该得到昭雪了。

然而，他毕竟低估了楚王朝的旧贵族势力。特别是低估了子兰和上官大夫的狡诈、险恶。

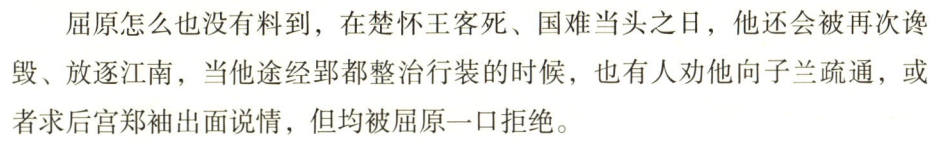

屈原怎么也没有料到，在楚怀王客死、国难当头之日，他还会被再次谗毁、放逐江南，当他途经郢都整治行装的时候，也有人劝他向子兰疏通，或者求后宫郑袖出面说情，但均被屈原一口拒绝。

根据民间传说，屈原在江南的放逐生涯，主要是在汨罗江畔的玉笥山度过的。玉笥山其实是一处丘陵，濒临滚滚北流的汨罗江，远远望去，其形正如置于蓝天下的大竹筐。

放逐江南的岁月是凄凉的。遭受了精神上巨大摧残的屈原，又受着多病的痛苦折磨。但他依然保持着不折不挠的气节，连爱好清洁的脾气也未改变。他每天都要去坡边的桥下洗涤帽缨。平时除了读书，就常找村民叙谈。夏日炎炎，便在山间的"桃花洞"里避暑。秋风萧萧的傍晚，村民们常见到他孤清的身影，独伫在高高的坡岭上，向着西北的郢都方向凝望。这里离郢都很远，屈原被严令不准涉越大江和夏水，他只能常常乘湘而下，在洞庭湖一带徘徊；或者溯湘而上，到九嶷山踏访大舜的遗迹。

一首充溢着追求和奋斗、失败和抗争、痛苦和对祖国无限依恋的伟大抒情长诗，就这样经历了许多个不眠之夜，终于在玉笥山下的陋室烛光下诞生了！根据汨罗一带的传说，屈原写成《离骚》的当夜，就曾让女儿举着松明，来到玉笥山西南的山冈上，向着茫茫天地、四方神明，高声地诵读这篇血泪凝成的诗作。当悲怆的语声诵至"已矣哉！国无人莫我知兮，又何怀乎故都！既莫足与为美政兮，吾将从彭咸之所居"时，山冈下竟黑压压聚集了大片人影，全都在叹息，全部在掩泪咽泣，最后竟化作一片哭声，震荡着幽幽汨罗！

但在这个传说中，那些人影并不是生人，而是捐躯沙场的楚之亡魂，是山山野野闻声来集的怨鬼、游神……

忠而遭疑，疑而致死的事在历史上何止万千。

相关链接

识才选将，炼能征善战之师

在中国近百年的历史上，曾国藩是一位重要的人物。由于他出力平定太平天国，满清王朝的命运得以延存。也因为他善于识拔人才，引用贤能，更时时以转移社会风气及建立廉能政治为己任，所以满清王朝才会在同治光绪之间，一度出现振衰起敝的中兴气象。同时他注意个人的道德文章修养，在立言、立德、立行上成就了"不朽"之业。

清政府称他是"学有本源，器成远大，忠诚体国，节劲凌霜"。清末的官宦和士人也对他是一片赞之美声。"文正公盛烈伟绩冠一代""深造道德""仁爱备至，智勇兼全""凄凉恢弘，望而知其伟人""可称完全之真君子，而为清代第一流人物"等善颂之词，汗牛充栋。

第一，曾国藩在选将中，将"忠义血性"放在第一位。所谓"忠义血性"，就是要求湘军将领誓死效忠清王朝，自觉维护以三纲五常为根本的封建统治秩序，具有誓死与起义农民顽抗到底的意志。统治民众的才能，不外乎公、明、勤这三个字。不公平、不明正，那士兵们就一定不会乐意服从；不勤快，那营中大大小小的事就都会废弛而无法管理。所以第一要事就在于此。如果士兵不怕死，则战时能冲锋陷阵、效命疆场，这是第二要事。身体虚弱的人，过于疲劳就会生病。缺乏精神的，长久了就会逃走，这又是次要的了。这几个方面看起来似乎过于求全，而假若缺了其中一条，则万万不可带兵。选用具有"忠义血性"者为将领，可以为整个军队起到表率作用，"以类相求，以气相引，则几个中得一人而可及其余"，这样便可以带动全军效忠封建的统治，从而能够使这支新兴的军队——湘军，不但具有镇压农民起义的能力，同时还具有"转移世风"的政治功能。

第二，曾国藩在选将中，将"廉""明"品质放在第二位。士兵如果看见本营将领不深究事理，只关心银钱多少，只关心保举是否恰当，那就会众目相望、相互等待，口里啧啧不已，以此相互讥讽。只有将领们自己廉洁，公私按款项支出、使全营都有目共睹，那么这种廉洁的行为就会使士兵的心敬服。而小款小赏，又常常从宽，使下面的人常常能沾点油水，那么恩惠就足以服人了。明这一字，第一要在陷阵之际看清楚谁是冲锋陷阵，谁是随后助势，谁是回力合堵，谁是见危险就跑，一一看清楚，又用平时办事勤惰虚实进行佐证，逐条进行考核，长久了，即使一兵一卒是否有长有短，都能认个大概，几乎直到明晰。

"廉"，对于军队来说是极为敏感的问题。绿营将帅克扣军饷，冒领缺额以自肥的现象，早已是公开的腐败行径。这深为士兵所不满，严重影响了部队的战斗力。那么，曾国藩在新组建的军队上，要做到与众不同，就必须在选将问题上高度重视，因为它直接关系到湘军的战斗力。

"明"是指将领要做到赏罚分明，是非不淆，"人见其近，吾见其远，曰高明；人见其粗，吾见其细，曰精明"。对于一般将领要求其"精明"，而对于高级将领，则要求其必须高明，这样才能够具有远见卓识。

曾国藩反复强调将领要具备"廉""明"的品质，这对于改善官兵关系，提高战斗力，有着极为重要的作用。

第三，选取将领，专取"简默朴实"之人。

曾国藩对于绿营军官气深重，投机取巧，迎合钻营的腐败风气有着极为深刻的认识，他深感积习难改，心里慨叹：即使"岳王复生，或可换弱兵之筋骨；孔子复生，难以变营伍之习气"。为了从根本上解决这个问题，曾国藩规定，一方面湘军不用入营已久的绿营兵和守备以上将官；另一方面，便强调挑选将领要侧重"淳朴"。所谓"淳朴"是指脚踏实地，无官气、不浮夸虚饰。曾国藩认为："取人之式以有操守而无官气，多条理而少大言为要。办事之法以'五到'为要。五到者，身到、心到、眼到、手到、口到也。身到者，如作吏则亲验命盗案，案巡乡里，治军则亲巡营垒，亲探贼地是也；心到者，凡事苦心剖析，大条理、小条理、始管理、终条理，理其绪而分之，又比其类而合之也；眼到者，注意看人，认真看公文也；手到者，于人之长短、事之关键，随笔写记，以备遗忘也；口到者，使人之事，既有公文，又苦口叮嘱也。"曾国藩经过遴选，将大量"淳朴"之人委以重任，这无疑对于提高湘军战斗力和耐力极为有益。

第四,"智略才识"是曾国藩选将的又一标准。曾国藩认为:"大抵拣选将才,必求智略深远人才。"绝不能选用庸者。他指出:"其卑劣者,虽至亲密友,不宜久留,恐贤者不愿共事一方也。"曾国藩力求从书生中选拔人才。借助于他们知书达理,努力克服绿营将领缺乏韬略的弊病。

第五,要求湘军将领还应具备"坚忍耐劳"的特点。

"坚忍"就是打仗时能冲锋陷阵,身先士卒。曾国藩虽为一介儒生,对于治军最初没有多少经验,但他亦清楚,行军作战倍加艰辛,只有"立坚忍不拔之志,卒能练成劲旅……数年坎坷艰辛,当成败绝续之处,持孤注以争命。当危疑震撼之际,每百折而回"。他提倡在艰苦环境中磨炼矢志不移的勇气,只有这样,才能使湘军从上到下都有着一股与农民起义军顽抗到底的决心。

"耐劳"是指能耐受辛苦。曾国藩认为,"拣选贤才,必求……能耐劳苦"之人。"身体羸弱者过劳则病;精神乏短者,久用则散"。务求具有过人的精力,只有这样才能身先士卒。

曾国藩在其一整套的选将标准中,一反中国古代兵家论将、选将的方法,而将"忠义血性",意即对封建政权的忠义放在了第一位。为此,他不拘一格,不限出身,大量地提拔书生为将。罗尔纲先生在《湘军兵志》中考证,在湘军将领中,书生出身的人占可考人数的58%。

同时,加入湘军的中小地主阶级知识分子,深受理学的影响,既懂得一些军事战略战术和用军之道,又善于总结实际经验,在战争中磨炼出坚强的意志。于是他们走出一条以文人带兵打仗的途径。

曾国藩在选将制度上的改革,使清朝旧制中绿营将领的腐败无能、贪生怕死、败不相救等现象得以改变,从而培养出一批较有实力,能征善战的湘军将领。

第八章　藏锋

自屈求全，龙蛇之道

【原典】

《扬雄传》云："君子得时则大行，不得时则龙蛇。"龙蛇者，一曲一直，一伸一屈。如危行，伸也。言孙，即屈也。此诗畏高行之见伤，必言孙以自屈，龙蛇之道也。诚中形外，根心生色，古来有道之士，其淡雅和润，无不达于面貌。余气象未稍进，岂耆欲有未淡邪？机心有未消邪？当猛省于寸衷，而取验于颜面。

【译文】

《扬雄传》中讲："君子遇到圣明的时候，就力行其道；遇到政治紊乱、君主无道的时候，就如龙蛇，可屈可伸。"龙蛇，就是讲一直一曲，一伸一屈。比如说保持高洁的操守，就属于伸的一方面。言语谦逊，就是屈的一方面。此诗讲害怕行高于世，必被伤害，所以言语谦逊，以自屈求全，这就是龙蛇之道。诚恳的心意表现在人的外貌上。古往今来有道的人，淡雅谦和无不表现出来。我的气色没有变化，是不是欲望没淡化？机心没有消除？应该在心中猛省，表现在脸面上。

解读

切忌锋芒太露

孔子曰："人不知而不愠，不亦君子乎！"可见人不知我，心里老大不高兴，这是人之常情。于是有些人便言语犀利，行动也露锋芒，以此引起别人的注意。但更有一些深藏不露的人，好像他们是庸才，胸无大志，实际上只是他们不肯在言语、行动上露锋芒而已。因为他们有所顾忌，言语露锋芒，便要得罪旁人，得罪旁人，旁人便成为阻力，成为破坏者；行动露锋芒，便要惹旁人的妒忌，旁人妒忌，也会成为阻力，成为破坏者。表现本领的机会，不怕没有，只怕把握不牢，只怕做得不能使人特别满意。易曰："君子藏器于身，待时而动。"无此器最难，而有此器，却不思无此时，则锋芒对于人，只有害处，不会有益处。额上生角，必触伤别人，不磨平触角，别人必将力折，角被折断，其伤必多。锋芒就是额上的角，既害人，也伤己！

有才华的人，往往会遭受更多的不幸和磨难。

《庄子》中有一句话叫"直木先伐，甘井先竭"。一般所用的木材，多选择笔直的树木来砍伐；水井也是涌出甘甜之水的先干涸。由此观之，人才的选用也是如此。

有一些才华横溢，锋芒太露的人，虽然容易受到重用提拔，可是也容易遭人暗算。

隋代薛道衡，十三岁便能讲《左氏春秋传》。隋高祖时，任内史侍郎。炀帝时任潘州刺史。大业五年，被召还京，上《高祖颂》。炀帝看了颇不高兴，说："不过文辞漂亮而已。"因炀帝自认文才高而傲视天下之士，不想让他们超过自己。御史大夫乘机说薛道衡自负才气，不听训示，有无君之心。于是炀帝便下令把薛道衡绞死。天下人都认为薛道衡死得冤枉。他不正是太锋芒毕露遭人嫉恨而命丧黄泉的吗？

那么，遇到这种情况怎么办呢？《庄子》中提出"意怠"的哲学。意怠是一种很会鼓动翅膀的鸟，别的方面毫无出众之处。别的鸟飞，它也跟着飞；别的鸟傍晚归巢，它也跟着归巢。队伍前进时它从不争先，后退时也从不落后。吃东西时不抢食、不脱队，因此很少受到威胁。表面看来，这种生存方式显得有些保守，但是仔细想想，这样做也许是最可取的。凡事预先留条退路，不过分炫耀自己的才能，这种人才不会犯大错。这是在现代高度竞争社会里，看似平庸，但是却能按自己的方式生存的一种最佳办法。

南朝刘宋王僧虔，是东晋王导的孙子。宋文帝时官为太子中庶子，宋武

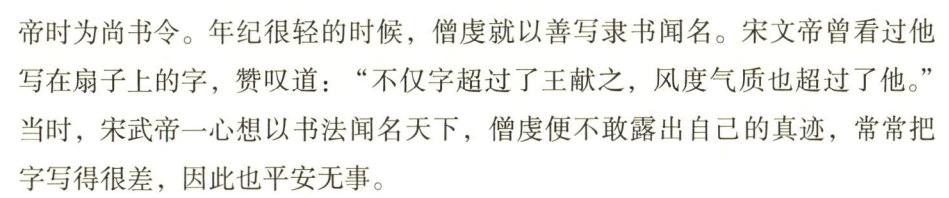

帝时为尚书令。年纪很轻的时候，僧虔就以善写隶书闻名。宋文帝曾看过他写在扇子上的字，赞叹道："不仅字超过了王献之，风度气质也超过了他。"当时，宋武帝一心想以书法闻名天下，僧虔便不敢露出自己的真迹，常常把字写得很差，因此也平安无事。

所以，有才华的人必须注意保护自己。

在洛阳有一位男子因与人结怨而处境困难。许多人出面当和事佬，但对方一句话也听不进去，最后只好请郭解出面。为排解纠纷，郭解晚上悄悄地造访对方，热心地进行劝服，对方逐渐让步了。如果是普通人，一定会为对方的转变而沾沾自喜，但郭解却不同。他对那位接受劝解的人说："我听说你对前几次的调解都不肯接受，这次很荣幸能接受我的调解。不过，身为外地人的我，却压倒本地有名望的人，成功地排解了你们的纠纷，这实在是违背常理。因此，我希望你这次就当做我的调解失败，等到我回去，再由当地有威望的人来调解时才接受，怎么样？"这种做法实在是异于常人，细想起来真是一种使自己免遭众人嫉恨的明智之举。既保护了自己，又留下了为人称道的美名。谁能说郭解不是大智之人呢？比较起来，那些极力显示自己才能的人，不过是小聪明罢了。

《老子》说："大巧若拙，大辩若讷。"意思是最聪明的人，真正有本事的人，虽然有才华学识，但平时像个呆子，不自作聪明；虽然能言善辩，但好像不会讲话一样。无论是初涉世事，还是位居高官，无论是做大事，还是一般人际关系，锋芒切不可毕露。有才华固然很好，但在合适的时机运用才华而不被或少被人猜忌，避免功高盖主，才算是更大的才华，这种才华对国对家，对人对己都有真正的用处。

据《史记》记载，孔子曾经拜访老子，向他请教礼。老子告诫孔子说："一个聪明而富于洞察力的人身上经常隐藏着危险，那是因为他喜欢批评别人。雄辩而学识渊博的人也会遭遇相同的命运，那是因为他暴露了别人的缺点，因此，一个人还是节制为好，不可处处占上风，而应采取谨慎的处世态度。"

老子还告诫孔子说："君子盛德，容貌若愚。"这里的盛德是指"卓越的才能"。整句话的意思是，那些才华横溢的人，外表上看起来愚鲁笨拙。

据《庄子》记载，当杨子去请教老子时，老子也谆谆告诫他不要太盛气凌人，而是要谨言慎行、谦虚待人。无论是谦虚还是谨慎，可能会让有些人觉得是消极被动的生活态度。实际上，倘若一个人能够谦虚诚恳地待人，就会获得别人的好感；若能谨言慎行，更会赢得人们的尊重。

老子还告诫世人："不自见，故明；不自是，故彰；不自伐，故有功；不自矜，故长。"这句话的大意是，一个人不自我表现，反而显得与众不同；一个不自以为是的人，会超出众人；一个不自夸的人会赢得成功；一个不自负的人会不断进步。相反，"自见者不明，自是者不彰，自伐者无功，自夸者不长。"

相关链接

主静藏锋，宁静致远

主静藏锋，不露声色，意适神恬，宁静致远，这是"藏锋"法下篇的根本所在。

古人云："满招损，谦受益。"这意思是说，骄傲自满往往招致灾祸，而谦逊退让则往往会得到好处。但是在权力斗争激烈的官场上，谦让往往和虚伪相纠缠，有时很难分清哪是谦让，哪是虚伪，或者真诚的谦让被政治家有意无意地看作虚伪，虚伪的推辞也可能被政治家看作是真诚的谦让。尽管这样，历史上那些为了大局而真诚谦让或是真诚让贤的事例还是为人们所称道，流传至今。

有人说曾国藩能够功成名就的最大原因，就是深谙藏锋之道。梁启超谓曾国藩"非有超群轶伦之天才，在并时诸贤杰中，称最钝拙"。曾国藩自己也说："自以秉质愚柔，舍困勉二字，别无他处。"又说："吾生平短于才，爱者或谬以德器相许，实则虽曾任艰巨，自问仅一愚人，幸不以私智诡谲凿其愚，尚可告后昆耳。"

难道曾国藩真是一个钝拙愚柔短才的人吗？实在说起来，这又不尽然了。

一个人的成就有小有大，小者或可从困勉铢积寸累得来，若成就大业，只靠辛苦强学还是不行，尤必有超人的领悟天才，才能相济为用。曾国藩说："器有洪纤，因材而就，次者学成，大者天授。"可见一斑。他论才德说："司马温公曰：'才德全尽，谓之圣人；才德兼亡，谓之愚人。德胜才，谓之君子；才胜德，谓之小人。'余谓德与才不可偏重。譬之于水，德在润下，才即其载物溉田之用；譬之于木，德在曲直，才即其舟楫栋梁之用。德若水之源，才即其波澜；德若木之根，才即其枝叶。德而无才以辅之，则近于愚人；才而无德以立之，则近于小人……二者既不可兼，与其无德而近于小人，毋宁无才而近于愚人。自修之方，观人之术，皆以此为衡可矣。"

由上可见，曾国藩并不漠视才与德的相对作用。何以他反自称无才呢？这不过是他的一种谦德。因为才是靠不住的，如果恃才傲物，就容易泛滥横流，近于小人了。这完全都是勉人为学的意思，他在家信中对子弟的贤否，也有六分天生、四分家教的说法。何以又这样重视天命天才呢？好像这是他的一种矛盾思想，其实不然，这正是中庸相辅相成的道理。所谓"天定胜人，人定胜天""时势造英雄，英雄造时势"，不是一样的道理吗？倘不明乎此，则读曾国藩的书籍，直如隔靴搔痒，处处都觉得矛盾了。譬如他自称愚柔，而致九弟书云："古来豪杰，吾家祖父教人，以懦弱无刚四字为大耻，故男儿自立，必须有倔强之气。弟能夺数万人之刚气而久不销损，此是过人之处，更宜从此加功！"

这能说他没有大才吗？可是他的祖父告诉他说："尔的官是做不尽的，尔的才是好的，满招损，谦受益，尔若不傲，更好全了。"可见曾国藩只是在不做上下功夫，颇有大智若愚之意。

当然，藏锋是为了出击，如果一味地"藏"，也就谈不上"锋"了。藏是为了露，曾国藩对其弟曾国荃的复出及帮助李鸿章稳定两江总督一职，集中反映了他"有藏有露，再试锋刃"的高超谋略。

身处顺境要藏锋，身处逆境也要藏锋，这才是聪明人所应采取的生活态度。

需要看到的是，谦让制胜必须有一定的条件。首先，谦让者本人必须有坚强厚实的智能、品德，并有权位和实力作为后盾，否则就成了被迫退让；其次，还要看谦让的对象，如果对方是一时糊涂的明理之人，固然不妨谦让，如果对方是得寸进尺或是愚顽不化的小人，谦让就等于逃跑了。

第九章　盈虚

势不使尽，否极泰来

【原典】

尝观《易》之道，察盈虚消息之理，而知人不可无缺陷也。日中则昃，月盈则亏，天有孤虚，地阙东南，未有常全而不缺者。剥也者，复之几也，君子以为可喜也。夬也者，姤之渐也，君子以为可危也。是故既吉矣，则由吝以趋于凶；既凶矣，则由悔以趋于吉。君子但知有悔耳。悔者，所以守其缺而不敢求全也。小人则时时求全，全者既得，而吝与凶随之矣。众人常缺，而一人常全，天道屈伸之故，岂若是不公乎？

【译文】

我曾思考《周易》经中讲的道理，考察盈虚升降的原因，才知道人不可能没有缺陷。日中则昃，月盈则亏，天有孤虚，地阙东南，没有总是十全十美而一点缺陷也没有的事物。《周易》中的"剥"卦，是讲阴盛阳衰，小人得势君子困顿，可这正孕育着相对应的"复"卦阳刚重返、生气蓬勃，所以君子认为得到"剥"卦是可喜的。《周易》中的"夬"卦，是讲君子强大小人逃窜，可这也暗藏着相对应的"姤"卦阴气侵入阳刚，小人卷土重来，所以君子认为得到"夬"卦，也仍然潜伏有危险，不能掉以轻心。所以本来是吉祥的，由于吝啬可以走向不吉祥；本来是不吉祥的，由于改悔而又向吉祥发展。君子只有知道有灾祸，知道世上有许许多多不吉祥的灾祸，才可以忍受得住缺陷而不去追求过于完美的东西。小人不懂得这个道理，时时要追求完美，完美既然得到了，而吝惜和不吉也就跟着来了。如果众人都有不足，而一人常十全十美，如果是老天爷的缘故，难道会如此不公平吗？

解读

功成身退，天下之道

曾国藩深悉"盈虚"之间的转换之理，不求十全十美，只求平稳退路。认为平定大功足以"千古"，其他则听之任之，而关键是怎样收场。

文武之道，有张有弛。人生之路，当进则进，当退则退，只进不退，定生祸端，只退不进，无所作为。老子说："功成身退，天下之道。"管子也说："名进而身退，天之道也。"

同治三年（1864年）三月间，曾国藩的日子过得郁郁寡欢，其实他本可以高枕无忧。一则自己兵霸一方，水陆两部均在旌下；二则自己劳苦功高，战绩威震天下，金陵（太平军首府）唾手可得；三则自己对皇上忠心耿耿，兢兢业业，心直身正；四则弟弟曾国荃也厉兵秣马，相互照应。

然而曾国藩仍然"郁郁不自得，愁肠九回者"，一是因为军饷拮据，害怕军营哗变，功败垂成，丢城失地，遗患江西；二是户部奏折似有意在他与皇上间为难；三是因为自己用兵太久，担心朝廷内外怀疑他擅权专利。兵权太重，权力太大，这才是最值得忧虑的啊！

曾国藩在想，自古以来，位高权重的人，没有一天不是在忧患之中，现在自己上下难当，左右难处，怎么办呢？曾国藩在想，江西争厘（设卡征税）的事如果不成功，那么就会饷缺兵溃，当然可忧；即使争厘成功，那么专权的名声就更为显著，更是可惧。

反复思考，再三筹划，曾国藩做出决定：解去兵权，告病引退。一来可以平息别人的怀疑诽谤；二来向朝廷表明自己不敢久握重柄；三来对自己还有避其重取其轻的意思。曾国藩想，如果从此事机日顺，四海之内不再兵刃相向，那么我就长期引退并终老山林，不再出山参与政事，这于公于私都是值得庆幸的。

对曾国藩来说，引退山林并不是迫不得已，即使他不引退，同僚也无可奈何，就是皇上也无可奈何，并没有证据表明他图谋不轨，况且他屡次拜恩受赏，他有什么理由归隐山林呢？然而若这样想，他就不是曾国藩了。

曾国藩深受儒家入世思想的影响，角逐功名，治国平天下；但他也受老庄出世思想的影响，委曲求全，明哲保身。当他叱咤风云时，俨然一儒者；当他功成身退时，仿佛一道家。

曾国藩得意之时，强调"势不使尽""弓不拉满"，深得"阴阳盛衰"之道。他在同治七年（1868年）的一篇日记中写道：

人生最苦于不知足，方苞讲汉文帝终身常觉得自己不能胜任天子的职责，最善于形容古人的心曲。大抵人怀愧对万物之意，便是载福之器具，修德之门径。比如觉得上天待我深厚，我愧对上天；君主待我恩泽优渥，我愧对君主；父母待我过于慈爱，我愧对父母；兄弟待我非常友悌，我愧对兄弟；朋友待我恩深义重，我愧对朋友，这样就觉得处处都是和善之气。如果总觉得自己对待万物无愧无怍，总觉得别人对不起自己，上天对自己刻薄，那么觉得处处都是违戾不顺之气，道德因自满而会受到损害，福分会因骄傲而折减的。

同治十年（1871年）三月十六日的日记中曾国藩又写道：

近年来焦虑非常多,没有一天是坦坦荡荡地度过的,总是由于名利之心太切,世俗之见太重所致。名利之心太切,所以对于学问无成,德行未立,感到不胜疚愧。世俗之见太重,所以对家人的疾病,自己子孙及兄弟的子孙财产多寡、身体强弱、德行贤愚萦绕心怀,因此忧虑惭愧,局迫狭促,犹如作茧自缚。现在要想消除这两种弊病,必须从"淡"字上着力。不只是功名富贵及家庭境界的顺逆,子孙后代是否兴旺都由上天去定,就是学问德行是否有所成就,也多半由上天而定,一概淡然忘却,这样差不多可使心境自由自在。

"势不使尽"主要体现在曾国藩苦心在事业的延续上,即事业传人,一是从幕僚、下属中寻找,李鸿章、左宗棠等人就是,更主要的是保持家族处于盛时,这体现在他对儿子曾纪泽的教育、培养上。

曾纪泽年幼患过病,记忆不太好,但悟性较强,曾国藩要求塾师"每日点五六百字,教一遍,解一遍,令其读十遍而已,不必能背诵也"。曾国藩更重视教育后代如何做人。他告诫曾纪泽:"总以习劳苦为第一要义",规定曾纪泽由新宅黄金堂到老宅白玉堂,"必宜常常走路,不可坐轿骑马;又常常登山,亦可练习筋骸"。曾国藩还教育曾纪泽等半耕半读,"以守先人之旧,慎无存半点官气"。规定儿辈"不许坐轿,不许唤人取水添茶等事。其拾柴、收粪等事,须一一为之;插田莳禾等事,亦时时学之"。

曾纪泽严遵庭训,循父所示,在家课读经史,苦攻诗文,练字习画,在咸丰八年(1858年)的乡试中,原湘乡县中三名,即曾纪泽、傅泽鸿、黄麓溪。

相关链接

曾国藩修身内容的综合表述

曾国藩大概是喜欢"三"字。咸丰九年(1859年)十一月,他曾归纳了十个"三"字,说:"日内,每思吾身能于十'三'字者用功,尚不失晚进境。"十个"三"字中,三经、三史、三子、三集,均指须要着重读的书籍,另外几个"三"则属于修身处世。

三实：不说大话、不务虚名，不行驾空之事，不谈过高之理。

三忌：天道忌巧，天道忌盈，天道忌贰。

有时，他又称天道"三忌"为"三恶"。咸丰九年（1859年）九月，他写道："念天道'三恶'之外，又觉好露而不能浑，亦天之所恶也。"他还解释道："贰者，多猜忌也，不忠诚也，无恒心也。"

三薄：幸灾乐祸，一薄德也；逆命亿数，二薄德也；臆断皂白，三薄德也。

"三薄德"，有时，他也称"三凉德"。其中所谓"逆命亿数"，他有个解释："人受命于天，臣受命于君，子受命于父，而或不能受命，居卑位思尊位，日夜自谋置其身于高明之地。"

三知：知命、知礼、知言。

咸丰九年（1859年）五月八日，他又写道："'四知'之目，即《论语》末章之知命、知礼、知言，而吾更加以'知仁'。"

三乐：读书声出金石，飘飘意远，一乐也；宏奖人才，诱人日进，二乐也；勤劳而后憩息，三乐也。

同治十年（1871年）四月，他将"三乐"改为："勤劳而后憩息，一乐也；至淡以消嫉妒之心，二乐也；读书声出金石，三乐也。"

三寡：寡言养气，寡视养神，寡欲养精。

此外，他还有"三致祥、三不信"等。

三致祥：孝致祥，勤致祥，恕致祥。

三不信：不信地仙，不信医药，不信僧巫。

庸医误人，因医德差而误人，此种情况，委实不少，但曾国藩的"不信医药"之说，却过于偏颇，读者须明辨。

曾国藩还常把治学为人之道，概括为几个"八"，如"治家八好""八本"等。

八德：勤、俭、刚、明、孝、信、谦、浑（后四字，后来改为"忠、恕、谦、浑"）。

他解释说："'勤、俭、刚、明'四字，皆求诸己之事。'孝、信、谦、浑'四字皆施诸人之事。'孝'以施于上，'信'以施于同列，'谦'以施于下，'浑'则无往不宜。大约与人忿争，不可自求万全处；说人家是非，不可过于武断。此'浑'字之最切于实用者耳。"

晚年的曾国藩，经过政治上的风风雨雨，人事上的纷纷纭纭，最讲求一个"浑"字。"浑"字，是曾国藩老于世故的表现，是他从反面接受为人处世的经验教训的结果。

自儆八语：慎独则心安，主敬则身强，求仁则人悦，思诚则神钦，内讼以去恶，日新以希天，宏奖以育才，贞胜以蒙难。

他说，前四句与后四句"互相表里，而下手功夫各有切要之方"。

曾国藩的几个"三"和几个"八"，是他对修身内容的综合表述，可与他修身的四大特色互相补充。

第十章　砺志

做人从立志开始

【原典】

君之之立志也,有民胞物与之量,有内圣外王之业,而后不忝于父母之生,不愧为天地之完人。故其为忧也,以不如舜不如周公为忧也,以德不修学不讲为忧也。是故顽民梗化则忧之,蛮夷猾夏则忧之,小人在位贤才否闭则忧之,匹夫匹妇不被己泽则忧之,所谓悲天命而悯人穷,此君子之所忧也。若夫一身之屈伸,一家之饥饱,世俗之荣辱得失、贵贱毁誉,君子固不暇忧及此也。

【译文】

君子立志,有以民众为同胞,并奉献出民众需要的物质财富的胸襟气度。有对内振兴民族,对外开创博大业绩的雄心壮志。这样奋发有为,才无愧于父母生养恩情,不愧为人世间最崇高的人。所以,值得他忧虑的是,为事业成就不如舜帝不如周公而忧虑,是为不修道德不精通学业而忧虑。因此,当社会腐败,坏人顽固不化就忧虑;外敌入侵,干扰人民就忧虑;小人当道,优秀人才被排斥埋没就忧虑;平民百姓没有得到自己的恩惠帮助就忧虑,这就是常说的忧国忧民、怜悯贫弱的优秀品质,是君子们担忧的大事呀。至于一人的成败,一家的温饱,现实生活中所谓的荣辱得失、地位、名誉等,具有壮志的君子是没有闲工夫为这些去忧虑伤神的。

解读

砺志修德，志向高远

　　培养砺志精神，注重道德修养，是中国传统伦理文化的一个重要特征。《礼记·大学》说："自天子以至庶人，皆以修身为本。"古人认为人都有向善的能力，能不能真正成为一个"有德"的人，关键就在于能否进行道德修养；而"修身"乃是"齐家""治国""平天下"的基础。因此，古人把"德量涵养，躬行践履"本身视为一种重要的美德。如果说，在古人看来人们的一切德行都是同他自身的道德修养分不开的，那么我们也可以说，中华民族的一切传统美德，也是同古人注重"德量涵养，躬行践履"的美德紧密相连的。

　　"砺志图强"是道德修养的起点，也是其内在目标和精神动力之所在。这里讲的"志"，也就是一种道德理想。古人指出："志当存高远。"又说："志高则品高，志下则品下。"这说明，并不是所有的道德之"志"，价值都是一样的。同时，即使是高远之志，若只讲不做，徒托空言，并不能成为德行，只有躬行践履，高远之志才是一种美德。这种美德所体现的是一种对理想人格的不懈追求。所以从道德上讲，"砺志"实质上是一种自强不息的精神，是一种自我超越的品性。正是这种精神和品性，数千年来激励着我们的先人创造了伟大民族的灿烂文明，造就了一大批为国家、为民族建功立业的志士仁人，也展示了我们民族无限的智慧、生机和活力，成为今天每一个炎黄子孙自尊、自信、自立、自强的历史依托和精神上的鞭策。

　　说到砺志修德，志向高远，出身低微的刘邦是个典型的人物。

　　刘邦，原名季，沛县（今江苏沛县）人，生于公元前256年或公元前247年。

　　刘邦出生于一个平凡的需要用劳动来维持生活的家庭。劳动，是刘邦从小就无休无止的、必须去做的事情。面对拼命努力地生产劳动的农人，面对自己手中日日摆弄的锄、铲、耙，他的心里并没有产生"再多打一把粮"的需要和愿望，相反，他厌恶劳动，不愿"生产作业"。显然，可以说这是一种"逃避心理"的作用，或者直截了当地说，他青少年时期的主导心理便是逃避劳动。能够使刘邦"逃避劳动"的可能无外乎这样几种：成为一个有田有钱的地主豪绅，这对他来讲颇有些可望而不可即；或成为一个可免劳作之苦的统治机构中的一员，很明显，这是最便捷的途径，刘邦毫不犹豫地选择了后者，当上了泗水亭长。在秦朝官制中，亭长还称不上是"官"，仅是一个微不足道的小吏，但尽管如此，毕竟满足了他"逃避劳动"的愿望。而且在一方乡里，也算个了不起的人物。因此，当上了亭长后，他便常常置酒而饮，直至大醉方休。这一阶段在他的生活中，既"避免"了劳动，又能酒肉常足，他的心理肯定会得到暂时的满足和慰藉。

"逃避劳动"这样一个小小的、单纯的需要的满足，并没有给刘邦带来更多的欢乐，反而加重了他心灵上的另一层阴影：过去，父母就责怪他不能像其兄弟刘仲那样多治产业，善于劳作。当上亭长后，他同样不能满足父母的愿望。因而，他需要证明他存在的价值，需要同兄弟在"治产业"上一较高低。他有这样的需要和动机，并且常常要以干一些大事业的语言表现出来。这种需要和动机，实质上是对自己心理缺欠的一种补偿。至

少有两件事可以证明刘邦有这样的需要和动机。当他第一次去后来成为他的岳父的吕公家作贺时，人家规定，贺礼不够一千钱的，要在堂下就座。当时刘邦囊空如洗，分文没有，却说"贺万钱"，引得吕公大惊，请坐上座，而且见他貌非常人，十分敬重，竟将女儿许配给了他。当时在座的沛县主吏，后来成为刘邦得力助手的萧何曾告诫吕公说："刘邦固多大言，少成事。"可见刘邦平日的"豪言壮语"是传播很广的。

但是，这种可以用多种方式来满足的脆弱的动机，还不足以激励刘邦去奋斗和拼争，他还有更强烈的动机，并且逐渐强化为他的人生理想。这样的动机才是促使刘邦舍生忘死、锲而不舍地去追求的动力。这种强烈的动机便造成了他心理上的强烈的不平衡，而一旦这种动机以目标实现的形式得到了满足，那么，与此密切相关的其他一些心理失衡就能一同得到纠正。这就是说：刘邦在与父母兄弟关系中所产生的心理失衡状态，在他的人生理想成为现实以后得到了调整。那么，他的主要心理动机，或者说由此产生的人生理想是什么？

萧何说过，刘邦"固多大言"。从刘邦的心理及其后来的行为分析，刘邦是一个不甘心一时满足的人，亭长的位置绝非他追求的终极目标。他在做亭长时就"固多大言"，看来在那时，他就是一个常常露出胸怀大志的人。

刘邦人生理想目标的初步确定，是从他见到秦始皇出行的那一刻开始的。

《史记·高祖本纪》记载："高祖尝游咸阳，纵观，观秦皇帝，喟然太息曰：'嗟乎，大丈夫当如此也！'"刘邦的志向果然不小，他就是想做一个顶天立地的"大丈夫"，而且在他的理想模式中，"大丈夫"就等于皇帝。这对当时身为草芥小民的刘邦来说，的确可以说是惊人之语，狂妄之想了。但是，成为一个"大丈夫"或者说当皇帝，确实激励着刘邦百折不挠地去奋斗。从史书记载来看，刘邦在观秦始皇出行时明确表达出了他想成为一个"大丈夫"的志向，但这种想法在此之前即已存在。如前所述，刘邦从青少年起就不爱劳动，就好说"大言"，而他逃避劳动的方式就是设法出人头地，成为一个出类拔萃的人，他的"大言"，想来也多是表达此类意向。因此，当他一见到秦始皇出行这样威武壮观的场面，心中的理想图像便豁然开朗，这使他明确认识到，他的人生价值就是成为一个如秦始皇一样的"大丈夫"！那么，刘邦观看秦始皇出行的一瞬间，就明确了他人生的理想模式，显然是有心理基础而非一时冲动的狂言妄语。刘邦将"大丈夫"当作自己的理想追求，从他个性心理的发展脉络上看，是合乎逻辑的。

　　刘邦确立这样的人生理想，同他的气质、性格有密切联系。我们所知，刘邦的个性遗传性质极其有限。司马迁曾说他"意豁如也，常有大度"，可见刘邦的性格比较豪爽，不拘小节。他当亭长后，常赊酒而饮，毫无愧色。不持一钱去别人家祝贺，却诈言"贺万钱"，居上座，竟还凭空得了个妻子。性格上的豪爽、豁达，似乎与刘邦人生理想的确立没有本质的必然联系，但是，一般而言，志向远大的政治家、军事家，在性格上都是开放型的，其行为比较通达。刘邦性格及行为上的"豁如"，使他更易于接受和树立大的志向和理想，而远大的理想，又影响着他的行为和性格。

相关链接

凡成大器者必要砺志

　　人生来世，纵横天下，无不希望生前建功立业，死后万古流芳。然而欲成大业者，非有卓越之智慧和才干方行。而智慧才能的获取，依赖于平日的学习和知识的增进，所以，古今中外成功之人莫不讲求治学之道，高度重视知识的作用。

　　治学之道，最紧要的是立下坚卓不俗的大志，立志是事业的大门，一个人追求的目标越高，他的学问长进得越快。

　　治学，要有"只问耕耘，不问收获"的务实精神，避免奢谈，踏实认真。要明白学问的取得不是一朝一夕的事情，必须勤学好问，持之以恒。学问好比金字塔，基础越深越博越好，这样才能在广博的基础上求得高精尖。

　　做学问，必须重视读书的方法。不要贪多，而要专注于一书，力求吃透。同时，治学须避免门户之见，博采众长，兼收并蓄，为我所用，才能学贯中西，博古通今。依赖于不俗的才学，一个人就可以为国立功，为己立德，为人立言，受到后人的敬仰。

曾国藩一生成就，可以说都是在砺志中，在"修身、治国、平天下"的教化下取得的。而曾国藩的家书，是其毕生奉行"砺志"生活的最为可信的实录。在数千封家信中，他以亲切的口吻、流畅的文笔，真实地表达了在励志过程中的成功、失败、得意、困惑等种种感情。

人们可以从这些信中，具体地看到生活现实与理性教条的碰撞，在一生居高位者心中激起的千般情绪；可以看到他怎样在极其复杂的人际关系中，坚持"孝悌忠信"，而使他内对长辈、平辈，上对皇帝、上司以及同级、下级都能通权达变，获得成功。他的这些故事生动有趣，更有价值的是，在这些故事中包含的许多内容即使在今天的生活中，也是很有意义的教训和经验。有人说，它是一部协调人际关系的指南，一部正直、严肃的为人处世的教科书。

应该说，这些家书的最大的魅力在于诚恳。曾国藩一生以"砺志"相标榜，在家书中，对待亲人，他的字里行间，更有一种真诚的热情在流露，其中，没有夹杂着世上常见的虚伪和造作成分，这是最能感人的。在家书中有许多篇是曾国藩教训其弟弟的，之所以能不引起对方的反感，恐怕就在于这个"砺志"上。

励志必须"用世"，也即将自己的理想付诸实践。曾国藩和同乡好友刘蓉、郭嵩焘结为"湘乡三剑客"，互相勉励的事足以传为佳话。

道光十八年（1838年）曾国藩被顺利地点中翰林后，更加助长了其锐意进取的精神。他希望自己有一天能够成为国家的栋梁之材。在他的诗歌中，经常有抒发高远志向的篇章。他自比李斯、陈平、诸葛亮等"布衣之相"，自信地表示："莫言书生终龌龊，万一雏卵变蛟龙。"他在给亲友的信中，阐述得更为明确。如在给刘蓉的信中写道："凡仆之所志，其大者盖欲行仁义于天下，使万物各得其分；其小者则欲寡过其身，行道于妻子，立不悖之言以垂教于乡党。"在给弟弟们的信中也表示："君子之立志也，有民胞物之量，有内圣外王之业，而后不忝于父母之所生，不愧为天地之完人。"也就是说，他要按着传统文化的修身、齐家、治国、平天下的理论来要求自己，以实现"澄清天下之志"的宏愿。为了实现自己的目标，他付出了巨大的努力。

第十一章　家范

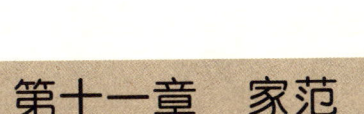

信守"八字"与"八本"

【原典】

家中兄弟子侄，惟当记祖父之八个字，曰："考、宝、早、扫、书、蔬、鱼、猪。"又谨记祖父三不信，曰："不信地仙、不信医药、不信僧巫。"余日记册中又有八本之说，曰："读书以训诂为本，做诗文以声调为本，事亲以得欢心为本，养生以戒恼怒为本。立身以不妄语为本，居家以不晏起为本，做官以不要钱为本，行军以不扰民为本。"此八本者，皆余阅历而确有把握之论，弟亦当教诸子侄谨记之。无论世之治乱，家之贫富，但能守星冈公之八字与余之八本，总不失为上等人家。

【译文】

家中兄弟子侄，应当牢记祖父训诫的八个字"考、宝、早、扫、书、蔬、鱼、猪"。又当谨记祖父的三不信"不信地仙，不信医药，不信僧巫"。我日记中又讲到八本的说法，是"读书以训诂为本，做诗文以声调为本，侍奉长辈以让其开心为本，修养身心以戒怒为本。立身以诚信为本，居家以早起为本，做官以不要钱为本，行军以不扰民为本"。这八本，都是我亲身经历、行之有效的经验之谈，弟应当教育众子侄谨记实行。无论治世还是乱世，家贫还是家富，只要能遵守祖父星冈公的八字与我的八本之说，总不失为让人尊重的上等人家。

解读

家和则百福生

曾国藩治家有方，兄弟多有建树，子孙也人才辈出，家中一团和气，尊老扶幼，子孝妻贤，世世代代广为流传。

曾国藩说：家和则福自生。如果在一个家庭中，哥哥所说的话弟弟没有不听从的，弟弟所求的事哥哥没有不应承的，一家人融洽相处，和气蒸蒸，像这样的家庭不兴旺发达的，从来没有过。相反，兄弟之间相互争斗，婆媳之间彼此扯皮，夫妻之间两相计较，像这样的家庭不衰败的，也从来没有过。

现在的家庭大都是三口之家，因此家庭关系远比曾国藩那个时代的家庭关系单纯。一般说来，家庭关系越单纯，彼此之间也就越好相处，但这并不意味着家庭矛盾就会随之消隐。相反，这种矛盾以一种更精细、更微妙的形式存在着，只要人与人之间存在着一种关系，那么就不可避免地存在着矛盾；况且，现代家庭关系始终保持着人类家庭关系的基本结构：婆媳关系、夫妻关系和父子关系。家庭的矛盾和冲突就基本存在于这几种结构之中。

家庭矛盾并不可怕，产生一点家庭矛盾也很正常。即使是一个人，也有自己跟自己过不去的时候，唇齿之间也有不睦的时刻，更何况是年年月月生活在一起的另外一个或几个人呢？每个人都有自己的性格、兴趣、观念和独立性，这是矛盾产生的根源。解决家庭矛盾的唯一办法就是和，当然，或许有人会说，我可以不理，去躲或逃，然而那矛盾仍然存在着。夫妻之间之所以离婚，就是因为那矛盾已无法解决了，或者不愿意解决，谁都不愿意放弃自己的观点和独立性，即便如此，那矛盾也仍然存在着，甚至以一种更尖锐的方式存在着。所以说，解决矛盾的唯一办法就是和。左宗棠讲："家庭之间，以和顺为贵。"这个和，就是看你是否尊重他人的独立性，是否理解并宽容他人的性格、兴趣和观念。这个和，不是说你应在矛盾产生时才讲，而是在你平常的生活中就应自然而然这样做。

夫妻关系在家庭关系中是最核心的关系，这种关系处理得好与不好，直接影响到家庭的其他关系。夫妻不睦往往导致婆媳不和，父子反目。那么该如何对待夫妻关系呢？当然你首先得爱她、关心她、体贴她，爱情是最脆弱的，你越计较，爱情就越稀少；在家庭中，你创造的爱越多，你获得的爱也将越多，你越吝啬你的爱，你获得的爱就越少。

其次，在矛盾产生后，应该冷静，尽量减少过激行为的发生。不要动不动就喊离婚，当然这也可能是愤极之辞，正因为如此，它才最刺痛人心。有人离婚，不是不爱对方，甚至她找不到他以外的更爱的人，但由于出言伤人，酿成苦果。他呢？也应反省自己，即使道理在自己一边，也不妨给她一个台阶，也许她就因为你有这等气量而更加爱你。

还有一个小办法，就是当天的矛盾当天解决。荀子讲，无宿问，说的是学习碰到疑难，当天解决，不要过夜。解决夫妻矛盾这个办法也很好，有什么纠纷，当天解决，不要等它过夜。有人喜欢打"冷战"，耗它十天半月，然而问题并没有解决，一有新矛盾，旧的问题就会风助火势，激化矛盾。

有人在一起生活了一辈子，也找到了一些适合他们的解决方式，但无论哪一种方式都应"和为贵"。

相关链接

"和"为中心，八字家规

曾国藩的齐家理论以"和"字为中心，铺陈开来，总结出了八个"本"字格言，八字家规。尤其是他反对奢侈，主张勤俭持家，反对给子女留下大批遗产，培养子女自立精神，还说子女不指出长辈之错也是不孝行为等。这些真知灼见在今天仍熠熠生辉。它已经突破了儒家的狭隘圈子，吸收了传统文化的有益成分。

咸丰十年二月，正是曾国藩反守为攻的大战初期，这位统兵大帅，却一面辑录经史百家杂钞，一面作书寄家，名其所居曰八本堂：

读书以训诂为本；

诗文以声调为本；

事亲以得欢心为本；

养生以少恼怒为本；

立身以不妄语为本；

居家以不晏起为本；

做官以不要钱为本；

行军以不扰民为本。

这八句话，是曾国藩从经历学识各方面得来的妙谛，也就是曾国藩家庭教育的根本。曾国藩终身行之不懈，亦愿其子弟终身行之不懈。

另外，曾国藩将其家规编为"书蔬鱼猪，早扫考宝"八字。书就是读书；蔬就是种蔬菜；鱼就是养鱼；猪就是养猪；早就是早起；扫就是扫除；考就是祭祀；宝就是善待亲族邻里。曾国藩的家庭教育，以八本堂的八句话为经，以八宝饭的八字为纬，经纬连贯，脉络相通，便形成一套治家的理论体系。千百年来，中国谈家庭教育者，未能出其范畴。因此，曾国藩的家书家训，流行民间，至为广泛，等于一部家庭教科书。后人戏称八字家规为治家的八宝饭。一个家庭有了这个八宝饭，真是吃不完用不完的聚宝盆，可以传之世世子孙以至无穷也。

除八本、八宝之外，曾国藩还有三不信：不信医药、不信僧巫、不信地仙。这也是曾星冈的垂教，曾星冈对于医药、僧巫、地仙，一见即恼，严厉训斥，因此曾国藩也一生不爱和这些人往来。

另外"勤俭孝友"四字，曾国藩于家书中亦常提及之："历览有国有家之兴，皆由克勤克俭所至，其衰也则反是。"又云："孝友为家庭之祥瑞，凡所称因果报应，他事或不灵验，独孝友则立获吉庆，反是则立获殃祸，无不验者。"书蔬鱼猪，是一家生产力的表现；勤俭孝友，是一家精神力的表现，二者相辅相成。

此外，曾国藩对于妇女之教，亦极注意，曾说"自古家庭能长久兴旺，男子一定要讲求耕种和读书二事，女子要讲求吃饭和穿衣二事"。又说："凡是世家子弟不勤不俭，从世家妇女的言行就能看出来。"又说："居家四败：妇女奢淫者败，子弟骄怠者败，兄弟不和者败，侮师慢客者败。"

曾国藩说："家败，离不得个'奢'字。历史的经验值得注意。"曾国藩说："观《汉书·霍光传》，而知大家所以速败之故；观金日䃅、张安世二传，解示后辈可也。"霍光为前汉大将军，总揽朝政二十年，炙手可热，他的儿孙及女婿无不高官厚禄，起阴宅，缮阳宅，晏游无度，骄横无礼，最后被灭族，连坐诛灭者数千家。当初霍家奢侈之时，茂陵有个姓徐的书生预言道："霍氏一定灭亡。他奢侈又不谦逊，不谦逊定懈怠了皇上。懈怠了皇上就悖了礼。权倾朝野，妒忌他的人很多。天下人妒忌他，他言行又不注意，怎能不亡！"徐生的话，不幸而言中。而与霍光同时代的金日䃅则相反。例如，他见长子与宫人淫乱，亲手杀之；皇帝赐给他宫女，他"不敢近，其笃慎如此"。班固盛赞他说，金日䃅以忠厚尊重来使皇上悟出事理。他忠信自著，功为上将，荫及后世，世代忠孝，七代都在宫中做内侍，多么兴旺！

曾国藩要求弟弟澄侯把霍光、金日䃅的这些正反事例"解示后辈"，意在要后辈戒奢戒骄。

所以，曾国藩在家训中，时时强调一个"俭"字。俭而不奢，家道恒兴；俭而不奢，居官清廉，这是中国的古训，也是曾国藩谆谆告诫子弟的重要规矩之一。

第十二章 明强

高明由于天分,精明由于学问

【原典】

三达德之首曰智,智即明也。古豪杰,动称英雄。英即明也。明有二端:人见其近,吾见其远,曰高明;人见其粗,吾见其细,曰精明。高明者,譬如室中所见有限,登楼则所见远矣,登山则所见更远矣。精明者,譬如至微之物,以显微镜照之,则加大一倍、十倍、百倍矣。又如粗糙之米,再春则粗糠全去,三春、四春,则精白绝伦矣。高明由于天分,精明由于学问。吾兄弟忝居大家,天分均不甚高明,专赖学问以求精明。好问若买显微之镜,好学若春上熟之米。总须心中极明,而后口中可断。能明而断谓之英断,不明而断谓之武断。武断自己之事,为害犹浅;武断他人之事,招怨实深。惟谦退而不肯轻,最足养福。

【译文】

"智、仁、勇"三项通透的德行中,排在首位的是"智",智就是明。古往今来,豪杰志士、才能特出之人都被称为英雄。英也就是明的意思。所谓明有两个方面,他人只看到近前的事物,我则可见更深远的事物,这叫高明。他人只看到粗大显眼的东西,我则可看见细微的东西,叫精明。这里所说的高明,好比身处一室之中,人们只能看近处的景物,若登上高楼,看得就远了,再如登上高山,所见的就更远了。而精明,就如极为细微之物,用显微镜照它,会放大一倍、十倍、百倍。又如满是粗糠的糙米,捣两遍就可除去粗糠，捣上三遍四遍，就精细白净到极点了。人是否高明取决于天赋资质，精明则全赖于后天钻研学问的程度。我曾氏兄弟如今侥幸身居高位，天赋资质都不算很高明，全靠勤学好问来求得精明。好问如同购买显微镜，可深知极细微方面。好学如同捣熟透了的米，可去粗取精。总之，必须心中了如指掌，而后才可口中说出自己决断。对事物能了解明白再作决断，就叫英断。稀里糊涂就作决断，人们称之为武断。武断自身的一些事，产生的危害还不大；武断他人的事情，因此招致的怨恨就很深了。只有谦虚退让而不肯轻易下决断，才足以保住福分。

解读

为学不可不精，为人不可太精

俗话说：聪明反被聪明误。人若精明，的确能占得不少便宜，但太过精明，别人也必定会加以防范，精明的人往往看不到这一点。精明的人，可以精明一次，也可以精明两次，但很少有人能精明过三次的，因为一次精明是启发，二次精明是教训，三次精明就要警惕啊！

人们常常喜欢与单纯的人交往。与单纯的人交往放松、自然，不用费尽心机，提高警惕。这倒不是说单纯的人是傻子，是可以随意欺骗与捉弄的，而是说他心地纯净、宁和、淡泊，他也懂得很多，想得很深，看得很透，他把他的心智放在更有价值和更有意义的事情上。这就是荀子所说的那种人：温和如玉，完美纯正。

然而，与精明的人交往，就得时时小心，处处提防，稍有不慎就会落入泥淖和陷阱中。交往得越久，相处得越深，就越是感到被欺骗、被愚弄，当然也就越是不自在。如果没有办法还得与他交往，那么人们就会以精明手腕去对付他。这正应了郑板桥的一句话："试看世间会打算的，何曾打算得别人一点，直是算尽自家耳！"

曾国藩是一个精明的人，他弟弟曾国荃也是一个精明的人，他们就因为精明吃过不少亏。

他们懂得人情世故，但又怀着一肚子的"不合时宜"，既不能硬，又不能软，所以到处碰壁。这是很自然的，你对人诚恳，人也对你诚恳，你对人诡秘，人也对你诡秘；你对人一肚子"不合时宜"，人也对你会一肚子"不合时宜"。

而曾国藩的朋友迪安有一个优点，就是全然不懂人情世故，虽然他也有一肚子的"不合时宜"，但他却一味浑含，永不发露，所以他能悠然自得，安然无恙。而曾国藩兄弟却时时发露，总喜欢议论和表现，处处显露精明，其实处处不精明。曾国藩提醒曾国荃：这终究不是载福之道，很可能会给我们带来灾难。

到了后来，曾国藩似乎有所领悟，他在给湖北巡抚胡林翼的信中写道："惟忘机可以消众机，惟懵懂可以祓（消除）不祥。"但很遗憾，他未能身体力行。

所以，为学不可不精，为人不可太精，还是糊涂一点好。

然而，让精明的人糊涂，可不是一件容易的事情，除非他经历很多人和事，受过很多挫折和磨难，否则他是不会糊涂的。郑板桥不是已经说过了吗？聪明难，糊涂难，由聪明返糊涂更难。但也只有进到这一境界，才能明白人生是怎么一回事。

曾国藩一再强调"强"字自"明"出。在智慧处求强，在自修处求强，这样才能使人挺进。他始终主张持之以恒，绝不灰心泄气，绝不矫揉造作，一如既往。然而在功名渐盛、地位渐高的时候，则其势不同，就需要持盈保泰，恬退谦谨了。他虽说"亦渐老于事，锋芒钝矣"，实则故乐谦德，"喜闻迂直之言"，而以贞固自守。同治六年（1867年）正月初三日《致九弟书》云：兄自问近年得力，惟有一悔字诀。兄昔年自负本领甚大，可屈可伸，可行可藏。又每见得人家不是，彼从丁巳（咸丰七年，1857年）戊午大悔大悟之后，乃知自己全无本领，凡事都见得人家有几分是处，故自戊午至今九载，与四十岁以前，通不相同，大约以能立能达为体，以不怨不尤为用。立者发奋自强，站得住也；达者，办事圆融，行得通也。

又同年三月初二日书云：弟当此百端拂逆之时，想心绪益觉难堪，然事已如此，亦只有逆来顺受之法，仍不外悔字诀、硬字诀而已……弟当此艰危之际，若能以硬字法冬藏之德（贞），以悔字启春生之机（元），庶几可挽回一二乎？

"悔""硬"二字诀，是曾国藩立身处世思想之化境。照一般的解释，总以为曾国藩悔悟其往日强矫之非，而毋认柔道行之了。其实是他"可屈可伸，可行可藏"和"取人为善，与人为善"的对立一致之合。悔是"悟"的意思，"明"的意思，觉悟出真道的微妙处，知"自己全无本领"，正见得自己"本领甚大"。"能立""能达""不怨不尤"，方刚柔体用之极致。曾国藩还说他兄弟不明白悔字的奥妙，而趋于消极，乃用一硬字诀的"挺"字来救济。梁启超先生所谓"贞之以恒，帅之以诚，勇猛精进，坚苦卓绝"；龙梦荪先生所谓"虽极人世艰苦之境，而曾不少易其心，虽遇千挫百折之阴，亦不足以夺其志"，都见出一个硬字来。故曾国藩晚年仍说："'倔强'二字，却不可少，功业文章，皆须此二字贯注其中，皆从'倔强'二字做出。"又说他兄弟皆禀母德居多，好处是天性"倔强"。他虽衰老，"亦勃常有不可遏之候"。

这正是以挺（强硬）为体，以柔（廉悔）为用，合禹墨老庄为一途，以成中庸之道。

曾国藩在进攻太平军时，曾亲自率领在衡州组建的水师东征，想一举消灭太平军。不料，因刚训练出来的湘军水师作战不力，在岳州、平江、湘潭等地接连打了几次败仗。后来，曾还带领在长沙的水师五个营晚上偷袭靖港，亦吃了败仗，几乎全军覆灭。

以往，曾国藩曾多次讥笑清廷绿营兵不能打仗，如今看到自己组建的湘军也屡战屡败，感到"无脸见江东，一气之下，在船上滚入江中，想一死了之"。幸身边的人发觉，才把他打捞上来，护送回长沙大营。

在长沙，曾国藩灰心丧气，几天不吃不喝，弄得满城风雨。无论官场还是社会上，有冷言冷语、幸灾乐祸的，有向上告状、弹劾曾国藩的，还有认为湘军不能作战，主张解散另建的。曾国藩听到这种种舆论，坐立不安，既有几分不服气，又有几分羞愧。

正在心灰意冷之时，曾国藩接到了父亲曾麟书的手谕，训导他"公而忘私，国而忘家，国事维艰，只能进不能退"。在其父的勉励下，曾国藩鼓起了勇气，他命幕僚向朝廷写奏折，禀报率湘军与太平军作战的情况。其幕僚对岳州、湘潭几战，如实地写成"屡战屡败"。曾国藩阅得此禀报，似乎说自己太无能了，便接过笔去，改为"屡败屡战"。一字之改，被动变主动，消极转为积极，"败不馁"之气魄跃然纸上。皇上看了，对曾国藩虽未获胜，但仍表示满意，督令再战。

据说，曾国藩为与太平军决一死战，在向湖北进发时，还立下誓言，嘱弟在家代为准备棺材，不获全胜，誓不生还。后来曾国藩在湖北武昌、汉阳连续打了几战，都获胜利。其幕僚便将他家备好棺材，决一死战的情况，写入了奏折，曾国藩看了，又将"备棺在家"改成了"带棺出征"，更表其决心。

咸丰皇帝看了这一奏折，对曾国藩忠君的决心倍加赞赏，原赏给二品顶戴，令其署理湖北巡抚，后又收回，改赏给兵部侍郎衔，并催令迅速东下，进剿太平军。

相关链接

处事不乱，不逞一时之强

曾国藩一生刚强，坚而不脆，以为古来豪杰以"难禁风浪"四字为大忌。

他自述道:"吾家祖父教人,也以'懦弱无刚'四字为大耻。"又说:"至于'倔强'二字,却不可少。功业文章,皆须有此二字贯注其中,否则柔靡不能成一事。孟子所谓'至刚',孔子所谓'贞固',皆从'倔强'二字做出。吾兄弟皆受母德居多,其好处亦正在倔强。"他上承家训,进而总结了自己的经历,深刻地认为:"凡事非气不举,非刚不济。"他甚至"尝自称欲著《挺经》,说他刚毅。"这种倔强的性格,使曾国藩虽屡次蹶跌,却依然充满刚毅,勇往直前。

咸丰九年十月十四日,他作一联以自箴:养活一团春意思;撑起两根穷骨头。这正是他这种倔强性格的写照。

至于强毅之气,绝不可无。然强毅与刚愎有别。古语云:自胜之谓强。曰强制,曰强恕,曰强为善,皆自胜之义也……舍此而求以客气胜人,是刚愎而已矣。二者相似,而其流相去霄壤,不可不察,不可不谨。

自胜,也得克己,所以,刚强也是一种克己之学。克己,必须从两个方面同时下手,即"刚柔互用",不可偏废。曾国藩说:"太柔则靡,太刚则折。刚并非就是暴虐,强矫而已;柔并非卑弱,谦退而已。"

为使"刚"得恰到好处,"柔"得也恰到好处,曾国藩强调刚柔均须建

立在"明"的基础之上。他说:"担当大事,全在'明强'二字。"他致书诸弟说:"'强'字原是美德,我以前寄信也说'明强'二字断不可少。'强'字须从'明'字做出,然后始终不可屈挠。若全不明白,一味横蛮,待他人折之以至理,用后果证明它,又重新俯首输服,则前强而后弱,这就是京师说的瞎闹。我也并非不要强之人,特以耳目太短,见事不能明透,故不肯轻于一发耳。"又说:"修身齐家,亦须以'明强'为本。"

不明而强,于己则偏执任性,迷途难返,于人则滥用权威,逞势恃力,终归都是害人害己。什么是"明"?就是要明于事,明于理,明于人,明于己。欲强,必须明;欲柔,同样必须明。否则,虽欲强而不能强到恰当处,虽欲柔而不能柔到恰当处。一味刚强,必然会碰得头破血流;一味柔弱,遇事虑而不决,决而不行,待人则有理不争,争而不力,也是不能成功立业的。

所以,曾国藩认为,"强"有两种:"斗智斗力之'强',则有因'强'而大兴,亦有因'强'而大败。古来如李斯、曹操、董卓、杨素,其智力皆横绝一世,而其祸败亦迥异寻常。近世如陆、何、肃、陈亦皆予知自雄,而俱不保其终。""惟曾、孟与孔子告仲由之'强',大概能持久恒常。"《孟子·公孙丑上》载:"昔者曾子谓子襄曰:'子好勇乎?吾尝闻大勇于夫子矣:自反而不缩,虽褐宽博,吾不怕焉;自反而缩,虽千万人,吾往矣!"曾国藩所追求的,正是这种"自反而缩"的"强"。孔颖达注:缩,直也。指正确的道理。反躬自问,为维护正确的道理而勇往直前,这才是真正的"强"。故曾国藩说:"吾辈在自修处求'强'则可,在胜人处求'强'则不可。"一味逞强,终必败露;练就意志刚强不拔,就可能有所成就。

明强就是敢争,当一种判断确定后,曾国藩从不迁就他人的意见,有主见,敢斗争。他向清廷伸手要权,拒绝鲍超北上勤王,便是《挺经》"明强"法中最典型的事例。

第十三章　英才

世不患无才，患用才者不能器使而适用

【原典】

虽有良药，苟不当于病，不逮下品；虽有贤才，苟不适于用，不逮庸流。梁丽可以冲城，而不可以窒穴，嫠牛不可以捕鼠；骐骥不可以守闾。千金之剑，以之析薪，则不如斧。三代之鼎，以之垦田，则不如耜。当其时，当其事，则凡材亦奏神奇之效。否则铻而终无所成。故世不患无才，患用才者不能器使而适用也。魏无知论陈平曰："今有后生考己之行，而无益胜负之数，陛下何暇用之乎？"当战争之世，苟无益胜负之数，虽盛德亦无所用之。余生平好用忠实者流，今老矣，始知药之多不当于病也。

【译文】

尽管有良药，如果不对病症，效果不如一般的药物；虽然是贤才，但所干之事不适合于他专长，那么还不如去找平凡人来干。质地坚韧的木梁可以撞开牢固的城门，却不能用来堵住老鼠洞。强壮的水牛不会捕捉老鼠，日行千里的骏马也不能守住家门。价值千金的宝剑用来砍柴，不如斧头好用。三代传世的宝鼎，用来开垦荒地，还不如普通的木犁。面对具体时刻，具体的事物，只要用得适合恰当，普通的东西也会产生神奇的效验。否则认不清锄头、宝剑的特性，干什么都会弄糟。所以世人不忧虑没有人才，而忧虑使用人才的人不知量才适用。魏无知在评论陈平时说："现在有个年轻人，很有孝德之行，却不懂战争胜负的谋略，您该如何用他呢？"当国家处于战争时期，

如果一个人不懂战争胜负谋略，虽有高深德行也没地方用他。我生平喜欢用忠实可靠的人，如今老迈了，才知道药物虽很多，却也有治不了的病。

解读

国家之强，以得人为强

曾国藩十分重视人才问题。他认为"国家之强，以得人为强"。并说善于审视国运的人，"观贤者在位，则卜其将兴；见冗员浮杂，则知其将替"。观察军事也应如此。他将人才问题提到了关系国家兴衰的高度，把选拔、培养人才作为挽救晚清王朝统治危机的重要措施。

咸丰十年（1860年）冬，因侵略者侵占北京，咸丰帝避走滦阳热河行宫，朝廷上下乃有迁都之说。京官具奏者甚多，湖北、河南、山西诸省疆臣也纷纷陈奏，众口一声，以为迁都乃当时第一良策。唯曾国藩称，"中兴在乎得人，不在乎得地。汉迁许都而亡，晋迁金陵而存。拓跋迁云中而兴，迁洛阳而衰。唐明皇、德宗再迁而皆振，僖宗、昭宗再迁而遂灭。宋迁临安而盛昌，金迁蔡州而沦胥。只要有忧思勤勉之君，贤劳之臣，迁亦可保，不迁亦可保；无其君，无其臣，迁亦可危，不迁亦可危。我观察历史世事的变化，觉得除了求得人才之外，没有任何其他的东西可资凭借。"

他向朋友和兄弟们反复说明"国家因为获得人才而强盛，人才存在才能政通人和。想要自强，必须以修明政事，谋求贤才为紧要任务"；"治世之道，专以致贤、养民为本"；"国家大计，首重留心人才"。世上一切事情都是人干出来的，坏事如此，好事亦复如此。古人云："能当一人而天下取，失当一人而社稷危。"曾国藩是深知这个道理的，因而在人才问题上深具卓识与战略眼光。他对人才的广泛搜罗和耐心陶铸，是他的"事业"能够成功的一个重要原因。这一点，早已是人们的共识。后来，薛福成评述道："自昔多事之秋，无不以贤才之众寡，判功效之广狭。曾国藩知人之鉴，超轶古今。或邂逅于风尘之中，一见以为伟器；或物色于形迹之表，确然许为异材。平日持议，常谓天下至大，事变至殷，绝非一手一足之所能维持。故其振拔幽滞，宏奖人杰，尤属不遗余力。"《清史稿》评论曾国藩道："至功成名立，汲汲以荐举人才为己任，封疆大臣军营统帅遍布全国。以人事君，皆能不负所知。"石达开也曾称赞曾国藩："虽不以善战名，而能识拔贤将，规划精严，无间可寻。大帅如此，实起事以来所未觏也。"

由于曾国藩对人才问题的高度重视，并且在人才的选拔、培养、使用上有一套行之有效的办法，因此他的幕府人才"盛极一时"。容闳回忆说："当时各处军官聚于曾文正之大营者，不下二百人……总督幕府中亦有百人左右。幕府外更有候补之官员、怀才之士子，凡法律、算学、天文、机器等专门家无不毕集。"

薛福成把这些人才分为四大类型。第一类是为曾国藩"治军事、涉危难、遇事赞划者"，这有李鸿章、郭嵩焘、刘蓉、李元度、何应棋、邓辅纶、李鸿裔、钱应博、陈鼐、许振、向师棣、黎庶昌、吴汝纶等。第二类是以他事从曾国藩"邂逅入幕，或骤至大用，或入旋出，散之四方者"，这有左宗棠、彭玉麟、李云麟、罗萱、李鹤章、李翰章、陈兰彬、李榕、王定安、陈士杰等。第三类是因学问渊博而在幕府中做宾客，平时讽谏建议，来往没有规律或是招纳到书局，并没有具体委以公职的人，这有吴敏树、吴嘉宾、张裕钊、俞樾、罗汝怀、复燮、曹耀湘、赵烈文、钱泰吉、方宗诚、李善兰、汪士铎、华蘅芳、徐寿、戴望等。第四类是"凡刑名、钱谷、盐法、河工及中外通商诸大端或以专家成名，下逮一艺一能，各效所长者"，这有冯俊光、程国熙、陈文坦、洪汝奎、刘世墀、何源等。薛福成仅录了八十多人，不能代表幕府实况，实际上幕僚达四百人以上。重要的如年轻的工程技术专家徐建寅，为曾国藩筹办军械工业组织并带领第一批官费留学生出国的容闳，以及薛福成本人都未包括在内。这些幕府人物不少在当时就享有盛誉，有的在后来卓有成就。如李善兰、华蘅芳、徐寿是当时著名的自然科学家。俞樾、戴望是著名的经学家。左宗棠是杰出的军事家，后来在捍卫领土完整、维护民族统一方面做出了重大贡献。郭嵩焘后来则成为中国首任驻外公使。薛福成曾出使英、法、意、比四国。郭氏与薛氏都是从洋务派分化出来的我国早期改良主义思潮的重要代表人物。

曾国藩说:"办事不外用人。用人必先知人。""收之欲其广,用之欲其慎。""慎用"包括两方面的意思。一方面是用其所长,尽其所能。曾国藩以良药不适于病,梁丽之材用于窒穴,牦牛捕鼠、良马守门等比喻,批评用人不当,指出对于人才必须"器使而适宜",使其特长得到充分发挥。用其所长,这正是领导者的用人艺术。蔡锷对此评价较高,他说:"曾(国藩)谓人才以陶冶而成,胡(林翼)亦说人才由用人者之分量而出。可知用人不必拘定一格,而熏陶裁成之术,尤在用人者运之以精心,使人之各得显其所长、去其所短而已。"

"慎用"另一方面的意思是"量才录用"。曾国藩对人才的使用极为谨慎。他认为行政之要首在立法与用人二端。而他生当末世,主要使命是"扶危救难",维护旧制度,基本上无"立法"之责,而其事业之成败利钝,也就主要在于用人得当与否,故称"吾辈所慎之又慎者,只在用人二字上,此外竟无着力之处"。为用人得宜,不致因用人不当而偾事,曾国藩对人总是反复测试、考察。据说,每有赴军营投效者,曾国藩先发给少量薪资以安其心,然后亲自接见,一一观察:有胆气血性者令其领兵打仗,胆小谨慎者令其筹办粮饷,文学优长者办理文案,讲习性理者采访忠义,学问渊博者校勘书籍。

在幕中经过较长时间的观察使用，感到了解较深，确有把握时，再根据具体情况，保以官职，委以重任。

多年来，幕僚们为曾国藩出谋划策、筹办粮饷、办理文案、处理军务、办理善后、兴办军工科技等，真是出尽了力，效尽了劳。可以说，曾国藩每走一步，每做一事，都离不开幕僚们的支持和帮助。

相关链接

举贤不避亲仇

有些人能够举贤荐能，但都觉人言可畏，不敢用亲；有些人出于私利，举贤不敢用仇。曾国藩之所以与众不同，还在于他能举贤不避亲仇。他的很多幕僚都得到了他的推荐。

曾国藩一生举荐人才甚多，其中很大一部分是他的幕僚。曾国藩幕僚有四百余人，其中绝大多数人受过他的保举。可以说，凡为其幕僚者几乎人人都有顶戴，即使不是实缺官员，也有候补、候选、记名之类名堂，无此资格者反倒为数极少，成为凤毛麟角。而获得实任者，更是直接间接地借助于曾国藩的举荐之力，幕僚中26名督抚、堂官，50名三品以上大员，以及难以数计的道、府、州、县官员，多受过曾国藩的保举，有的甚至一保再保，不止一次。他们所以得任现有最高官职，有的系他人奏保，有的是曾国藩死后循资升迁，有的则完全出自曾国藩的推荐。殆同治十一年（1872年）二月曾国藩去世时，其幕僚官至三品者已达22人，其中总督4人，巡抚7人，至于道府州县则难以统计。

曾国藩保举幕僚的目的，一是客观实际的需要，二是作为奖励部下、激励奋进的手段。攻陷被太平天国长期占领的地区，如安徽省，人人视为畏途，避之犹恐不及。这样，曾国藩就不得不保奏一批人充任地方官员。同时，曾国藩每到一处，就弹劾不法官吏，又以整顿吏治为念，因此也有许多空缺留给了幕僚，在直隶，从江南奏调大批幕僚北上，待机补缺，一次即达十一员之多，钱应溥、薛福成、吴汝纶、陈鼐、游智开、赵烈文、方宗诚等都是这次调去的。其后除随曾国藩返回江南的钱应溥、薛福成、吴汝纶等人外，留于直隶者均先后补授实缺，既对直隶吏治有所补益，亦为这些追随多年的幕僚找到出路。

　　曾国藩从军之初，对这一点体会并不深刻，不大量保举，舍不得花钱，因而人们都不愿依附他。如咸丰四年（1854年）曾国藩带兵攻下武汉，"仅保三百人"，受奖人数仅占百分之三。咸丰五年和六年两年保奏三案，合计仅数百人。而胡林翼攻占武汉一次即保奏"三千多人"，受奖人数竟达到百分之三十左右。消息传开，不少人认为欲求官职投曾不如投胡，往往曾国藩挽留不住的人员主动投奔胡林翼门下。开始，曾国藩还以为自己德不足以服众，后来渐渐发觉主要是保举太少，使人感到升发无望所至。回顾往事，亦甚感对不住李元度、甘晋等同自己患难与共的僚属，他们长期沉于下位，实与自己保举不力有关。对此，好友刘蓉多次向曾国藩进言，并举楚汉之争为例，曾国藩有所触动。后来，赵烈文又上书恳切进言，曾国藩随即改弦更张，从咸丰十一年（1861年）起开始效法胡林翼，大保幕僚，不再拘于旧例。

　　曾国藩的保举，主要是汇保、特保、密保三种，它反映不同的情况、级

别、待遇。湘军每攻占一城、夺回一地或打一胜仗，曾国藩就办一次汇保之案，于奖励作战有功人员的同时，也以劳绩奏保一部分办理粮台、文案、善后诸务的幕僚。

特保多以举荐人才的方式保奏，如咸丰十一年（1861年）曾国藩以常州士绅办团坚守危城为由，一次就特保周腾虎、刘瀚清、赵烈文等六员。密保之案则专为立有大功或特别优异的人才个别办理，或专具密折，或夹带密片，如保奏左宗棠、沈葆桢、李鸿章之密折等。

按照惯例，各省督抚每年年终要对司、道、府、县官员进行秘密考核，出具切实考语，"以备朝廷酌量黜陟"，故清政府对此极为重视，措辞偶尔含混不清，那么就要重新草拟，官员的升迁降黜皆以此为据，战争期间清政府基本上仍沿用此法，虽候补官员奏保甚滥，而实缺官员的补授则非地方督抚出具的切实考语不可。因这些考语是秘密的，任何人不得外泄，所以，这种考核办法及其考语，称为密考。而依照此法保奏官员即称为密保。也正因为这一点，汇保一般只能得到候补、候选、即用、即选之类，而只有密保才能得到实缺官员，所以，曾国藩欲保奏实缺官员，就只有密保。咸丰十一年（1861年）奏保左宗棠、沈葆桢、李鸿章等人的八字考语极有力量，说李鸿章"才大心细，劲气内敛"，左宗棠"取势甚远，审机甚微"。

在左宗棠评语中，又加"才可独当一面"，沈葆桢"器识才略，实堪大用，臣目中罕见其匹"。清廷很快准奏，左宗棠授浙江巡抚，沈葆桢授江西巡抚，李鸿章授江苏巡抚，由此可见密保作用之大。

第十四章　勤敬

爱民必先察吏，知人必慎于听言

【原典】

为治首务爱民，爱民必先察吏，察吏要在知人，知人必慎于听言。魏叔子以孟子所言"仁术"，"术"字最有道理。爱而知其恶，恶而知其美，即"术"字之的解也。又言蹈道则为君子，违之则为小人。观人当就行事上勘察，不在虚声与言论；当以精己识为先，访人言为后。

【译文】

从事政务，首先在于爱民，爱护人民必须先督察官吏，察访官吏要点在于知人，而知人必须慎于听取言论。魏叔子认为孟子所说"仁术"中，"术"字最有道理，耐人寻味。喜爱一个人却能知晓他的短处，厌恶一个人却可以看见他的长处，就是"术"最好的解释。又说遵行大道、顺应时势的就是君子；违反大道、只谋私利的就是小人。观察一个人应当从他具体行为上去勘察，不在于虚假的名声和浮夸的言论；应当以提高自己的识见能力为先，访察别人的言论在后。

解读

勤政之要务在"顺民心"

为政须勤敬，当官须勤敬。知民生在勤，知为臣在敬。勤而敬，无患天下无治。

当官勤敬的要务是爱民、养民,因为"民心顺,国家安",这是最简单的道理。史称齐桓公"九合诸侯,一匡天下",都是"管仲之谋"。而"安民"则是管仲之谋的一个重要内容。

管仲对"民"与"国"的关系有充分的认识。他说:"政之所兴,在顺民心。政之所废,在逆民心。"因此,能处理好"民"的若干大问题,就是政治中最可宝贵的:民恶忧劳,我佚乐之。民恶贫贱,我富贵之。民恶危坠,我存安之。民恶灭绝,我生育之。能佚乐之,则民为之忧劳。能富贵之,则民为之贫贱。能存安之,则民为之危坠。能生育之,则民为之灭绝。故刑罚不足以畏其意,杀戮众而心不服,则上位危矣。故以其四欲,则远者自亲;行其四恶,则近者叛之。故知予之为取者,政之宝也。

管子所说的"顺民心",就是要顺其"四欲";"逆民心"就是统治者"行其四恶"。要做到"四顺",不行"四恶",统治者必须首先懂得顺于民就是为了取之于民的道理。如果不懂得这个道理,统治者肆其所欲,用刑罚和杀戮来压制人民,结果只能是"刑罚不足以畏其意","杀戮不足以服其心",国家的政令就无法施行,统治者的地位就危险了。

管仲还认为,能够保证人民的"衣食足",才能建立起和谐的社会秩序。如果物质生活问题得不到较好的解决,就无法对其进行道德的规范,而专恃刑罚又不能实行全面有效的控制,所以管子视"务在四时,守在仓廪"为有国者的根本任务,它能使民"不移""不偷""不苟""不憾"而使其"富"。在管子所说的"四顺"中,这是他最为强调的。

所谓"定民之居",就是使人安居。在管子看来,把不同的居民归入相应的行政管理系统,就会秩序井然,不相混乱。"管子于是制国以为二十一乡:工商为乡六,士乡十五","三乡为县,县有县帅;十县为属,属有大夫。五属,故立五大夫,各使治一属焉;立五正,各使听一属焉。是故正之政听属,牧政听县,下政听乡。"

所谓"成民之事",就是使民"乐业"。当时将民划为士、农、工、商四类。管子认为,这四类民,若"勿使杂处",把他们划归在以上的各乡中,不仅可以减少管理上的烦乱,而且可以使他们便于传授技艺,"不见异物而迁",

使"士之子恒为士","工之子恒为工","商之子恒为商","农之子恒为农"。这也是最早的职业承继性划分。

从富民的目标出发，使人民安居乐业，是国家稳定、富强的基本条件。管仲说："兹民，与无财，而敬百姓，则国安矣。"只有在这个基础上，才能谈"正卒伍，修甲兵"，才能强化国家的武力。

管仲还认为，人民中间的不安定因素都是施政不当所造成的。他说："不务天时，则财不生；不务地利，则仓廪不盈；野芜旷，则民乃营；上无量，则民乃妄；文巧不禁，则民乃淫……不明鬼神，则陋民不悟；不敬宗庙，则民乃上校；不恭祖旧，则孝悌不备。"只有统治者大力发展生产，使国家富足，并为进一步扩大生产创造了条件，人民才会乐于"留处"，才会吸引别国的人民前来归服。

春秋前期，政治的动荡造成了民众经常大规模的流动，争取民众就成了统治者富国强兵的首要问题。管子为齐桓公谋称霸之道而首先提出"顺民心"，并把人民中的不安定因素归罪于统治者绝非偶然。"齐国遵其政，常强于诸侯"，说明他确实抓住了问题的关键。顺民心则国兴，逆民心则国亡；"富民""定民""成民"，无一没有一个"民"字在于其中。

汉武帝时，以举贤良文学和上书言事的方式，招纳了一批文学之士，组成中朝（内朝），让他们参谋预政。当时，有个文士叫徐乐，他在上书中一针见血地指出，当前天下之患在于土崩，而不在于瓦解。所谓土崩，就是广大民众反抗统治者的斗争；所谓瓦解，则是统治阶级内部的争斗。

徐乐指出，土崩和瓦解是"安危之明要"，凡是国君都必须留意深察。而天下之患在于土崩，不在瓦解，自古至今，别无二致。什么是土崩呢，就是像秦朝末世的陈胜、吴广起义，凡是"民困而主不恤，下怨而上不知，俗已乱而政不修"，就会发生土崩。陈胜出身低微，既无千乘之尊，尺土之地，也非王公大人各族的后裔，之所以一呼而天下从，就是因为当时已经具备了土崩的条件。

那么，什么是瓦解呢？所谓瓦解就是吴楚七国之乱。七国谋逆号称万乘之君，带甲数十万，但是最后却兵败身死。其缘由并非因为他们的权威轻于匹夫而兵力弱于陈胜，而是当时"安土乐俗之民众，故诸侯无意外之助"。拿陈胜起义的天下风从和七国之乱的渐被平定相比，就足以证明"天下之患在于土崩，不在瓦解"。如果天下已具备土崩的条件，即使像陈胜这样的布衣穷苦之士也可以首先发难，而危及统治者的江山；如果天下无土崩之势，即使像吴楚这样有强国劲兵之助，一旦发难，也会立即遭到覆亡的命运。其中的道理，明君应该深察才是。

相关链接

称职的政治家要具备的四种品格

勤敬之于政务，首要的是治民，而治民的第一要义是爱民。做官的人，首先需要有政见或者施政纲领，那是对整个时局的看法，对自己所领导的部门的基本构想和设计。这见解或者从历史中来，或者从经验中来，或者从下属中来，但不能没有见解。官越大就越需要有见解，那是他的行为守则、思维准则和施政原则。

早在曾国藩做京官的时候，对于内忧外患纷陈迭至的原因就进行了深入的思考。在困惑不解中，他涉猎了魏源的《皇朝经世文编》《圣武记》以及徐继畬的《瀛环志略》等著作，自然地把对西方的了解和中国的现实联系起来。曾国藩从中领悟到，必须经历一个自上而下的大改革，才能使江河日下的清王朝振作起来，以重新恢复到康乾时代的太平盛世。改革的切入点应是整顿吏治，改变全国官场风气，以应时变。为此，他先后上呈《应诏陈言疏》《备陈民间疾苦疏》《敬陈圣德三端预防流弊疏》，痛陈对统治危机的忧虑，阐述吏治弊病的极度严重，尖锐地指出：现在官场"大率以畏葸为慎，以柔靡为恭"。官员办事的通病有两种：退缩与琐屑。

曾国藩认为，理想而又称职的政治家应具有以下品格：

一是责任。就责任方面而言，无论为人君，为督抚，为州县之官，均负领导社会、转移风气、培养人才之责任，这在曾国藩的"应诏陈言疏"中固可知之，于其所作之"原才篇"中更可知之。他尝致官文书云："弟与阁下均居崇高之地，总以维持风气为先务。"亦足见曾国藩理想中之政治家当负有维持风气之责任。

二是道德。就道德方面而言，欲领导社会，转移风气，必当律己以严，以身作则。此于曾国藩之"应诏陈言疏"中，于其所作之"原才篇"中亦可知之，其复李希庵函云："今天下大乱，人人皆怀苟且之心，出范围之外，无过而问者焉。吾辈当自立准绳，自为守之，共约同志者共守之，无使吾心之贼，破吾心之墙耳！"足见曾国藩理想中的政治家应当具备严以律己的道德。

三是才具。就才具方面而言，既抱淑世之心，当有用世之具。"才须学，学须识"，曾国藩既称述武侯之言，"取人为善，与人为善"，复乐道孟子之语。盖舍多学而识，无以成其才；舍集民广益，无以长其智。既无用世之才具，空抱救世之热忱，于事终无所济。曾国藩生平虽好以德取人，亦兼顾才识。如复左宗棠函云："尊论人才惟好利没干两种不可用，鄙意好利中尚有偏裨之才，惟没干者，决当摒斥。"而"原才篇"亦云："民之生，庸弱者戬戬皆是也，有一二贤且智者，则众人君之而受命焉，尤智者所君尤众焉。"故曾国藩理想中之政治家当有用世之才具。

四是态度。就态度方面而言，于曾国藩所谓"广收，慎用，勤教，严绳"，已可知其大概。盖自古官箴，为清慎勤；曾国藩亦尝以此自勉，并曾作三字箴。其清字箴曰：名利两淡，寡欲清心，一介不苟，鬼伏神钦。慎字箴曰：战战兢兢，死而后已，行有不得，反求诸已。勤字箴曰：手眼俱到，力求交瘁，困知勉行，夜以继日。

第十五章 廪实

勤俭自立,习惯劳苦

【原典】

勤俭自持,习劳习苦,可以处乐,可以处约,此君子也。余服官二十年,不敢稍染官宦气习,饮食起居,尚守寒素家风,极俭也可,略丰也可,太丰则不敢也。凡仕宦之家,由俭入奢易,由奢返俭难。尔年尚幼,切不可贪爱奢华,不可惯习懒惰。无论大家小家、士农工商,勤苦俭约,未有不兴;骄奢倦怠,未有不败。大抵军政吏治,非财用充足,竟无从下手处。自王介甫以言利为正人所诟病,后之君子例避理财之名,以不言有无、不言多寡为高。实则补救时艰,断非贫穷坐困所能为力。叶水心尝谓,仁人君子不应置理财于不讲,良为通论。

【译文】

勤俭自立,习惯劳苦,可置身优裕的环境,也可置身节俭的环境,这才是知书达理的君子。我做官二十年,一丝一毫不敢沾染官宦习气,饮食起居,还谨守艰苦朴素的家风,极俭朴也可以,略丰厚也可以,太丰厚就不敢领受。凡是仕宦人家,由俭朴到奢华容易,由奢华恢复俭朴可就难了。人切不可贪爱奢华,不可养成懒惰习气。无论大家、小家、士、农、工、商,凡是勤俭节约的,没有不兴旺的;凡是骄奢倦怠的,没有不破败的。大抵治军、治国方面,没有充足的财力使用,就无从下手。自从王安石因理财被正人君子评论批驳,后世的人就避开理财的问题,以从不说财力有无多寡为高明。实际上到了补救国力时就艰难了,断断不是贫穷困苦能解决问题的。叶适曾说:仁人君子不应当不讲理财问题,这真是个很好的说法。

解读

廪实为要,勤劳为本

要使国富民强,百姓知礼节晓荣辱,廪实为要,勤劳为本,商贸为道。

明代人李晋德著有《商贾醒迷》一书,堪称"商典",该书中有这样几段话,与曾国藩的崇俭论不约而同:

商人如果不俭省节约,怜惜钱财,那就是辜负了自己披星戴月、跋山涉水的辛苦经营。

作为一个商人,不辞艰难,不分昼夜,登山涉水,浪迹四海,所追求的一点点利润,都从惊心恐惧、辛勤劳作中得来的,如果对自己的钱财不俭省、爱护和怜惜,那么自己辛苦劳碌还有什么意义呢?

能够创造财富,又能够把持住家业,那么即使经受风雨、漂泊四海,又有何妨!

能够创造财富的人,获取钱财之后挥霍无度,直至荡然无存,不如创造财富之后能把持住产业的人。谨慎保护自己的财产,使之能够继续创造财富又能够把持住,这才不辜负自己栉风沐雨、漂泊江海的辛苦奔波。人生于世,非财无以资身;产治有恒,不商何以弘利?

财为养命之源,人岂可无有?而不会营运,则蚕食易尽,必须贸易经商,庶可获利,为资身策也。

传说,中国的舜帝也是善于理财治家,而继承了帝位。

舜是著名的"五帝"之一,或称帝舜、虞帝,或称虞舜。他"二十以孝闻,年三十尧举之,年五十摄行天子事,年五十八尧崩,年六十一代尧践帝位,践帝位三十九年南巡狩,崩于苍梧之野"。为我国最初的文明贡献了毕生精力。历史学家司马迁指出:"天下明德皆自虞帝始。"给了他崇高的评价。

但家家都有本难念的经，这位伟大人物家里的经尤其难念。

舜出生在一个贫苦的家庭。他的父亲叫作瞽叟，其时眼睛已经瞎了。舜出世后不久，他的母亲就去世了。瞽叟又另娶了个妻子，生下一个儿子，叫作象。瞽叟喜爱象，势必厌恶舜。瞽叟心术不正，其后妻善于说谎，后子象又十分傲慢。舜在家的日子很难熬，"及有小过，则受罪"，而瞽叟更为险恶，"常欲杀舜"。但舜处理得很好，"顺事父及后母与弟，日以笃谨，匪有懈"。

渐渐长大以后，舜主动承担了家里的大部分劳动。他"耕历山，渔雷泽，陶河滨，作什器于寿丘，就时于负夏"。对家庭关系处理得更恰当了。"顺适不失子道，兄弟孝慈。"瞽叟仍有杀舜之心，但"欲杀，不可得，即求，尝在侧"。舜巧妙地周旋于父亲、后母和弟弟之间。二十岁的时候，他的孝顺就闻名遐迩了。当尧帝询问谁可当继承人的时候，各部落长都说舜虽然处在这种家庭，但他皆以孝和，进之于善，不至于奸恶，一致推举舜为尧的继承人。尧同意了各部落长的意见，但还要对舜进行考验。

尧对舜的考验是看他是否能处理好家庭、邻里关系。尧将自己的两个女儿娥皇和女英都嫁给舜，看他如何处置，结果"二女不敢以贵骄事舜亲戚，甚有妇道"。

尧让自己的九个儿子与舜为邻，结果这九个人更加淳厚谨敬了。舜团结周围的邻里，努力发展生产，取得了显著的成绩，"一年而所居成聚，二年成邑，三年成都。"

舜得到了尧的赏识。

舜在事业上的成功并未改变瞽叟等人对他的态度，"尚复欲杀之"。有一次，瞽叟让舜登上仓库的顶上干活，自己却从下纵火想要烧死舜。舜急中生智，展开两个斗笠，从房上跳了下来，幸免于死。又有一次，瞽叟让舜去打井，舜在打井的同时，在井内侧又挖了个隐蔽的出口。瞽叟和象等舜进入井中继续深掏时，就落井下石，舜则从侧面的出口逃走了。瞽叟及其后妻，怡然自得地住进了舜的宫室鼓琴愉乐。这时候，舜出现在象的面前，使象不知所措，象只得假意说："我思舜正郁陶！"舜则顺水推舟说："你能做到这一点也就差不多了。"虽然经历了这两次风险，"舜复事瞽叟，爱弟弥谨。"

舜的作为使尧心悦诚服，于是就让他参与政治"试舜五典百官，皆治"。

舜本是传说中的人物，其事多有后人附会。尧试舜，就有儒家"齐家、治国、平天下"的影子在里面。倘若我们不去计较瞽叟和象"杀人未遂"的罪行，舜在家庭关系中恪守的忍让精神，还是值得借鉴的。

曾国藩在理财上崇尚节俭，是从最基础上做起的，这是理财者的一个良好的习惯，是成功的保证。事实上，不仅在"小农经济"的时代需要勤俭，就是在现代社会企业中理财，首要的任务仍然该是节俭。没有一个成功的理财者是靠"铺张浪费"而发家致富的。

节俭是一种可以养成的习惯，也可以说是使事业成功的因素。

"勿以善小而不为。"节俭也是一样，不论大小。

一旦事业开始，对天性节俭的人而言，其成功机会较才华相同者要多。而节俭的人，他知道只有减少开支和成本才有赚钱机会，而在今天高度竞争的市场里，即使在小方面去节俭，聚少成多，也是很可观的，甚至造成赚钱和赔钱的区别。

除此之外，对一个有节俭习惯的人而言，他似乎永远有一笔积蓄，以防不时之需。必要时可使他渡过难关，或使他有扩张和改进的机会，而不必去借钱。

聪明的人都知道，能做到"节俭再节俭"，对自己有很大的帮助，在生活中如果你能厉行节俭，直到成为你的一种习惯，你就会在事业上，收到由此为你带来的利益。

从节俭到奢侈很容易，从奢侈再到节俭却很艰难。吃饭穿衣，如果能想到来之不易，就不会轻易浪费。一桌酒席，可以置办好几天的粗茶淡饭，一匹纱绢，能做几件一般的衣服……有的时候要常想着没有的时候，不要等到没有的时候再想有的时候，如果这样，子子孙孙都能享受温饱了。

在过去的农业社会，一个家族的兴起，往往是经过数代的努力积聚而来的，为了让后代子孙能体会先人创业的艰辛，善守其成，所以常在宗族的祠堂前写下祖宗的教诲，要后代子孙谨记于心。现在我们虽然已经很少看到这一类古老的祠堂，但是我们心中的祠堂又岂在少数？五千年的历史文化，无一不是先人艰辛缔造的，这历史的殿宇、文化的庙堂，便是整个民族的大祠堂。

为后代子孙着想，在古代无非是要他们读书以明理，耕种以养体，现在又何尝不是如此呢？读书便是使文化不至于堕落，使文明更向前推进。耕种以另一种角度而言，便是去发展经济，使社会不致受贫穷之苦。这些难道不是我们当前重要的课题吗？先人智慧的教诲，以现代的方式去了解，不是仍然充满着睿智和启示吗？时代固然在变，人生的道理和一些基本的原则还是不变的。

相关链接

"廪实"理财从俭字入手

曾国藩"廪实"的理财之道，自然是从俭字入手。他深知"每粒米来之不易"的古训，告诫人们，须知"一文钱摔倒英雄汉，半碗粥扶起乞丐王"的道理。因此，在理财问题上，大手大脚最是要不得的，既不利于人的德性修养，又不利于财物的积累。曾国藩曾对家中的理财之事做过严格的限定，说起来很有意思。

他说：从来一国或一家的财政问题不出大乱子，都是由既勤劳又节俭所致。我平生也很重视以"勤"字来激励自己，其实却没有做到勤，所以读书时没有手抄的习惯，在军营排场很大沿袭下来没有改变，近来因为多，费用更是漫无限制。从节俭变到奢侈，跟水流下去一样容易；由奢侈返回到节俭，则难如登天。我在任两江总督职时，还存下朝廷给予我的两万两银子。我当初没有料到竟有这么多，但像今天这样放手用去，转眼就会用光。你们以后持家，要学陆梭山的办法，将每月要用多少两银子限定一个固定的数目，另外封好称出来。本月用度，只准有节余，不准有亏欠。衙门奢侈之风气，不能不彻底痛改。我带兵之初，就立下志向，不取军营钱财来肥私囊，今天所幸这件事我基本上做到了。但我也不愿意子孙过于穷困、低三下四去求别人的施舍，要靠你们大力推崇节俭的美德，善于操持以后的生活。

曾国藩在这里之所以反复强调勤俭的重要性，目的在于教导其子女要懂得生活之艰辛。当然，其目的是不愿意子孙后代过贫困潦倒，低三下四去求得别人恩赐的生活。如何避免这种困境的出现呢？曾国藩教导子孙后代的办法就是谨守"节俭"二字，只有这样才能理好家财，操持好以后的生活。

曾国藩以勤俭持家，就是在署衙中，他也以"廪实"的"俭"字诀教诲幕僚。他讲了很多徽商的经营理财之道。明、清两朝间徽州出大商大贾，全国出名，而他们致富的原因，曾国藩认为离不开个"俭"字诀。他说：徽州以勤俭甲于天下，所以其富庶也甲于天下……青衣童子在家赋闲，或长途跋涉而进京应试，都是身穿仅到小腿的短衣，光脚穿草鞋，随身只带一把伞，为节省轿子、车马的费用而徒步出行。而其实都是拥有千万金的富室子弟。徽州人无论士、农、工、商，都很俭朴，所以他们起家致富，称雄天下，没有几十万、上百万的家业就不能称为富户。

曾国藩的弟弟们有的任官，有的持家，他多次去信说无论为官持家，都应节俭。在《书赠仲弟六则》中说：凡多欲者不能俭，好动者不能俭。多欲如好衣、好食、好声色、好字画古玩之类，皆可浪费破家。弟向无癖嗜之好，而颇有好动之弊。今日思作某事，明日思访某客，所费日增而不觉。此后讲求俭约，首戒好动。不轻出门，不轻举事。不持不作无益之事，即修理桥梁、道路、寺观、善堂，亦不可轻作。举动多则私费大矣。其次，则仆从宜少，所谓食之者寡也。其次，则送情宜减，所谓用之者舒也。否则今日不俭，异日必欠债。既负累于亲友，亦贻累于子孙。

针对地方官吏的挥霍浪费，曾国藩提出了"节用"的主张。他力主裁减冗员，减少应酬以节省开支，并将这一问题与减轻民力联系起来。

在晚清士大夫中，曾国藩以居家治身尚俭朴为众人所称道。他女儿曾纪芬说，其"手谕嫁女奁资，不得逾二百金"。曾氏的幕僚与朋友欧阳兆熊说，曾氏任两江总督期间，其夫人欧阳氏与长媳刘氏每夜纺棉纱不止，不达四两不休息，致使曾氏父子夜闻嗡嗡声，曾国藩打诨讲笑话，以调剂家人。

第十六章　峻法

除暴安良，时势所逼

【原典】

世风既薄，人人各挟不靖之志，平居造作谣言，幸四方有事而欲为乱，稍待之以宽仁，愈嚣然自肆，白昼劫掠都市，视官长蔑如也。

不治以严刑峻法，则鼠子纷起，将来无复措手之处。是以壹意残忍，冀回颓风于万一。书生岂解好杀，要以时势所迫，非是则无以锄强暴而安我孱弱之民。牧马者，去其害马者而已；牧羊者，去其扰群者而已。牧民之道，何独不然。

【译文】

世风渐不淳厚，人人各怀不安分的心思，平时造谣惑众，希望天下大乱好乘机作恶为害，稍对待他们宽容一些，就更加嚣张放肆，光天化日之下在都市抢掠财物，将官长视同无物。

不用严刑峻法惩治他们，坏人就会纷纷涌起，等将来酿成大乱就无法收拾了。因此才注重应用残酷手段，希望起到哪怕点滴的作用，来挽救颓废破坏的社会风气，读书人哪里会喜好杀戮，关键是被眼下的形势所逼迫。不这样，就没办法铲除强横暴虐之徒，安抚我们软弱和平的人民。放牧马群，去掉害群之马就可以了；放牧羊群，去掉扰乱群羊的坏羊就行了。治理民众的道理，为什么独独不是这样呢？

解读

崇法卫法，礼义并彰

崇法卫法，则要有优秀的官吏和良好的军队提供可靠的保证。这就必须严格整顿吏治，强调军纪，以法治吏和以法治军。

曾国藩以"转移""培养""考察"等法治吏。他指出"今日急务，首在用人，人才有转移之道，有培养之方，有考察之法。"

"转移之道"，并非是指人才的转移和调动，而是指对于无才之吏，应勉励其好学，"以痛惩模棱罢软之习"；对于有才之吏，须鼓励其进一步勤学好问，"以化其刚愎刻薄之偏"。

"培养之方"，曾氏采用了"教诲""甄别""保举""超擢"四种方法。"教诲"，就是教育诱导；"甄别"，即根据贤能程度加以鉴别分级；"保举"，即对于德才兼备有经验者，加以推荐；"超擢"，即对德才特别优异者，可越级提拔任用。

"考察之法"，曾氏认为一定要全面和确凿。除了考九卿贤否，凭召见应对；考科道贤否，凭三年京察；考司道贤否，凭督抚考语外，还可以"借奏折为考核人才之具"，如"人人建言，参互质证"，则"更为核实"。

无论是转移之道，还是培养之方，或者是考察之法，都反映了曾国藩整顿、选拔官吏的思想。如转移之道中，对无才者要"以痛惩模棱罢软之习"，对有才者要"以化其刚愎刻薄之偏"，实际上是对他们的不良习惯和缺陷要加以限制、约束和惩罚。培养之方中的"教诲",既含批评惩罚,又含教育引导;"甄别",实际上就是分别贤与不肖、功与过,并据此予以奖惩;"保举"和"超擢",可说是一种任人唯贤的用人制度。考察之法,反映了曾氏广开言路,从多种渠道去培育、考察官吏的主张。但也注意核实,以防借机攻击或吹捧。因此,不能由皇帝和主管官任意决断,还要有关大臣、官吏的评议。应该说这是当时较为全面公允的官吏选举、考察制度。

考察、评定官吏的标准是是否为民,而为民则主要表现在能否办好词讼和钱粮。曾氏指出,钱粮不可能不多收,但不能过于勒索;词讼不可能完全听断公允、曲直悉当,但不可过分拖拉牵连。他断言:"居官而不知爱民,即有位有名,也是罪孽。"而"勤"与"廉"是办好钱粮词讼和爱民的必要条件。曾氏认为,"欲讲廉字,须从俭字上下工夫","欲讲勤字,须从清理词讼下工夫"。他任职两江、直隶总督期间,严格要求办事人员,并制定条规,规定巡捕、门印、签押不许凌辱州县,不许收受银礼,不许荐引私人。"本部堂若犯其一,准备随员指摘谏争,立即更改。"由此可见,曾氏把廉洁奉公、不受贿谋私、不任人唯亲、不结党营私作为做官的准则。

对于谋私、害民之吏,曾氏予以坚决检举,严惩不贷。如江西巡抚陈启迈"荐引私人",曾氏立即予以"奏参",并要求皇帝加以惩罚;又如江西补用副将胡开泰,平时横行不法,又无故殴妻毙命,曾氏要求立即严惩,"按照军令,就地正法"。反映了他以法治吏的严肃态度。

曾国藩对于官吏有培养、教育,有监督、考察,有甄别、推荐,有"奏参"、惩办,可以说是一种比较完善的官吏选举方法。

曾国藩重视孔孟"仁""礼"对治军的重要作用。他认为,用恩莫如用仁,用威莫如用礼。他的"仁",就是"欲立立人,欲达达人";他的"礼",是无众寡、无大小、无敢慢,"泰而不骄"。他得出结论:如能坚持"仁""礼"二字治军,"虽蛮貊之邦行矣,何兵勇之不可治哉?"在这里,"仁"表现为爱兵,但并非一味溺爱,其目的是为了"立人""达人";而"礼"是一种限制、约束和规矩、准则,是对士兵的一种严格要求。

在用"仁""礼"教育约束士兵的同时,曾国藩又强调,治军之要,尤在论功罪,赏罚严明,以法严格约束。他说:"当此沓泄成风,委顿疲玩之余,非振之以猛,不足以挽回颓风。与其失之宽,不如失之严!法立然后知恩,威立然后知感!以菩萨心肠,行霹雳手段,此其时矣。"这里说的"以菩萨心肠,行霹雳手段",实际上就是以"仁""礼"加以教育诱导的同时,也当施之既猛又严的法制。

以法进行赏罚,根据律令行军打仗,是曾氏以法治军的重要内容。为了加强军纪,他对所辖的部队,规定了种种禁令。如"禁止洋烟",规定营中有吸食洋烟者,尽行责革;营外有烟馆卖烟者,尽行驱除。"禁止赌博",凡有打牌押宝等事,一概禁革。"禁止奸淫",规定和奸者,责革;强奸者,斩决。"禁止谣言",规定造谣谤上,离散军心者,严究!混乱是非,讲长说短,使同伴不睦者,严究。妖言邪说,蛊惑人心者,斩。"禁止结盟拜会",规定凡是"兵勇结盟拜会,鼓众挟制者,严究!结拜哥老会,传习邪教者,斩"。

以上禁令,是曾氏为严肃军规,加强军纪所采取的重要措施,展示了他以法治军的思想。

相关链接

保国安民,"礼""法"并重

曾国藩所处的晚清时代,适逢中国内忧外患,社会动荡不安,阶级矛盾、民族矛盾日益尖锐,清王朝的统治摇摇欲坠。要维护清朝封建统治的正常秩序,保国安民,制夷图强,就必须崇奉礼义,注重法制。曾国藩的法治思想中既保留了封建的正统法治思想,又有一些洋务派的主张。

曾国藩深受儒家学说的熏陶,认为治国以纲常礼义为先。因为纲常礼义是"性"与"命",即所谓"以身之所接言,则有君臣父子,即有仁、敬、孝、慈。其必以仁、敬、孝、慈为则者,性也;其所以纲维乎五伦者,命也。"无论是"三纲"还是"五伦",都是一种天性天命的礼,谁也不能违背。曾国藩强调,修身、齐家、治国、平天下,则"一秉于礼"。自内言之,舍礼无所谓道德;自外言之,舍礼无所谓政事。

礼之所以能治国治天下，曾国藩认为礼体现为仁与义，仁、义能使人"心纯"，"心纯"则贤才辅佐，贤才辅佐则"天下治"。"天下治"是由于仁、义能"化万民"。

同时指出，如以仁、义治天下，必然会出现"仁政"，并将"仁政"视为治理国家的规矩和准绳。

礼和仁、义的集中表现是纲常伦理。曾国藩认为，"三纲之道"是"地维所赖以立，天柱所赖以尊"的天经地义，君臣、父子、上下、尊卑，不可倒置。为了维护纲常伦理、实行仁政、修身齐家、泽民和物，首先是礼而不是法，即所谓"治国以礼为本，不当以赏罚为先"。

曾国藩虽主张"治国以礼为本"，强调肇源于中国传统文化的"以礼自治"和"以礼治人"，把礼看作统治权术不可须臾离开的法宝，但他又认为，要天下真正大治，也离不开法制。为此，极力赞赏周敦颐的法制观："圣人之法天，以政养民，肃之以刑。民之盛也，欲动情性，利害相攻，不止则贼灭无论焉。故得刑以治情伪微暧。"他甚至将唐虞以后的五刑称作"不易之典"。

曾国藩主张立法执法必须严肃认真，认为立法是必要的，立了法就一定要认真执行。他说，凡立一法，出一令，期在必行；若待而不行，而后更改，则不如不轻议法令为好。他强调执法必须从严，但并非漫无条律，而是要"以精微之意，行吾威厉之事，期于死者无怨，生者知警，而后寸心乃安"。为此，他提出了以下重要意见和措施：

第一，重视执法人员的品格才能。

有公允的执法者是实现"赏一人而天下劝，刑一人而天下惩"的良好的执法局面的前提。曾国藩认为，如果执法者"心不公明，则虽有良法百条，行之全失本意。心诚公明，则法所未备者，临时可增新法，以期便民"。曾氏

重视在执法中强调人的作用，认为法执行得如何，完全在于人是否熟悉法以及能否公允地运用法。他强调指出："任法不如任人。"只有"公明""便民"的执法者，才能认真执法，公平断案，使生不恨、死不怨，维护法律的严肃性。

第二，不得任意赦免和赎罚。

曾国藩以历史和现实的事例，论证说明了有法必行、不能任意赦免的道理。他举例说，诸葛亮治蜀，有人言其惜赦。亮就回答：治世以大德，不以小惠。西汉匡衡，东汉吴汉都不愿为赦。先帝刘备也言，他与陈元方、郑康成为友，每遇见，经常谈起如何治天下，但从来没有说起赦免之事。而若刘景升、季玉父子，每年下赦令，实无作用。所以，当时的蜀人称亮为贤相。曾国藩自己对赦免也很有感触。他曾这样说："国藩尝见家有不肖之子，其父曲宥其过，众子相率而日流于不肖。又见军士有失律者，主者鞭责不及数，又故轻贳之。厥后众士傲慢，常戏侮其管辖之官。故知小仁者，大仁之贼。多赦不可以治民，溺爱不可以治家，宽纵不可以治军。"曾国藩观点鲜明，意见明确，力主不能随意赦免，否则既治不好民，又治不好军，也治不好家。

与赦免相关的赎罚，曾国藩也主张严禁。他指出：关于词讼罚捐，过去愚民犯禁，有司念其无知，而思曲全。有地方刚好要用工，便定罚银若干，就赦而不议。

此与律意相违背。因此，他明确要求各地方官吏，"专札通饬各属，于词讼罚捐，概行停止。"

第三，反对冤狱累讼，严禁私自关押。

曾国藩十分痛恨冤狱累讼。他说，冤狱太多，民气难申。在其刑部任职期间，京控、上控等案件，奏结数十案，咨结数百案，但只有河南知府黄庆安和密云防御阿祥二案，是"原告得实，水落石出"。其他各案，大抵是原告反得虚诬之罪；而被告脱然无事，逍遥法外。冤狱的严重和普遍，必然导致反复拖拉，牵连无辜。百姓的冤枉、痛苦也就不可避免。正如曾国藩所说："一家久讼，十家破产；一人沉冤，百人含痛。往往有纤小之案，累不结，颠倒黑白，老死囹圄，令人闻之发指者。"为了防止冤狱累讼的发生，曾国藩严禁私自关押。他曾出榜晓示官吏和百姓，凡关押人犯、证人，本州县必须及时立牌晓示，包括姓名、日期、理由，使众人周知。如有私押者，"准该家属人等喊禀，以凭严究"。这是杜绝执法者以权谋私和乘机违法乱纪所采取的有力措施。

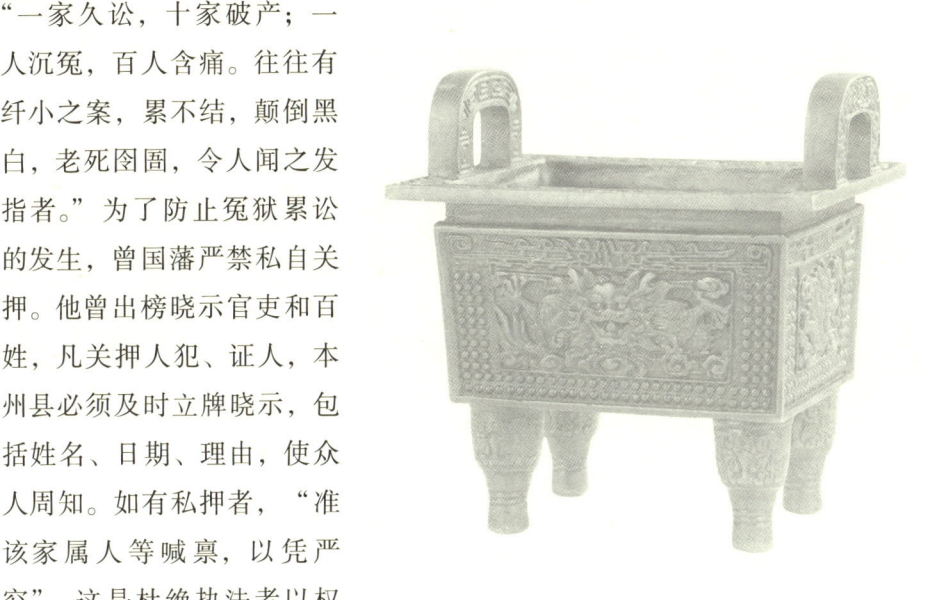

第四，要求州县长官躬亲狱讼，规定清讼期限。

对于符合条件的关押人犯，曾国藩认为必须依法从速处理。他在《直隶清讼事宜十条》中明确规定，全省大小衙门传达司法公文从速，不准拖拉；保定发审局应加以整顿；州县长官要亲自处理狱讼六事；禁止文书差役敲诈勒索；四种四柱册按月呈报、悬榜、讼案久悬不结者，核明注销；严办诬告讼棍；奖励公明便民的执法者；改变陈旧保守的风俗习惯等。由此可见，曾国藩关于清讼的思想中已注意到机构的整顿改革、管理的手续和制度、执法人员的奖励以及影响决狱断案的风俗习惯的改变等。

第十七章　外王

令人敬畏，全在自立自强

【原典】

逆夷据地求和，深堪发指。卧之侧，岂容他人鼾睡！时事如此，忧患方深。至于令人敬畏，全在自立自强，不在装模作样。临难有不屈挠之节，临财有不沾染之廉，此威信也。《周易》立家之道，尚以有孚之威归反诸身，况立威于外城，求孚于异族，而可不反诸己哉！斯二者似迂远而不切合事情，实则质直而消患于无形。

【译文】

外国人占领了我国地盘，却要求停战议和，这令人极为愤慨。古人云，卧榻之侧，岂能容忍他人自在鼾睡？最近国家不幸艰难到这种地步，令人非常忧虑担心。要想改变这种局面，被外国人敬畏臣服，国家就必须自立自强。装模作样、虚张声势于事无补。而面对危难有不屈不挠的顽强气节，面对财物有不贪不爱的清廉操守，是树立威信的根本。《周易》中议论一个家庭自立于社会，尚且需要家庭中的每个成员都具备令人信服的威望，更何况现在是我们国家要树立威望于外国，要求被他国人信服呢？怎么能够不从自己做起？这威望和信服两点，初听起来让人觉得迂阔遥远而不切合实际，其实却正是简单、明确，可以在无形中消除许多祸患。

> 解 读

自立为本，当为我用

曾国藩虽然在坚挺的外王精神主导下，厌恶夷蛮的气势，但他没有盲目地一概否定，而是看好了敌人的"船坚炮利"。下面这封催请两广督臣赶送洋炮的信件，足见一端：

关于合适炮位的品种，最难获得。这次承蒙皇上多次降下旨意，命令两广督臣叶名琛购置洋炮，供两湖水师使用。现已先后运送六百门到楚地，都是真正的洋装和精心挑选检验过能用的大炮。湘潭、岳州两次大胜，确实是靠洋炮的威力。只是原来奉旨购置的千余门，现在只运来六百门，还是不够分配。

而且江面难以迅速肃清，还需要增添水师，更需要有洋炮陆续补给，才能收到越战越精的效果。现在应当请求圣旨，催促两广督臣，将应该继续运送的几百门洋炮，赶紧分批运到楚地来，这对在江面上攻打剿杀匪徒，将会大有好处。

外王气象犹在，而使这种气象成为气候，便要踏踏实实地做实事。同治元年（1862年），在曾国藩亲自统领下，安庆内军械所着手制造中国的第一艘轮船。这时，他告诉幕僚们说：

中国要讲求自强，基本要务，第一是革新政治，第二是访求人才。而当下最为急迫的下手工作，就是学会西洋制造船炮的技术。一旦我们学会了船炮的制造，那么洋人的长处我们也有了。无论是与洋人和平相处或相互对敌，我们都可有所倚恃。否则，我们与洋人是没有道理可讲的。无论是仇视他们或感谢他们，终将落得一无是处。

曾国藩这一席话，是有见地的，只是他把洋人的长处，看作唯有"船坚炮利"而已，则未免仍是当时一般世俗的看法了。

同治元年（1862年）七月，在曾国藩大力支持之下，幕客华蘅芳、徐寿等造成一部轮船发动机。试验的结果，曾国藩大表满意。他的满怀兴奋，在日记里充分地流露出来："洋人的智巧奇技，到底被我们中国人学会了。从此以后，洋人再没有可向中国夸耀的东西了。"然而，事实并不像他意料的那么简单。从一部略具雏形的发动机到一艘可以行驶水上的完整轮船，中间还有一大段距离。后来，华蘅芳等虽然殚精竭虑，苦心经营，却迟迟无法拼凑成一艘完整可用的轮船。他才知道自己把事情看得太容易了。

正当造船工作屡试屡败，万般焦急的时候，华蘅芳等忽然想起了一个人——几年前在上海认识的广东人容闳。容闳是中国近代第一位留学生，毕业于美国耶鲁大学，不但精通英语，具有丰富的西洋学识，难得的是他具有一颗炽热的爱国心，亟思以其所学，为祖国效力。

于是华蘅芳等共向曾国藩进言，请求罗织容闳前来，认为由他主持设立机器厂，于造船制器工作的推行，必然大有帮助。曾国藩听了极为高兴，马上让最早与容闳相识的张世贵与李善兰，写信速邀容闳到安庆来。容闳来到安庆，和曾国藩见过两次面，曾国藩认为这位青年干练可靠，立即委派他赴美采购"制造机器的机器"，计划将来设立一座机器总厂，由此而衍生各种军火器械的制造分厂。曾国藩奏准赏给容闳五品军功头衔，并交付采购机器的价银六万八千两。足见曾国藩对容闳的信赖和期许之深。

容闳赴美之后，安庆的造船试验工作仍照常进行。到了同治二年（1863年）十二月，终于装配完成了中国造船史上第一艘火轮船。距离上年发动机的制成，已经整整地过了一年又五个月。这艘船的体积很小，船身仅长约二丈八尺（九米多），时速只有二十五六华里（时速六十浬，可能是逆水时速。按当时一艘轮船行驶速度，时速约为十五浬，最快的兵舰时速可达二十余浬）。

曾国藩亲自登船试船之后，再度燃起了希望的火花，认为从此中国可以拥有真正的自造火轮船了。他为这艘"模型式"的小轮船命名为"黄鹄"号意思是中国此后将"一飞冲天"，不必再蛰伏在列强的脚下了。

他计划照这艘船的式样，加以放大，并大规模制造，可是后来发现：要造成与洋船并驾齐驱的真正现代轮船，技术上仍有许多无法克服的困难。而中国当时实在没有足够的财力，供作反复试验的经费；在时间上也是远水救不了近火。因此后来安庆造船所并没有实施扩大制造的计划，连那艘已经造就的"黄鹄"号也不知所终。无疑，这次造船最后证明仍是失败了。

这一连串的失败，并没有使曾国藩力图振作的意志沮丧。相反，《挺经》的外王精神，使他更看清了中国自造轮船军火的重要性。唯有中国自身具有这种能力，才能摆脱外国的挟制，达到自立自强的境地。因此，他一方面期待容闳采购机器，早日回国，另一方面也在寻找其他的机会，获取生产轮船军火的能力。

　　同治四年（1865年），一个新的机会来了，李鸿章（江苏巡抚）在上海购得英人铁厂一座，其中设备以造船机器为主，附带也有制造各种军火枪炮的机器。对于学习西洋造船制器，李鸿章的热心，犹在老师曾国藩之上。得了这座铁厂之后，立即命名为"江南机器制造总局"，将原先已经设立的两所军火局归并入内，扩大制造的范围和规模。曾国藩得到报告，很是高兴，表示全力支持。不久，容闳自美国采购回国的机器一百多种，悉数运抵上海，曾国藩全数批交"江南机器制造总局"使用。虽然厂里有的是造船机器，但由于经费及技术的限制，起初只能从事枪炮军火的制造。结果成绩很好，产品质量与西洋的产品质量不相上下。受到这一鼓舞，曾国藩、李鸿章于是决心更进一步，兼造轮船。同治六年（1867年）四月，曾国藩拨给海关洋税一成，约二十万两白银，专供造船之用。一面加聘洋人工程师及工匠，指导华工制造技能，一面责成局内委员，朝夕讨论研究编译图书，谋求制造技术的改进。同治七年（1868年）七月，第一艘轮船完工，费银八万两，载重三百余吨，逆水时速七十华里（十九浬弱），顺水时速一百二十华里（三十一浬强）。这是中国人自己制造成功的第一艘真正近代火轮船。

　　曾国藩亲自登轮，在长江中试航一遭，感到非常满意，命名为"恬吉"

号。于是向清廷奏报造船及试航经过。清廷至为兴奋，降谕对曾国藩嘉奖备至。这一艘船是将轮机露出水面的明轮，从第二艘开始，便改造暗轮。轮机、汽炉、船身及船上一切配备，完全由中国员工按图制作，外国工匠仅处于咨询顾问的地位而已。这所造船厂直到民国时代，仍在为中国海军的修造及维护舰艇工作，担任着重要的任务。

相关链接

科技是强国之本，御敌之道

曾国藩培养的第一批科技人才，既是其科技思想实践的结果，同时又成为我国近代科学主义的发轫。

曾国藩的科技思想主要包括以下几个方面：

第一，就科技价值的认识而言，曾氏认为，科技就是战斗力，就是效率、就是实力，是强国之本，御敌之道，致富之途。

曾国藩在与太平军的作战中，亲自领教了"西洋落地开花炮"的厉害，并依赖"洋炮之力"取得湘潭、岳阳两次大捷。他亲眼目睹洋人军舰，迅如骏马，而自己的水师望尘莫及。由此曾氏对科技产生一种全新的认识并坚定地走上科技强军、科技御夷、科技强国的道路。从中国土法制造旧式船炮到采用新法试造近代化兵轮枪炮，从规模狭小的安庆军械所到大规模的江南机器制造总局，由内河水师到新式水师等在科技强国思想指导下的实践，充分表明了曾氏的决心和信心。

第二，在科技强国的路径上，主张独立自主，壮大自身的"造血"功能，而不是一味地"输血"。具体步骤是：先仿造后自造，先学后再赶超。

要主动学习洋人的长处，使之"渐失其所长"，在我则由落后变先进，由弱转强。而且，要特别重视在学习的同时注意独创，曾氏强调，不能一味模仿，须独立自造。实践不仅证明科技的强大力量，而且显示了中国人自己的才智，同时也证明了曾氏的远见卓识。

第三，要实现科技强国目标，完成由仿造到自造，由学到超的转变，关键在于输入学理和培养人才。

要制器，就要掌握制器之技，要掌握制器之技，就要熟悉技之理，而这些都需要学有专长的科技人才。在当时科技落后的情况下，输入学理与培养人才，是同等重要的事情。

输入学理，首先就必须突破文字不通的障碍，因此翻译就显得十分重要。曾氏认为："翻译之事，系制造之根本。洋人制器出于算学，其中奥妙，皆有图说可寻。特以彼此文义不通，故虽目前其器，究不明乎用器与制器之所以然。"1867年，曾氏在江南制造局设译馆和印书处，聘请徐寿、李善兰、华蘅芳、李凤包、赵元益、徐建寅等及外国人傅兰雅、伟烈亚力、玛高温、金楷理、林乐知等主持翻译。主要译述与工艺制造相关的自然科学（算学、测量、汽机化学、天文行船、工艺、零件）方面的书籍。如《几何原本》《代数学》《代微积拾级》等。自开馆至清末，共计译书约二百种，差不多占同时期译书总量的一半。在译馆内，集中了中外一流的科学家，通过他们的工作，既输入了科学原理，奠定了中国近代自然科学学科的基础，又开阔了中国人的科技视野，培养了一批科技精英以及大量的科技后备队伍。可以说，江南制造局翻译馆是中国近代科技人才成长和学科体系建立的摇篮，而曾氏则是这个摇篮的设计者、缔造者。

为缩短中西差距，赶超西人，就不能闭门造车。于是，为了解西方科技最新知识，培养学贯中西的科技人才，曾氏还积极倡议走出国门，派遣留学生。曾氏亲自经办的第一批留美活动，造就了我国最早的一批卓越的自然科学家。由于这是一次主动走向世界的实践，因此具有特别深远的意义，它不仅推动了我国传统教育的近代化，刺激了其他学习西方的形式和活动的勃兴，而且大大拓宽了国人的视野，为封闭保守的思想文化氛围注入一股清新的空气，为国家培养了科技人才，为近代科技发展，为国人科技思想的生根奠定了基础。

曾氏还接受容闳的建议，兴办兵工学校和机械学校，通过学校教育给中国青年工人讲授机械制造原理和提供实习机会，让他们渐自熟练使用、操作和修理机器，而不必事事仰仗外国工程师，为中国民族工业培养出最早一批熟练工人和工程技术人员。

第十八章　荷道

文章之道，贵在气象光明俊伟

【原典】

文章之道，以气象光明俊伟为最难而可贵。如久雨初晴，登高山而望旷野；如楼俯大江，独坐明窗净几之下，而可以远眺；如英雄侠士，裼裘而来，绝无龌龊猥鄙之态。此三者皆光明俊伟之象，文中有此气象者，大抵得于天授，不尽关乎学术。自孟子、韩子而外，惟贾生及陆敬舆、苏子瞻得此气象最多，阳明之文亦有光明俊伟之象，虽辞旨不甚渊雅，而其轩爽洞达，如与晓事人语，表里粲然，中边俱彻，固自可几及也。

【译文】

写作文章这一道，以气势宏伟、广阔、境界明朗光大最难达到，也最为可贵。如同多日淫雨的天空刚刚放晴，登临高山之上眺望平旷的原野，有心旷神怡，气象万千之感；再如登危楼俯临大江，独自一人坐明窗下、净几旁悠然远眺，可见水天交接、横无际涯的壮阔美景；又如豪侠英杰之士，身穿狐白裘衣，英姿雄发，飘然出尘而至，神志中没有丝毫卑下难堪的污浊之色。这三者都是光明俊伟的气象境界，文章中能有这种境界，基本上得益于天赋，与人后天努力学习没太大关系。除孟子、韩愈外，只有汉代贾谊、唐代陆贽、宋代苏轼，他们的文章达到这一境界的最多。明代王守仁的文章也有光英明朗、俊丽宏伟的气象，虽文辞意旨不很渊博雅洁，但他文章的形式内容浑然一气，通达明快，如同和知书识理的人谈论，表里都美，中心和铺映都相得益彰，确实不是可轻易达到的。

> 解读
> ## 学以致用，便是荷道

由于曾国藩亮出了救护名教的旗号，迎合了社会巨变时代的传统守旧心理，也由于曾国藩的礼贤下士，擅纳同类，因此，一大群和曾国藩的经历、志向、精神状态都颇为相近的文士们纷纷麇集其周围。这些文士为曾国藩攻击太平军、捻军出谋划策、摇旗呐喊，也和曾国藩一起诗酒酬酢、论文说道。

在曾国藩之后继承了他的衣钵的，是他的学生辈，特别是所谓曾门四弟子——张裕钊、吴汝纶、黎庶昌、薛福成。在学生中，曾国藩最看重的是张裕钊、吴汝纶的文章，认为他们能把自己的文事发扬光大。这一点曾国藩没有看错。张、吴二人于荣利较为淡漠，因此较早退出仕途。相比之下，黎庶昌、薛福成则较热衷于实际功业，他们甚至公开宣言文士不足为，只在偶然失意时才暂时记起曾国藩在他们早年时说的唯有文章才足以传世的遗训。因此，在文学的自觉性上，他们远不如张裕钊、吴汝纶。当然，从总体而言，曾门弟子毕竟在新形势下继承和发展了曾国藩的文论主张，使桐城文派的创作，再次掀起了一个小小的高潮。

曾国藩死于同治末年，此后的局势日趋严峻。两次鸦片战争失败，使深谙清政府无能的西方列强步步进逼，一场场在清政府掣肘之下可胜反败的战争，一个个辱国丧权的条约，一次次令人惊心动魄的割地狂潮，令昔日被瓜分宰割的梦魇变成了事实！日益深重的民族危机，呼唤着变法图强。曾门弟子怀着强烈的爱国心，将积敝积弱、危在旦夕的局势告诉世人，警戒世人。

黎庶昌为南明永历抗清殉节的大臣何腾蛟编年史所写的《何忠诚公编年纪略》书后，竟不避忌讳，坦言直叙：

王师入关后，放兵南下，触之者皆若焦熬投石已耳，独公坚不可撼。使史公督师江上时，即已能如公之守全州、守桂林，则扬必不失，扬不失，而金陵尚可有为，不或二公者易地以守，明之亡不亡，未可知也！晋画守淮，决于淝水一战；宋主和议，丰于顺昌、朱仙镇两捷，从古未有不战而能自立者。

……

这哪里是在谈历史，分明是在影射当局不思自强，而把全部希望押在议和之上，这样，文末的"废兴之际，虽曰天命，亦岂非人事措注（措置）有善不善哉"的感慨，实际是向清帝建议启用人才以图自强了。薛福成在出使法国，参观巴黎油画院时，见到院中陈列的描绘普法战争中法军遭炮击的惨状，便领悟到这是在"昭炯戒，激众愤，图报复"；吴汝纶在为友人所作的《矢津昌永〈世界地理〉序》中盛赞弱小国家和民族不甘屈服于列强侵略的精神："伟哉！飞列滨、特兰斯洼尔，弹丸地耳，不甘为人领，奋起以犯强大国之锋，虽势不敌，要尽国雄也"，都包含着激励国民自强、向列强报仇雪恨的深意。

曾门弟子有着灼热的爱国心，但他们不是狭隘简单的排外主义者，从林则徐直到曾国藩的"师夷之长技"的思想为他们所继承、发展，因此变法图强也就成了他们散文作品中的一个重要内容。薛福成《筹洋刍议》中的《变法》一篇，说古道今，横观中外，反复论证向西方学习先进的科学技术之必要，驳斥鼠目寸光的守旧派的迂执之风。他大声疾呼："夫欲胜人，必尽知其法而后能变，变而后能胜，非兀然端坐而可以胜人者也。今见他人之我先，狠曰不屑随人后，将跬步不能移矣。"

他深信放开眼界的中国人不仅可以而且必然会赶上或超过西方列强："以中国人之才智视西人，安在其不可以相胜也！"流露出强烈的民族自信心。张裕钊在送黎庶昌赴英任参赞时的《送黎莼斋使英吉利序》中亦反复申述"穷则变，变则通，而世运乃与为推移"的道理，语重心长地叮嘱黎庶昌不可"拘旧守故"，相反，应当善于观察，"得其要，得其情，而吾之所以应之者，乃知所设施"，明确地提出了学习西方以对付西方侵略的主张。至于吴汝纶为学生父亲所作的《弓斐安墓表》，从弓的善于建筑、耕殖，联想到西方人正以此富国强本，认为"今国家方议变法，变法莫急于治生"，赞扬弓于国家的贡献远非那些死读高头讲章、剽窃陈词滥调以博取个人功名者所可比拟。

蒋介石在黄埔军校任校长时，常以曾国藩的《爱民歌》训导学生。他说，曾国藩能无往不胜，是他的道德学问、精神信心胜过敌人。是曾国藩"文以荷道"的典型之作。

　　荷道的道理何在？要想真的读好书那就暂时不读书，走出你的小书屋，到实践的大课堂上去。文不对题，读空书、做死文的人大有人在。一旦走上这个轨道，书不但读不好，读不懂，而且把人也废了。

　　抱住书本不放，轻视实践的人，真是颠倒了书本和社会需要的关系。荷道的高明之处在于：彻底抛弃这种空对空的做法，提倡以实践为准，以实践求真。

　　这个道理，古往今来莫不如此！

　　历史告诉我们，真正在科学和历史上有大贡献的人，都是极重实践的，正是从实践中他们才写出了一部部的书。

　　在古代，书呆子并不算少。唐代的诗人李白，在漫游山东时，便碰到过一些。

　　为此，他写了一首描绘这种书呆子的讽刺诗，大意是这样：

山东的老头谈论起《五经》，
满头白发只知道死啃章句。
你若问他治国的策略、方法，
迷里迷糊就好像掉进雾里。
脚穿着孔丘游列国的鞋子，
头戴着方方正正的帽子。
慢慢吞吞地直着腿走路，
还没迈开步便扬起尘土。
像当年秦国的丞相李斯，
就看透这种人不通时世。
他们哪配和叔孙通相比，
也不配和我们一起并提……
国家的大事一窍不通，
还不如回到老家去种地。

　　这样的人不是越读越蠢吗？

　　读书读到头发都白了，还是只知道摇头晃脑地咬文嚼字。你若问他读书

是为了什么，他感到这是个怪问题；你若直截了当地叫他谈谈治国的理想和办法，他就会来一套"子曰……圣人有云……"总之，越说越糊涂，越说越叫人摸不着头脑：因为连他自己也如同掉进了云雾里，昏头昏脑，晕头转向。

学以致用，便是荷道，便是为国为民作贡献。

相关链接

行气为文章第一要义

曾国藩为文，主张思路宏开，意义宽广，济世载道，他最不愿意看的，便是无病呻吟的文章。

对于文章的志趣，曾国藩很明显地说：余近年颇识古人文章门径，而在军鲜暇，未尝偶作，一吐胸中之气尔！若能解汉书之训话，参以庄子之诙诡，则余愿偿矣。至行气为文章第一义：卿云之跌宕，昌黎之倔强，可为行气不易之法。宜先于韩公倔强处，揣摩一番。

曾国藩所以崇拜韩昌黎，是因为韩昌黎的文章最为雄奇，而雄奇的文章，是曾国藩所最推许的。

曾国藩的文章理论，偏重于雄奇一途，所以他的文章，也在雄奇的一方面见长，他的比较著名的文章如《原才》和《湘乡昭忠祠记》等，气势之壮，句之不俗，使人觉得大有韩昌黎文章之气。

有人把曾国藩、胡林翼、左宗棠列为晚清奏牍"三大家"。值得注意的是，三人都互相砥砺，以学问作为肩负社会责任的依托。

曾国藩治学，于诗古文辞，极有研究，其文气魄亦大，远胜其诗，因为他究竟不是诗人，所以在这方面说不到什么成就，文就不同了。

学诗学文，先要掌握各家的风格特色。曾国藩把古文标举为气势、识度、情韵、趣味四属，而在《十八家诗钞》中，前三属相同，唯将"趣味"改为"工律"。这四属便是对各篇诗文的不同特色的分辨。

曾国藩还纵论千古诗文，占八句，以概括各家的风格特色。句云：《诗》

之节,《书》之括,《孟》之烈,韩(愈)之越,马(司马迁)之咽,庄之跌,陶(渊明)之洁,杜(甫)之拙。

领会各家的基本风格,是学诗学文的一条捷径,但各家风格是复杂多变的,曾国藩对一些诗家和古文家的风格评述,只是说到了他们的一个方面,不可一概论定。正如鲁迅所说"悠然见南山"的陶渊明,也有"金刚怒目"的时候。

读古文古诗,唯当先认其貌,后观其神,久之自能分别蹊径。君子贵于自知,不必随众口附和也。

"认其魂""观其神",是学文、学诗、学字的不二法门。如果连其貌也不认识,那是尚未步入殿堂的大门;但如果认为辨认其貌,便已"到手"了,那是太浅陋的结果。学文、学诗、学字,不贵形似,而贵神似。故曾国藩拟于诗的四属之外,"别增一种'机神'之属"。

诗文如无机无神,则难登高雅之堂,甚至会走向俗不可耐一路。《文心雕龙》要求诗文做到"神与物游""神用象通",曾国藩认为"机到神到"方为"极诗之能事",二者相继相承,都是说诗文的最吃紧处;只有如此,诗文方可"人巧极而天工错,径路绝而风云通"。王若虚《滹南诗话》云:"古之诗人,虽趣尚不同,体制不一,要皆出于自得。"诗若是到了"机到神到"的佳境,自然早不是貌似于人,而是心即自得了。

读诗、学诗,曾国藩强调传统的朗诵与吟咏的方法。诗以声调作为自己的基本特征。诗与散文的楚河汉界,就在"声调"二字上,何况好的散文还讲究朗朗上口的声调呢? 不讲究声调的诗,没有多大的生命力,这已是为诗史所证明了的。所以,学诗要"高声朗读"。

优秀的诗文,不是你什么时候想作就能作出来的,古人李观说:"文贵天成,不可高强。"作诗作文确有那一点玄奥,想作的时候,搜肠刮肚,也无济于事,不想作的时候,灵光一闪,笔下泉涌,世界上很多优秀的作家都有这种体验。

那么什么时候适合作文呢? 曾国藩说,大凡作文赋诗,应在真挚的感情达到了极点,不吐不快的时候,如果你有了这种不吐不快的压力了,那就表示已到了可以作文赋诗的时候了。在真情实感激荡生发的时候,一定要审视一下心中的理念和思想是否具备以及在何种程度上具备。如果能像随手取摘身边的物品一样方便，顷刻出来，脱口而出，那就可以作文赋诗了，不然的话，如果还须临时去搜寻思想和意义，那还不如不作，勉勉强强，必然会以巧言伪情媚惑于人。

所以说，没有感情、积累不深厚的人，是写不出好文章的。这并不是因为他不具备写作的知识和才具，而是因为他不具备写作的内在欲望、要求和驱动力。

如果说思想是文章的心脏，那么真情就是文章的血液，正是因为如此，作文赋诗就不能不饱含真情。

曾国藩还认为，文章的气势与遣词、造句密切相关。雄奇以行文的气势为上，造句次上，选字又次之。然而字不古雅则句必不古雅，句不古雅则气势也不会古雅。同时，字不雄奇则句子也不会雄奇，句不雄奇则气势也不会雄奇。文章的雄奇之妙，从内看全在于行文的气势，从外看全在于选词造句的精当。用心在精处，着笔在粗处，这大概是曾国藩古文作法的中心之点。

曾国藩根据自己的读书心得，强调选字造句须做到"珠圆玉润"。所谓珠圆玉润，就是要求遣词造句既雅且洁。所以，他告诫儿子说："作文章"，应该先讲究辞藻，如果想使辞藻丰富华丽，不能不分类抄记妙语佳词。

第二编　冰鉴

　　《冰鉴》取以冰为镜,能察秋毫之义,是曾国藩所著的一部识人鉴人的专著。在《冰鉴》中,曾国藩摒弃传统相术之习俗,从整体出发,采用由外而内、动静结合的方法,就相论人,就神取人,从静态中把握人的本质,从动态中观察人的归宿,全面阐述了自己在识人、用人方面的心得,极具实用价值。尽管时过境迁,但其中仍不乏精华,很多方面仍然值得现代人借鉴。

第一章　神骨鉴

精神具乎两目，骨相具乎面部

【原典】

语云："脱谷为糠，其髓斯存"，神之谓也。"山骞不崩，惟石为镇"，骨之谓也。一身精神，具乎两目；一身骨相，具乎面部。他家兼论形骸，文人先观神骨。开门见山，此为第一。

【译文】

古言道：把稻谷的外壳脱去，而稻谷的精华即米却仍然存在，其本质并未改变。这个精华，犹如人的神，即人内在的精神品性。不论人的外表如何变化，其内在的精神气质是不会改变的。古言又道：高山上的泥土经常脱落流失，而山却不倒塌，是因为山有坚硬的岩石在支撑着它。这里支撑山的岩石就相当于支撑人的形体的骨骼。一个人的精神状态，都集中表现在两只眼睛上；一个人的骨骼丰俊与否，都集中在他的面部。别家相术相一般人之"面"时，已经能够兼论人之"形骸骨体"，而文人观"文人之相"必须先观察他的"神骨"。所以本书采用"开门见山"的方法，把"神骨"问题作为第一篇。

解读

识人观人，神骨为先

神骨为《冰鉴》之开篇，总领全书，当为全书总纲。同时也标明曾国藩本人品鉴人物以神为主，形神并重。

首先，这里的"神"并非日常所言的"精神"一词，它有比"精神"内涵广阔得多的内容，它是由人的意志、学识、个性、修养、气质、体能、才干、地位、社会阅历等多种因素构成的综合物，是人的内在精神状态。俗话说，人逢喜事精神爽，而这里所论的"神"，不会因人一时的喜怒哀乐而发生大的变化，貌有美丑，肤色有黑白，但这些都不会影响"神"的外观，换句话说，"神"有一种穿透力，能越过相貌的干扰而表现出来。比如人们常说"某某有艺术家的气质"，这种气质，不会因他的发型、衣着等外貌的改变而完全消失。气质，是"神"的构成之一。从这里也可看出，"神"与日常所言的"精神"并不一样。

"神"并不能脱离具体的物质而存在，它肯定有所依附，这就是说"神"为"形"之表，"形"为"神"之依，"神"是蕴含在"形"之中的。"形"是"神"存在的基础，与"神"的外在表现紧密相关，如果"神"是光，"形"就是太阳和月亮，日月之光放射出来普照万物，但光又是深藏在日月之中的。这就说明："神"藏于"形"之中，放射出来能为人所见，如光一样；"形"是"神"的藏身之处，但又与"神"有着千丝万缕、分割不开的物我关系，"神"必须通过"形"来表现。这种

复杂的关系，说明日常观人时，既要由"神"观"形"，又要由"形"观"神"，二者相辅相依，不能割裂开来看。

神之有余者，眼光清莹，顾盼不斜，眉秀而长，精神耸动，容色澄澈，举止汪洋。俨然远视，若秋日之照而步深山；处众迢遥，似丹凤而翔雪路。其坐也，如磐石不动；其卧也，如栖鸦不摇；其行也，洋洋然如平水之流；其立也，昂昂然如孤峰之耸。言不妄发，性不妄躁，喜怒不动其心，荣辱不动其操。万态纷错于前，而心常一则；可谓神有余也。神有余者，处世严谨公正清廉，故皆为上贵之人，凶灾难入其身，天禄永其终矣。

神不足者，似醉非醉，常如病酒；不愁似愁，常忧如戚；不睡似睡，才睡便觉；不哭似哭，忽如惊悸。不嗔似嗔，不喜似喜，不惊似惊，不痴似痴，不畏似畏。容止昏乱，色浊似染，癫痫神色，凄怆，常如大失，恍惚张皇，常如恐怖。言论瑟缩，似羞隐藏。体见抵拒，如遭凌辱。色初鲜而后暗，语初快而后讷。此皆谓之神不足也。神不足者，多心胸狭隘，私心重重，故多招牢狱枉厄，官职失位矣。

形之有余者，头顶圆厚，腰背丰隆，额阔四方，唇红齿白，耳圆成轮，鼻直如胆，眼分黑白，眉秀疏长，肩膊脐厚，胸前平广，腹圆垂下，行坐端正，五岳朝归，三停相称，肉腻骨细，手长足方。望之巍巍然而来，视之怡怡然而去，此皆谓之形有余也。形有余者，心宽体健，豁达大方，故令人长寿无病，富贵之形矣。形不足者，皆头顶尖薄，肩膊狭斜，腰肋疏细，肘节短促，掌薄指疏，唇寒额挞，鼻仰耳反，腰低胸陷。一眉曲，一眉直；一眼仰，一眼低；一睛大，一睛小；一颧高，一颧低；一手有纹，一手无纹；睡中眼开；男作女声；齿黄口露；鼻准尖薄秃顶无丝发；眼深不见睛；行状欹侧，颜色痿痣；头小而身大，上短而下长，此之谓形不足也。形不足者，阴郁压抑，先天不足，故多病而短命，福薄而贱也。

《冰鉴》中所言的"骨"，并不是现代人体解剖学意义上的骨骼，而是专指与"神"相配，能够传"神"的那些头面上数量不多的几块骨头。"骨"与"神"的关系也可以从"形"与"神"的关系上来理解，但"骨"与"神"之间，带有让人难以捉摸、难以领会的色彩，一般读者往往难以把握，只有在实践中自己去多加体会。对此古代医书中记述道：骨节像金石，欲峻不欲横，欲圆不欲粗。瘦者不欲露骨，肥者不欲露肉，骨与肉相称，气与血相应。骨寒而缩者，不贫则夭。日角之左，月角之右，有骨直起，为金城骨，志向高远。印堂有骨，上至天庭，名天柱骨，从天庭贯顶，名伏犀骨，毅力顽强。面上有骨卓起，名颧骨，主威严。颧骨相连入耳，名玉梁骨，主寿考。自臂至肘为龙骨，欲长与大；自肘至腕名虎骨，欲短而且细。骨欲峻而舒，圆而坚，直而应节，紧而不粗，皆坚实炎相也。颧骨入鬓，名驿马骨，左目上曰日角骨，右目上曰月角骨，骨齐耳为将军骨，硗曰圆谓龙角骨，两沟外曰巨鳌骨，额中正两边为龙骨。骨不耸兮且不露，又要圆清兼秀气。骨为阳肉为阴，阴不多兮阳不附。若得阴阳骨肉均，少年不贵终身富。骨耸者夭，骨露无，立骨软弱者寿而不乐，骨横者凶，骨轻者贫贱，骨露者愚俗，骨寒者穷薄，骨圆者有福，骨孤者无亲。又云：木骨瘦而表黑色，两头粗大，主多穷厄；水骨两头尖，富不可言；火骨两头粗，无德贱如奴；土骨大而皮粗厚，定主多福；金骨坚硬，有寿无乐。或有旋生头角骨者，则享晚年福禄，或旋生颐额者，则晚年致富也。

诗曰：

贵人骨节细圆长，骨上无筋肉又香。

君骨与臣应相辅，不愁无位食天仓。

骨粗岂得丰衣食，禄位定无且莫求。

龙骨不需相克陷，筋缠骨上贱堪忧。

为比较形象地说明"神"和"骨"，曾国藩用了两个比喻，以便读者能充分地理解"神"和"骨"的奥妙。

稻谷的精华是米，米蕴藏在壳内，碾壳成糠，皮去掉了，精华犹在，也才有用。米未随糠去，因而"神"也不会因"形"（相貌等）有什么变化而消失。"神"与"形"，犹如"米"与"糠"，所以说"脱谷为糠，其髓斯存"。

"骨"外面有皮有肉，如高山之上有土有沙。骨骼是人体框架的根本支柱。骨之于人体，犹山石之于泥土。泥土脱落流失，但山石岿然屹立，仍足以见其雄壮；人体相貌即使有什么损伤缺陷，但骨之丰俊神韵不会变化，仍足以判断人的显达。所以说"山骞不崩，惟石为镇"。

人们常用"双目炯炯有神"来描述一个人的精力旺盛、机敏干练。从这儿就会发现"目"与"神"之间千丝万缕的联系。按中医理论，眼睛与肝和肾是相通相连的，一个人肝有病变，从眼睛就可以看到一些征兆。如果一个人双目有神、精光暴露，熠熠生辉，表明肾气旺盛，身体状况良好，是健康的标志；反之，则表明精神状态不佳，缺乏活力，难以集中精神工作。眼睛被称为"心灵的窗户"，与人的感情、内心活动等都有联系。血气运行为精，因此透过眼睛可以准确把握人的精神世界。人的喜、怒、哀、乐、爱、恶、欲、痛等各种感受、欲望，都会从眼睛中流露出来。甚至人的智愚忠奸、贤与不肖、明与浊，都能通过眼睛看出一点名堂来。

因此，眼睛是观察一个人各种能力品质的关键点。"一身精神，具乎两目"，就是《冰鉴》对上述思想的一种纲领性的总结。

《冰鉴》进一步总结道："一身骨相，具乎面部。"因为人的体能相貌，是由骨、肉内外联结而成的，骨与骨的联络，肉与肉的板结，骨与肉的内外包合，统一构成了人的外在形貌。

由于骨起着框架和支撑作用，因而"骨"相的优劣，成为人的体貌美丑的首要因素。大脑是人的中枢神经，是人的指挥系统，头部骨骼的优劣，又成为整体骨骼优劣的"首长"。

相关链接

文人先观神骨

曾国藩对读书人极度推崇，特意将"文人"与其他人员，如工、农、兵、商区别开来，明确提出"他家兼论形骸，文人先观神骨"。

文化人，这里指儒士，有丰富的内心世界，勤学习、爱思考，比他人智邃、细腻、敏锐，也更复杂、神秘、诡奇，这样就有寒酸、邋遢、文弱等多种变化不定的复杂表象，思想行为上也深受儒、道、佛等多种文化的深刻影响。对于他们，"神"就显得特别重要。

至于文化人的"骨"与常人有多大的区别，是一个可意会而不可言传的概念，因此，"骨"与"神"相比，就有高深莫测的神秘感。"骨"的神俊丰逸与"神"有分割不开的关系。古代文化人轻视体力劳动、远离体力劳动，锻炼的机会不多，与其他人相比，文人的"骨"可能多多少少与常人有一些区别。

曾国藩曾在其日记中说，人的气质，是先天生成的，本身难以改变，只有读书才可以改变一个人的气质。古时那些精通相术的人说，读书可以改变一个人的骨相。

读书是否可以改变一个人的骨相？至今还没有人证明，但有一点是可以肯定的：读书可以改变一个人的命运。

有人自卑，因读书而自信；有人浮躁，因读书而宁静；有人轻佻，因读书而深沉。刘向就说："书犹药也，善读之，可医愚也。"说的就是有人愚鲁，可因读书而明达。

曾国藩说过一句极为精辟的话："书味深者，面自粹润。"意思是说，读书体味得深的人，面容自然纯粹、滋润。这句话不是一般的人能体会到的，必须观察很多人，理解很多事，尤其是对事与事之间的关系有种透彻的领悟力，才说得出来。

读书体味得深的人，一定是心志高度集中的人。他的心地单纯、洁净，一切人世间的杂事、琐事和烦心事都被他抛在九霄云外。唯一吸引他注意力的是书中所体现出来的那种境界，这境界构成了对外物的排拒力，于是他才能够守候着自己的内心世界，修炼、陶冶，由于他构筑了自己的"精神家园"，因此出现在人们面前时，安静而且祥和。

由于心志高度集中，读书人的精神和肉体得到不断的积聚，精气没有一丝一毫的涣散，一天比一天充实、丰沛和完善，久而久之，在他心中便养成了一股浩然之气，这浩然之气又作用于他的身体，使他的生活有理、有序。所以，读书体味深的人，一定是身体健康的人。

读书体味得深的人，一定是淡于功名的人。要使一个读书人淡于功名，不是件容易的事情。有多少人是为了读书而读书呢？人们读书大多有一个世俗的目的，甘于读书的人实在太少了。人一旦有了功名心，就难以超脱，总是有这种或那种烦恼与忧愁。而这种情绪对一个身体的损害比人们想象的还要大，他又如何能"面自粹润"呢？

曾国藩还说："我并不希望我家世世都得富贵，但希望代代都有秀才。所谓秀才，就是读书的种子、世家的招牌、礼义的旗帜。"由此也可得知，对于读书人，曾国藩首先看重的是学问。有了学问的成功，才会有事业及道德修养的成功。

欲辨邪正，先观动静

【原典】

文人论神，有清浊之辨。清浊易辨，邪正难辨。欲辨邪正，先观动静。静若含珠，动若木发；静若无人，动若赴的，此为澄清到底。静若萤光，动若流水，尖巧而喜淫；静若半睡，动若鹿骇，别才而深思。一为败器，一为隐流，均之托迹于清，不可不辨。

【译文】

文人在研究、观察人的"神"时，一般都把神分为清明和愚浊两种类型。"神"的清纯与昏浊是比较容易区别的，但奸邪与忠直则不容易分辨。要想区别奸邪与忠直，得先观察其行动和安静时的表现。安静时，如珠玉般晶莹透彻，含而不露；行动时，安详沉稳，又敏锐犀利，宛如春木抽出的新芽，有节有序，生机勃勃。安静时，湛然清明，不为外物所扰，旁若无人；行动时，敏捷锐利，如射击者瞄准靶子，一发中的。以上这两种情态，澄明清澈，清明至极，属纯正的神情。安静时，像萤火虫一样闪烁不定，行动时，像流水一样游移不定，这两种神情一则善于掩饰，一则奸诈在内心萌动。安静时，似睡非睡，似醉非醉，是一种深谋远虑的神情；行动时，像鹿一样惊恐不定，这两种一则是指有智有能而不循正道之人，一则是指深谋图巧又怕被人窥见的神情。具有前两种神情者是有瑕疵之辈，具有后两种神情者是含而不发之徒。都属于"邪"，但都混杂在清明的神情内，是观神时所必需辨别清楚的。

解读

欲察德操，则观动静

曾国藩身处大清王朝摇摇欲坠、即将土崩瓦解的前期，当时太平天国的革命势力极大地威胁着大清的统治。曾国藩作为清朝的一名忠臣耿将，力挽狂澜于既倒，成了大清的一根柱石。

而清朝本来对汉人为官是持怀疑态度的，但曾国藩却官居三品，授太子太保，穿黄马褂，成为清朝一代最为辉煌的一名汉人。他在发现人才，提拔人才时，非常重视人才的品德，希望重用德才兼备的人。

重视品德，也是中国古代用人的一大传统，不论《论语》，还是《人物志》，都把德放在十分重要的地位。曾国藩作为一名"内圣外王"的杰出人才，自然也不会放弃传统。

水有清浊之分，人有智愚贤不肖之别。古人就用"清"与"浊"来区分人的智愚贤不肖，《冰鉴》自然也会很重视"清浊"。中国古代哲学观有天人合一，人与自然同一的思想，相学的"清浊"就相当于从"人合于自然"的角度来评判人的行为举止，区分人的智愚贤不肖，测知人的骞达命运。

清，如水的清澈明澄，用在人身上，就是清纯、清朗、澄明、无杂质的状态，与人的端庄、豁达、开明风度相配，常与"秀"连之，称为"清秀"。

浊，如水的浊重昏暗，用在人身上就是昏沉、糊涂、驳杂不纯的状态，与粗鲁、愚笨、庸俗、猥琐、鄙陋相配，常与"昏"连用，称为"昏浊"。

从这儿可以看出，清与浊是相对应的一组概念，说明人是聪明还是愚笨，智慧还是鲁钝，在评判人的命运时，清者贵，浊者贱。

邪，指奸邪；正，指忠直。一个时代有一个时代的道德标准，因而邪正观念有明显的时代特征。古之奸邪，在今天也许是正确的，古之忠直，在今天可能是迂腐的。换言之，就是忠臣良士与奸贼佞臣之分。

另有介于正邪之间的一类人，这类人应在具体的环境下去区分他（她）是奸邪还是正直，不能一概而论。

从上可知，由于"正"和"邪"都蕴藏在"清"之中，并都以"清"的面目出现，要准确地分辨它们，就是一个比较困难，富于技巧的问题。既然"邪""正"难辨，因而《冰鉴》说：均托迹于清，不可不辨。

动与静不仅是一组重要的哲学概念，在古代哲学中的使用频率也很高。在哲学中，动与静是互相对立的动态术语，是在事物的变化中去观察、分析、解决问题的带有辩证色彩的方法。动与静的结合，是中国古代哲学方法论的一个显著特点，具有一定的辩证思想和科学性。这是传统神秘文化中其他学科所没有的一个特点。静态判断，必然会有失偏颇，走到形而上学的孤立静止立场，不利于全面正确地观察事物。动静结合，则能提高评判的正确性。

曾国藩善于识人、用贤的一些根据性判断，往往是静态判断，如"六府高强，一生富足"；一些具体性判断，往往是动态判断，如"气浊神枯，必是贫穷之汉"；而如"两目无神，纵鼻梁高而命亦促"，则是二者的结合。

人的行为举止，情态姿容，亦有动与静之别，上述两种判断，有时就是对比做出的。

"动"与"静"是事物运动变化的状态。事物的真相和本质，最易于在运动中流露、呈现出来，特别是在一些重要关头，最能见人真心。"静"虽然是稳定状态，但这种稳定是相对的，它处于其先其后的两"动"之中，在由"动"到"静"再由"静"到"动"的变化中，它仍呈动态。所以通过"动"能够看到事物的真相和本质，通过"静"也能够看到事物的真相和本质。

相关链接

识人用人，德操为上

曾国藩用道德的标准要求自己，也用品德操守的标准来选拔人才。

他的《笔记》中有一篇题为《才德》的文章，曾经谈到了这一点。文章说："司马温公说：'才德俱全，叫做圣人；才德全无，叫做愚人。德超过才，叫做君子，才超过德，叫做小人。'我说德和才不可偏重，'才'好比是水，在'德'的润泽之下，'才'能作载货运物、灌溉田地之用。'才'好比是木，在德的作用下将曲取直，'才'能作舟船、栋梁之用。'德'若是水的源泉，'才'就能使水起波澜。'德'若是木的根，'才'就能使木枝叶繁茂。只有高尚品德而没有才干相配，那几乎是愚人；只有才干而没有高尚的品德来支配，那几乎是小人。世人多数都不愿意以愚人自居，所以都自认为自己是有才干的人；世人多数都不想与小人交朋友，所以看人常常好选有高尚品德的人。比较起来，二者如不能兼有，与其无德而近于小人，还不如宁愿无才而近于愚人。"

识人用人要坚持德才兼备。那么在德与才之间，按照大家熟知的说法，就是统帅与被统帅的关系，两者都很重要，但德尤为重要。司马光认为，取士之道，当以德为先，其次经术，其次政中，其次艺能。在他看来，选用人才的原则，应当把德行的考核放在首位，然后是经术，然后是政事，再就是艺能。这反映了司马光选用人才的思想,把德行放在第一位。

　　唐代杜佑也认为,若以德行为先,才艺为末,必敦德励行,以伫甲科,岂舒俊才,没而不齿,陈寔长者,拔而用之,则多上雷奔,四方风动。这就是说,如果以品质节操为首要,以才能技巧为其次,选用人才,必定会使人们加强修养,勤奋学习,以立于科举最优之列,怎么会使俊杰之才迟迟不能发挥作用、受到埋没而不被录用呢?通过排列比较这些人才,选取拔尖的人加以任用,一定会使许多人才受到震动而被吸引,从四面八方来响应。这里主要是强调以德行为科举取人之本,认为取人才艺为次之。

　　识人观人以德为先,次之才学。就是要防止重才而轻德的现象出现。有才而缺德,这样的人只能是奸才、歪才、邪才、刁才。当然,只有德而没有才也不是我们所需要的人才。缺才之德的人,是忠厚、老实人,是辛苦人、正派人,但才气没有了,这样的人不是我们所需要的人才。

　　按照人才学的基本原理,在处理和看待德与才的关系时,任何机械的、僵化的观点和行为都是十分有害的,必须运用科学的、辩证的观点和方法,对德与才的关系,做出实事求是的新的阐释。

　　识人观人选之有三,一曰德,二曰量,三曰才。所谓德者,刚健无私,

忠贞自守，非庸庸碌碌，无毁无誉而已。所谓量者，能受善言，能容贤才，非包藏隐忍、持禄保位而已。所谓才者，奋发有为，应变无穷，非小慧辩捷，圆熟案牍而已。备此三者，然合胜股肱之任。也就是说，在通常的情况下，我们强调德应重于才，但在这前提下，又要注重量与才的问题。坚持德、量、才三者的统一。

要评估人，无非德才两者。德的内涵包括个人品质、伦理道德、政治品德；才指才智、才干、才华等。人才有两种类型，一种是学问型，另一种是事业型。而人才的形成是靠知识和经验的积累。因此，德才兼备的人的成长需要不断地学习和实践。

要发现人才，主要是根据其德才的表现。但要认识人则需要时间的考验。如人的政治品质，平时难看出什么问题，在非常时期则好坏分明，古代的忠臣义士大都是在危难时刻涌现的。所以，有人将之总结成一句格言：疾风知劲草，板荡识诚臣。才能也需要考验，有些人能说会道，在实干时却很窝囊；有些人平时默默无闻，但在实践中却才能毕现。

用人以德才兼备最好，但在大量需要人才的时候，只能以掌握现有的人才资料，按其德才而任用。古代英明之主驾驭人才，是待之以诚，纠之以法，赏功罚罪，使之向上，不敢为非，这是爱护、培养、发展人才的根本之法，至今仍很值得借鉴。

识人须以德才兼备为标准，就是说，要知其人，必须考察其德才，而以德为其灵魂，重在其实践。

骨有九起，观以识人

【原典】

骨有九起：天庭骨隆起，枕骨强起，顶骨平起，佐串骨角起，太阳骨线起，眉骨伏犀起，鼻骨芽起，颧骨若不得而起，项骨平伏起。在头，以天庭骨、枕骨、太阳骨为主；在面，以眉骨、颧骨为主。五者备，柱石之器也；一、则不穷；二、则不贱；三、则动履稍胜；四、则贵矣。

【译文】

九贵骨各有各的形态：天庭骨丰隆饱满；枕骨充实显露；顶骨平正而突兀；佐串骨像角一样斜斜而上，直入发际；太阳骨直线上升；眉骨骨棱显而不露，隐隐约约像犀角平伏在那里；鼻骨状如芦笋竹芽，挺拔而起；颧骨有力有势，又不陷不露；项骨平伏厚实，又约显约露。看头部的骨相，主要看天庭、枕骨、太阳骨这三处关键部位；看面部的骨相，则主要看眉骨、颧骨这两处关键部位。如果以上五种骨相完美无缺，此人一定是国家的栋梁之才；如果只具备其中的一种，此人便终生不会贫穷；如果能具备其中的两种，此人便终生不会卑贱；如果能具备其中的三种，此人只要有所作为，就会发达起来；如果能具备其中的四种，此人一定会显贵。

解读

天生骨相，不足为论

相学历来重视骨相，特别是头部的异骨，书云："头无异骨，难成贵相。"曾国藩也认为："一身骨相，具乎面部。"

《史记·高祖本纪第八》中记载：高祖这个人，高鼻子，长颈项，面貌有龙相，须髯特美，左大腿上有七十二颗黑痣。为人仁厚，喜欢施与，意志豁达，胸襟开阔，常表现出宽宏大度，不肯从事家人生产农作各业。到了壮年，试作官吏，做泗水亭长。高祖为亭长，对其公所中吏人，无不加以轻侮。高祖好酒好女色，常常向王媪、武负二人的酒馆赊酒。有时，高祖喝醉，卧不能起。王媪、武负常看见高祖身体上面有龙出现，甚以为怪异。高祖每次来买酒，便留在酒馆中畅饮，二人按酒价数倍计价。等二人见高祖醉卧而有龙出现的怪事以后，到年底算账的时候，这两家酒馆经常撕了账单，不向高祖索债。

高祖常出差到秦都咸阳，当时恣意游观名胜，看到了秦始皇的威仪盛势，他感慨长叹说："啊！大丈夫应当像这个样子！"

单父县人吕公与沛县令相友善。吕公为了避仇人，迁到沛县来，随沛县令为客，因而在沛县落户。沛县中豪杰吏人，听说沛令有贵客来，都前往道贺，当时萧何为主吏，他向贵宾们说："凡是致赠礼金，不满一千钱的，就请他坐在堂下。"

高祖当时做亭长，平日轻视沛县衙中吏人。于是他假写了一张礼帖，上写：贺钱一万。实际他连一钱都没有带去。这个礼帖送到吕公手上，吕公看了大惊，自己起身，迎接高祖于门前。吕公好给人相面，看见高祖的形貌特殊，因而特别敬重，引高祖入座。萧何向吕公说："刘季这个人，常说大话很多，能做成的事很少。"高祖因吕公对他的敬重，便轻侮诸客，高坐上座，毫不谦让。

吕公因高祖形貌之奇，乃在席间以目示意，坚留高祖不要退席。于是高祖便留下来，在客人都散去之后，吕公对高祖说："我从年少的时候，就好给人相面。我相过的人太多了，但是没有一位像刘季你的相貌这样高贵的。刘季，我希望你能多多自爱！"吕公稍停说："我有一个女儿，愿意作你执箕帚的妻子。"

酒席宴罢，吕媪对吕公决定以女儿嫁高祖的事，非常生气。吕媪怒向吕公说："你平素总是说：这个女儿是奇特不寻常的，应该嫁与贵人。沛县令和你相交极好，求我们女儿，你不肯。为什么自己胡乱地就把女儿许给刘季了？"吕公说："这就不是孩童女子所能了解的事了！"吕公终把女儿嫁与刘季。吕公的女儿就是后来的吕后，生了孝惠皇帝和鲁元公主。高祖当亭长的时候，常常休假回家，到田里看看。有一次吕后带两个孩子在田中耕种，有一个老人由田中经过，求些水喝，吕后见老人饿，又给老人一些吃的，老人就给吕后相面。老人说："夫人的相貌，是天下的贵人。"吕后又要老人相两个孩子，老人看看孝惠皇帝，说："夫人所以能够大贵，就因为这个男孩子的关系。"老人又相鲁元公主，也说是贵相。

等老人走了之后，高祖正好从田舍来，吕后便将老人相面的事，说给高祖听，说客人路过此地，相孩子和我都是大贵之相。高祖便问："老人在哪里？"吕后说："刚走，不会走远。"高祖便追去，果然追上。高祖问老人相吕后和孩子的事，老人说："方才我相过的夫人和小孩，相貌的高贵都像你，你的形貌，贵不可言。"高祖便道谢说："如果真如先生所言，这相面夸赞鼓励之德，绝不敢忘。"后来，高祖贵为天子后，找寻这位老人，可是老人已不知去向。

由《史记》之记载，足见古代相人偏重骨相之一斑。所以《冰鉴》中有"骨有九起"之说，又云"头上无恶骨，面佳不如头佳。然大而缺天庭，终是贱品，圆而无串骨，半是孤僧；鼻骨犯眉，堂上不寿；颧骨与眼争，子嗣不立。"但是，纯以骨论人之命运，多有蔽谬，我们对此不予苟同。

相关链接

"骨色"察优劣，"骨质"看贵贱

囿于时代限制，曾国藩亦常用"骨相"来做判断人物之依据。

天庭骨：在"天庭"之下，其势丰隆而起，显得饱满充盈者必贵，俗话说"天庭饱满"就是这个意思。然而物极必反，丰隆也有限度，如果丰隆过度，呈"凸"字形，就不佳了。

枕骨：与"印堂"相平的后脑之骨为枕骨。枕骨共十八般，有一即贵；或仅微微突起，也主禄寿；无一则不达，更不会贵。骨势以充实为佳，而且愈显则愈贵。这与今人认为后脑勺以平为美大相径庭。

顶骨：以平正而突兀为佳。

佐串骨：即鬓骨。骨峰斜上入小儿总角（束羊角辫）处，其状似角，方为佳。俗话所谓"头角露峥嵘"，就是这个意思。

太阳骨：起于两眉之尾，根在太阳穴，须直线上升，既细且显，并达到"边地"部位，方为佳。

眉骨：须骨棱不陷不露，其状如犀角之隐伏而起，方为佳；否则，陷者必奸邪，突者定狂傲。

鼻骨：由"年寿"至"山根"，上连"印堂""中正"。其状如芦笋竹芽，挺拔而直起，方为佳。

颧骨：所谓"颧骨若不得而起"，即欲起而不得起，不得起而有欲强起之势。其状有力有势，插"天苍"入鬓角，不尖不紧，不偏不反，不浮不露，方为佳。

项骨：相学家认为，项有余肉，其骨平伏而不突露，是所谓的虎项，主大贵。

这九种骨，各有其位，各具其势，各备其形，以合乎规范为贵，失于规范为下。《冰鉴》云："在头，以天庭骨、枕骨、太阳骨为主；在面，以眉骨、颧骨为主。"这就是说，虽然九贵骨是人体骨骼中最为重要的骨，但它们也有主次轻重之分。

论骨又有骨之色，骨之质之说。古人在论述"色"的性状时，有如下说法：

青色如瓜；

黄色如蜡；

赤色如火；

白色如脂；

黑色如漆。

还有一种说法，是专论骨"色"的，认为骨色来自"六气"。而所谓

"六气",即青龙、朱雀、勾陈、腾蛇、白虎、玄武。此六者,本为占卜术中的六兽之神,这里被养生家和相学家借来用以表"六气"。相学家论"色",离不开"气",论"气",又离不开"色",二者常常合称为"气色"。实际上,这里的"六气"就是"六气色"或"六色"。

这六种气中,以青色为美,为佳。这是因为,在中医理论中,青色的五行属木,人体五脏的肝也属木,因而肝与青色,与木,与春天是有联系的。春天,万物生发,一片勃勃生机;肝在体中是造血的器官,是生命力旺盛的潜机,因而青色是生命的象征,所以,古人把青色作为最美、最佳的颜色。

"色"有优劣之分,青色最好,白色为次,黑色就不用提了。但青色中也有吉凶之分,青之吉者,色如翠羽,如春木;凶者,色如蓝靛,如锈斑。其他颜色,自不待言。

那么,骨与色之间有没有什么联系呢?古人认为,佳骨自有佳色。道理就像树大根深之木一样,自然不愁其枝繁叶茂了。"石蕴玉而山辉,水怀珠而川媚"。

《冰鉴》说"面以青为贵","少年公卿半青面"。医学理论认为:"色"现于外,"气"蕴于内,"色"只是"气"的外在表现,"气"才是"色"的根本,"气"不足,"色"自然就衰减了。因而可以这么认为:这里的"骨色",应该是"骨有气,在面为色"。"骨有气",也就是说骨的健康状况与人的生命

活力有密切联系。这一点，还是有一定的科学性的。

《冰鉴》所说的"面以青为贵，紫次之，白斯下"也不难理解。春天是万物生长、活力显现的时候，"青色"也就是指像春天一样活泼有力，象征着生命茁壮成长的青春气色。因为春天有青草、有绿树这些特征，因而谓之"青色"。这种气色富有生机，却也不失庄重端严，是活泼而能持久恒定的物质，不会时断时续。既然活力永驻，人自然能集中精神去谋取功名利禄，自然会"贵显"。

"紫色"，比青色有不足，也可言"贵"，但难以"大贵"。"白色"，则又次之。《冰鉴》说"白色如枯骨傅粉"，这当然不是健康、有活力的颜色，就像苍白中隐着一种秋后的枯黄，灰暗惨淡如枯枝败叶，显然是气血亏损之兆。这种气色，如何能"贵"呢？就像一个瘦弱骨枯的人，怎么能挑重担呢？

"骨质"，在这里指的是头骨的长生联结状态，因而说"头以联者为贵，碎次之"。"联"，就是联结，引申出来就是相互联结贯通，没有明显的断裂状，看上去是完整而圆润的一体化结构。这样的头骨自然均衡，与之相配，可谓"仪表堂堂"、相貌标致英俊。如此而来的骨相就是贵相，与世俗的情理相切相合。

"碎"，与"联"相反，指联结不完好，有明显裂纹。就如一段木头，木质坚硬，没有裂缝疙瘩，自然是上好的家具材料，反之，则没有多大用途，自然是"次之"。

"头上无恶骨，面佳不如头佳"，这里又体现了古人重视骨相的思想。"面佳"，一个人从相貌看，很英俊，五官端正，但不如"头佳"，意即不如骨佳。

既然说"面佳不如头佳"，是否头大就好呢？《冰鉴》跟着论述了这个问题。"头大而缺天庭"，还是不行。"缺天庭"，就违背了均衡原理，也就是骨相有缺陷，不符合"头以联者为赤贵"的原则。这种大头，往往会是大脑欠发达、智力不佳的表现，因而说"终是贱品"。

"圆而无串骨"，如果头骨联结而有圆润，似乎很好，但如果没有峥嵘之势，缺乏一种气势，也不能算好，有"半是孤僧"的命运之相。这种状况，如果太阳穴上的"辅弼弓骨"能突出来，也能避开"孤僧"的命运。

"头大而缺天庭""圆而无串骨"，二者充分说明古人对骨相的定义大致是：骨大、骨圆不错，但以饱满而有峥嵘之势者为贵，否则，仍不能言贵。

"骨相"看人，不免唯心，读者诸君应有所判断，不可全信。

第二章　刚柔鉴

既识神骨，当辨刚柔

【原典】

既识神骨，当辨刚柔。刚柔，则五行生克之数，名曰"先天种子"，不足用补，有余用泄。消息与命相通，此其较然易见者。

【译文】

已经鉴识神骨之后，应当进一步辨别刚柔。刚柔的道理源于五行的相生相克，这是由先天遗传下来的。刚柔不足的地方要去补充它，若是过了头则要消减它。这样保持平衡才能达到和谐状态。刚柔的状态和阴阳的消长与人的命运息息相关，若能辨识它，就可以更好地观察人了。

解读

刚柔并用，天人合一

曾国藩认为，"神"和"骨"为相之本，有本才会有种子。"刚柔"是相的"先天种子"。换句话说，"神"和"骨"很重要，而"刚"与"柔"同样很重要，"辨刚柔"，方可入道。以阴阳、刚柔及五行学说来品鉴人物，其说由来已久。

曾国藩认为人的"先天"品性与命运，可以通过"不足用补，有余用泄"的方法来补偿，也在一定程度上继承了道家学说思想。特别是其"内刚柔"之说又对"外刚柔"的机械倾向做了补正，强调要通过人的言行举止、思想品行来观察、品鉴人物，并重点分析了"粗""蠢""奸"三种人物的品性。这就由"外刚柔"的"五行命相"论，转而偏向于较为合理的"神鉴"论，如其所谓"喜高怒重，过目辄忘，近'粗'。伏亦不伉，跳亦不扬，近'蠢'。初念甚浅，转念甚深，近'奸'"。

然而，太刚则折，太柔则靡。早年曾国藩在京城，就喜欢与那些名气大、地位高的人作对，虽然不乏挺然特立、不畏强暴的意思，但也肯定因此吃过不少苦头，不然的话，曾国藩就不会认识到天地之道，应刚柔并用，实在不可有所偏废。

三国时，袁焕貌似和柔，但他临大事，处危难，虽贲育之勇也不能超他。孔子提倡仁道，但在齐鲁之会时，奋然于两君之间，击退齐国挑衅，保持鲁君的威严，这是以刚济柔之勇举。蔺相如奉命使秦，完璧归赵，威武不能屈，然其让车于廉颇，顾全大局，道义相尚，这是以柔济刚之义举。所以刚以柔济，柔以刚济，刚柔相济，才能有理有节，成为政治上的铁腕人物。

在处理人与人之间的关系上，古代政治家多贵柔尚宽，柔能接物，宽能得众，这是封建政治家的处世哲学，他们迫于人主的强暴，奸臣的谗言，不得不如此做人。

封建政治家主张"事君惟敬"。张永说："事君者廉不言贫，勤不言苦，忠不言己效，公不言己能，此可以事君。"昔萧何、吴汉立有大功，而萧何每见汉高祖，似不能言。吴汉奉光武，也非常勤劳谨慎。金日䃅两子都受汉武帝宠爱，因戏宫女，日䃅则杀之，恶其淫乱，恐遭族诛。顾雍父子深得孙权宠信，但顾雍老成持重，见孙子顾谭酒后狂舞，则呵斥道："败坏我家者，必定是你。"徐达言简虑精，诸将奉持凛凛，而在太祖面前恭谨如不能言。宋濂侍明太祖十九年，未尝有一言之伪，诮一人之短，始终无二，可谓忠厚长者。以上所列诸公，均忠谨奉上，宽厚待人，不矜不伐，不侮不凌，深得刚柔之术，所以得到善终。

刚强待物必败事，狎侮对人必受辱。曹操性忌，所有不堪忍受者。鲁国孔融、南攸、娄生，均以持旧不虞见诛。曹植任性而行，不自雕励，饮酒不节。曹丕御之有术，矫情自饰，宫人左右，并为之说情，遂定为嗣。关羽、张飞皆称万人敌，为世虎臣。关羽报效曹公，张飞义释严颜，并有国士之风。但关羽刚而自矜，张飞暴而无恩，以短取败，这是理所当然。诸葛恪气凌于上，意蔑于下，所以不是善终之道，终于遭杀。隋代贺若敦恃功负气，每出怨言，以此招祸，临死诫儿子贺若弼说："我以舌死，你不可不思。"因引锥刺弼舌出血，告诫他要慎口谨言。贺若弼并没有接受父亲的教训，居功自傲，好议人短，怨恨形于言色，终于坐诛。隋文帝谓弼有三猛："嫉妒心太猛，自是非人心太猛，无上心太猛。"刘基为明太祖出谋划策，功居第一，然终不能为相，封拜亦轻，最后恩礼亦渐薄。原因是他过于刚直，得罪大臣与皇帝。以上诸公的结局，足为后人所警诫。

颖川周昭著书道："古代圣贤士大夫所以失名丧身倾家害国者，原因各不一样，但总结其教训，不外有四点：急论议一也，争名势二也，重朋党三也，务欲速四也。急论议则伤人，争名势则败友，重朋党则蔽主，务欲速则失德，此四者不除，未有能善终者。"

可见刚与柔非特指一个人的个性，也是思想行为的表现，要掌握刚柔之术，当先端正思想路线，不急议，不争势，不重党，不欲速，以柔守之，以刚正之，刚柔相济，才能无往而不胜。

相关链接

刚柔源于五行的相生相克

刚柔的道理源于五行的相生相克，这是由先天遗传下来的。刚柔不足的地方要去补充它，若是过了头则要消减它。这样保持平衡，才能达到和谐状态。

阴阳五行学说是"刚""柔"的理论基础。"刚柔，五行生克之数"。如果人观五行中的某一"行"不足，其他部位都可以加以弥补，即《老子》中所言的"损有余而补不足"，如果一"行"有余，其他部位却可以加以削弱。

这就是比较中和平衡的"刚柔相济"。比如说，如果眼睛的形或神不足，而耳朵的神和形却有余，那么耳朵的佳相就可以弥补眼睛的不足，反之亦然。

"不足用补，有余用泄"。这个思想在阴阳五行中是辩证的重要体现。比如金旺，所谓物极必反，刚极易折，则用水来泄金之旺；如水太弱，不足以济事，则用金来生水，助其弱势。这种总体观念，可克服"只见树木，不见森林"的片面观点。在运用"不足用补，有余用泄"时，应遵循事物消长之理——即阴阳均衡，刚柔相济，五行和谐统一的规律。

《冰鉴》所言之"刚"，并不是指暴虐，而是指强矫；"柔"，亦并不是指卑弱，而是指谦逊退让。

所以，若要问刚与柔哪个更重要，则有必要用辩证的眼光去看。

道家老子主张柔弱胜刚强。

常拟临终给老子遗教，教他处事贵在以柔，并以"齿亡舌存"之理告诉老子，认为柔是克敌制胜的根本，遇事以柔相对待，则天下事情都能办成。

常拟生病，老子前去慰问，说："先生病得厉害，有什么遗教可以告诉弟子吗？"常拟说："你不问，我也将告诉你。我到故乡下了车，你知道为什么吗？"老子说："过故乡而下车，不是说不忘故乡吗？"常拟说："是的。过乔木而低首趋走，你知道为什么吗？"老子说："过乔木而低首趋走，不是说要敬老年人吗？"

常拟说："是的。"

常拟又张大他的嘴指示老子说："我的舌还存在吗？"老子说："是的，舌

头在。""我的牙齿还存在吗?"老子说:"牙齿不存在了。"常拟说:"你知道其中道理吗?"老子说:"舌头的存在,这是因它有柔性;牙齿的落掉,这不是因为它刚硬?"常拟说:"是的。天下的事理尽在这里,我还有什么话再告诉你呢?"

叔向也持同样观点,认为柔比刚要坚实,"两仇争利而弱者取胜"。韩平子问叔向:"刚与柔哪个坚硬?"叔向回答说:"臣年纪已经八十多岁,牙齿已经脱落而舌头还存在,老子有言道:'天下最柔的东西驾驭天下最坚的东西。'又说:'人初生时柔弱,死时就僵硬。万物草木生时柔脆,死时就枯槁。'由此看来,柔弱者是乃生之途,刚强者是乃死之途。我是以得知柔乃坚于刚。"韩平子说:"这话有理,但你平时行为是好刚还是好柔?"叔向说:"臣也主张柔,何必要刚呢?"平子说:"柔是否太脆弱呢?"叔向说:"柔者被扭曲但不折断,廉洁而不缺乏,何谓脆弱呢? 上天的道理很奥妙,按自然规律运行,所以它才无往而不胜,两军相攻而柔者往往获胜,两仇相争而弱者往往取利。"

齐桓公列举自然、社会现象,说明遇事刚猛容易坏事。齐桓公说:"金属刚硬容易折断,皮革刚硬容易破裂,人君刚猛国家灭亡,人臣刚猛朋友断绝,为人刚猛与人不和,四马不和则奔驰不长,父子不和家道破亡,兄弟不和不能长久,夫妻不和家室大凶。"

为什么柔弱胜于刚强? 鬼谷子以量变到质变的道理说明之:"柔弱胜于刚强,所以积弱可以为强;大直若曲,所以积曲可以为直;少则得众,所以积不足可以为余。"

在自然界中,柔胜刚,举不胜举,水至柔,但能穿山灭火。老子认为,流水之所以能穿山、灭火,因水性最柔,一泻千里。在社会现象中,弱小之物能战胜强大之物,亦比比皆是。如小国战胜大国,弱国战胜强国,即为例子:越王勾践与吴战争失败了,被困于会稽,忿心张胆,气如涌泉,选练甲卒,然后请身为臣,妻为妾。但能不忘会稽之耻,发愤图强,十年生计。终于一战而擒夫差。所以老子说:"柔能克刚,弱能胜强。"

而孔子则提倡的"中庸之道",执乎其中,不左不右,不刚不柔,刚柔相济。此种学说成为后代处世的原则。曹操的谋臣荀攸是一位刚中有柔,柔中有刚的人物,"荀攸深密有智防,自从太祖征伐,常策划密室,时人及子弟不知其所进言。"曹操每称赞说:"公达外愚内智,外怯内勇,外弱内强,不夸自己,不计劳苦,智慧可及,但愚不可及,虽颜子、宁武不能超过。"

五行有合法

【原典】

五行有合法,木合火,水合木,此顺而合。顺者多富,即贵亦在浮沉之间。金与火仇,有时合火,推之水土者皆然,此逆而合者,其贵非常。然所谓逆合者,金形带火则然,火形带金,则三十死矣;水形带土则然,土形带水,则孤寡终老矣。木形带金则然,金形带木,则刀剑随身矣。此外牵合,俱是杂格,不入文人正论。

【译文】

五行相生相克的关系称为"合"。如木生火,水生木,这叫作"顺合"。有顺合之相的人大多富裕,但不会显贵,就算显贵也只能是一时之事。又如火克金,但有时金也需火,此状况推及到水、木、土都是如此,这叫作"逆合",有逆合之相的人,往往显贵非常。但是逆合之相又自有区别。金形人带些火形之相是好事,而反之火形人有金形之相就有可能只活到三十岁;水形人带些土形之相还好,若土形人有水形相,就会孤单到老;木形带金没有关系,金形带木,则恐怕会有刀剑之伤。另外的一些勉强拼凑的说法都是些杂芜之词,不能归入文人的正宗理论。

解读

形相于外,顺和为上

古人根据金、木、水、火、土五行的性质和象征意义,用类比取象的方法,把人的形体相貌以五种来概括,即金形、木形、水形、火形、土形,这

与美术上对人头部的分类有共通之处。美术上把头部分为七种：目字形、国字形、田字形、甲字形、申字形、风字形、由字形。五行与美学分类在于其认识问题的出发点不同，但本性一样。

古代哲学认为，宇宙万物都由金、木、水、火、土五种元素构成，人既然是宇宙中的精华，万物中的灵长，其构成元素也是金、木、水、火、土，当然也该合自然之性，因而说："禀五行以生，顺天地之和，食天地之禄，未尝不由于五行之所取，辨五行之形，须尽识五行之性。"

这个思想成为古代人才学的理论依据，因此在《五行象说》中讲道：

夫人受精于水，故禀气于火而为人，精合而神生，神生而后形全，是知全于外者，有金、木、水、火、土之相，有飞禽走兽之相。

这段表明，中国古人知道生物最初来源于水中，"人受精于水"这个思想可不简单。达尔文等西方生物学家论证的生命来自水中，比中国古人对此的论断迟了好几百年。

按照达尔文的生物进化论，人既然源自于动物，则脱不得自然生物的属性，因此用飞禽走兽比拟人形，也无不可。三国时的名医华佗仿五禽而成的"五禽戏"，是锻炼身体的好方法。但古代相术把飞禽走兽与人形和相关性说得神乎其神，奥妙无穷，则带有唯心的色彩，我们应对此持批判的态度。

根据五行的分类，对各种形态类型分述如下。

1. 金形人

形貌：面额和手足方正轻小，如一块方金，骨坚肉实。

肤色：白色。

声音：圆润亢亮。

性格：刚毅果决，睿智机敏。有诗证曰："部位要中正，三停又带才，金形人人格，自是有名扬。"

2. 木形人

形貌：瘦直挺拔，如笔直大树，仪态轩昂，面部上阔下尖，眉目清秀，腰腹圆满。

肤色：青色（白中透青）。

声音：高亢而洪亮。

性格：温和，宽仁。有诗证曰："菱形瘦骨，凛凛更修长，秀气生眉眼，须知晚景光。"

3. 水形人

形貌：圆满肥胖，肉多骨少，腰圆背厚，眉粗眼大。

肤色：略黑。

声音：缓急不定。

性格：情感丰富，富有想象力，聪明机智，多变。有诗证曰："眉粗并眼大，轮廓要圆团；此相名真水，平生福自然。"

4. 火形人

形貌：头额窄下巴宽，鼻子高大而露孔，毛发较少。

肤色：赤色。

声音：燥烈。

性格：情感激烈，性格暴躁，直来直去。有诗证曰："俗识火形貌，下阔上头尖，举止全无定，颐边更少髯。"

5. 土形人

形貌：敦厚壮实，背隆腰圆，肉轻骨重，五官阔大圆肥。

肤色：黄色。

声音：浑厚悠长。

性格：仪态安详，举止缓慢而稳重，冷静沉着，但城府很深，难以测度；待人宽厚，讲信用。有诗证曰："端厚仍深重，安详若泰山，心谋难测度，信义重人间。"

这五种类型的人，是五行的推衍，天下所有人的形貌不外乎来自于此。

这里应注意的是，以上五行的分类方法，是标准型的金形人、木形人、水形人、火形人、土形人，是非常典型的标准相，可以称为五形正局，是上等中的上等，充分合局而无丝毫驳杂。但在实际生活中，几乎没有长相完全相同的人，而要合于五形正局的，也是千里挑一、万里挑一的。如果合于五形正局，便为上佳，但这大千世界中不计其数的众多兼杂，该如何判断呢？仍然是根据五行生克原理。若五形为彼此相生，为贵；五行相克无序，呈杂乱战克之势，为凶。《老子》讲"损有余而补不足"，如有佳相去弥补不足之处，也可作贵相论。对于众多兼相，要真正判别，需要比较丰富、高超的经验和技巧。

《冰鉴》曰："顺者多富。"金、木、水、火、土之间辗转相生，相互促进，相互推动，运势流畅，前景必然如顺势之流水，乘风破浪而无险阻，在做生意方面自然会得心应手，即平常人们所说的生意要顺着做，因此这种人发财很容易。但他们却难以升高贵，握重权，建立功勋的可能性更小，有富少贵，不能说富贵双全。古时可以用钱买官做，即使如此，他们的贵也在沉浮之间，一起一落，不会很长久，贵也只是小贵。

"逆合"指五行之间相互克制，如火克金，但金有时能合火，即是说金无火炼不成器具；如土克水，但水有时又能合土，即有土无水则不能滋养万物。因而水与金、土与火之间是相辅相成的，以均衡成势为宜，不能偏废，有了偏废，自然会败相。五行之间势力均衡，五行和谐不冲战，各守其位，相辅相成，共成奇崛之势，这种自然就是贵相，且能"其贵非常"。有诗云："无病不是奇，有病方为贵。"有病有救，可以成贵。有病无救，不为佳。

"金形带火，其贵非常；火形带金，三十死。"前一句上面已解释；后一句是说，火中有金，金既不能助火势，反而让火势不纯，形成驳杂凌乱之火，金又不能占主导地位，弄得金火交战，其势自然危险，本身也就难以存身了，因而谓之"三十死"。

"水形带土，其贵非常；土形带水，孤寒终老。"水势本来汪洋恣肆，如无土为堤为岸来约束，会成为水灾，不利于事。有土为堤为岸，则水能为人所用，成为有益的东西，因而会贵。但水多土掩，且水生木，木克土。如果土形兼有不纯之水形，由于水土相仇，就会"孤寒终老"。

"木形带金，其贵非常；金形带木，刀剑随身。"木没有斧头砍伐，没有刨刀等的雕琢，不能成为有用之木，而且，金生水，水生木，也有助木势，因而木形带金，其贵非常。金形带木，由于木能生火，火来冲金，自然会坏金之质，败金之势，所以有刀剑之祸。

"此外牵合，俱是杂格，不入文人正论。"除以上几种相生相克有理有节的"逆合"外，其他"逆合"没什么可取的，都是"杂格"，自然不会富贵，名利艰难。这种情况，用在文人身上无什么效验，因此"不入文人正论"。这种思想，当受"万般皆下品，唯有读书高"的思想的影响。

相关链接

谦虚忍让，柔以待人

好强争胜，表面上看起来是益与福，其实却是损与祸；谦虚忍让，表面上看起来是损与祸，其实却是益与福。

在处理人际关系时应遵循的基本原则是：谦虚忍让，柔以待人。"善以不伐为大，贤以自矜为损"，说得太妙了。"卑让降下者，茂进之遂路也。矜奋侵陵者，毁塞之险途也"，这要求在个人的修养方面要"内勤己以自济，外谦让以敬惧"。

一个人有善行，若自夸则会被人小看，因此不要自夸自大；一个人有才能，若自己显耀会使人生厌，因此不要自我显耀。

君子谦让，其举止不敢逾越礼仪的准则，其志向不敢凌驾法度以外的轨道，对内勤奋来求自济，对外则谦让来展现敬惧。因此怨恨与灾难不会找上门，而能长保荣耀与福泽。譬如舜因有谦让之德，而能名扬四海；汤礼贤下士，其圣敬之德乃日益精进。

小人争胜，常会自夸自己的才能和功荣，喜好凌驾别人之上。因此，当他在人前时，别人会伤害他；当他立下功荣时，别人会毁谤他；当他惨败时，别人会幸灾乐祸。人们往往因为竞争激烈，互不相让而两败俱伤，使第三者乘虚而入。比如郤至自以为智能过人，终遭杀身之祸；王叔喜欢与人相争，最后被迫逃奔其他国家。

总之，谦让是繁盛与进步的最好途径，君子最明白这个道理，因此仕途青云直上；争胜是毁坏与闭塞的险途，是小人的险径，因此寸步难行。谦让与争胜，优和劣，成和败，在此就非常清楚了。

分析争强好胜者的心理特点，可知其必定自毁的原因，根本在于不能做到谦让，于是构成矛盾冲突，终于由自矜好争造成自我毁害。

好胜的人，以处在人前为速锐，以处在人后为留滞；以在人之下为卑屈，以踩在人之上为异杰；以谦让对手为耻辱，以凌驾他人为高厉。他们不思自己责问自己，只知一味以亢奋对待别人，满足自己的虚荣心。

当他们以亢奋的态度对待贤者时，贤者会谦逊地居他们之下，就像廉颇对待蔺相如，结果两人相安无事，双双得利。当他们以亢奋之态度对待暴戾者时，必定会造成双方处于敌对状态；既然造成敌对，那么是非必定混淆难以弄明白，既然是非混淆而难以弄明白，那么与自己毁灭自己又有什么差别呢？

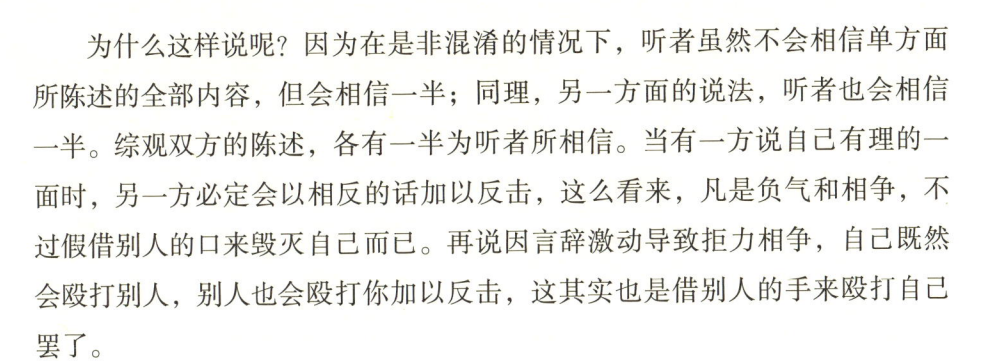

为什么这样说呢？因为在是非混淆的情况下，听者虽然不会相信单方面所陈述的全部内容，但会相信一半；同理，另一方面的说法，听者也会相信一半。综观双方的陈述，各有一半为听者所相信。当有一方说自己有理的一面时，另一方必定会以相反的话加以反击，这么看来，凡是负气和相争，不过假借别人的口来毁灭自己而已。再说因言辞激动导致拒力相争，自己既然会殴打别人，别人也会殴打你加以反击，这其实也是借别人的手来殴打自己罢了。

别人为什么会用口或手攻击你呢？那是因为对方心中累积很多怨恨，在恰当的时候就会借题发作出来。要避免"易口而自毁""代手以自殴"，必须不断地自我反省，自我责问，自我批评，严于律己，宽以待人。

识人刚柔，偏才可用

【原典】

五行为外刚柔，内刚柔，则喜怒、跳伏、深浅者是也。喜高怒重，过目辄忘，近"粗"。伏亦不伉，跳亦不扬，近"蠢"。初念甚浅，转念甚深，近"奸"。内奸者，功名可期。粗蠢各半者，胜人以寿。纯奸能豁达，其人终成。纯粗无周密，半途必弃。观人所忽，十有八九矣。

【译文】

五行只是刚柔之气的外在显现，称为外刚柔，而内刚柔指的是喜怒情感，激动程度和心态城府。喜怒情感表现得很强烈，但又转眼即逝的人，其气质近乎粗鲁。平静的时候没有一点张扬之气，该兴奋时也激动不起来，这种人气质有些愚笨。考虑事情时开始想得粗浅，但转念则能深思熟虑，这种人较为机智。内心机智的人往往能够功成名就。粗蠢愚笨的人比常人高寿。而十分机智的人倘若豁然达观，就会有不凡的成就。粗莽而做事不周密的人则必然半途而废。从内刚柔这方面观察人往往被忽视，而且人们十有八九都犯这个毛病。

解读

从内刚柔看人的心性

曾国藩在《冰鉴》中有"喜怒、跳伏、深浅"论及人心内阴阳之气变化,既是指喜、怒、哀、乐等情感,又指沉静、急躁、胸有城府等各种性格。

具备某一方面特长的人,不是亢奋就是拘谨,不是偏刚就是偏柔,很多都不知道自己的缺点。即使有的知道自己缺点,也不能以圣人的标准,吸收别人的优点以改进自己的缺点,反而一味地否认,甚至以攻击别人的缺点来掩饰自己的缺点。因此,他们自以为是,亢者愈亢,拘者愈拘,最终使自己无法改进。

申徒狄是商朝谏官。商纣王残暴无情,申徒狄屡谏不听,最后采取最激烈的谏诤——死谏,他抱石投河而死。屈原《楚辞·九章》云:"望大河诸洲之氿兮,悲申徒之抗迹。"其中哀悼的申徒即申徒狄。这是亢者愈亢。

介子推是春秋晋国人。他对晋文公忠心耿耿,当晋文公流亡时没东西吃,他割下自己的肉给晋文公吃。晋文公回国后,赏赐文武百官,却没有他的份。后来他与母亲隐居山上,晋文公为引他做官,放火烧山,烧死了他。此谓拘者愈拘也。

老子说:"知人者智,自知者明;胜人者力,自胜者强。"人在一生当中最大的敌人就是自己。任何人如果能认识自己,了解自己,已经非常困难,更何况自己的长短之处被认识之后,能够进一步挥长弃短、肯定自己、纠正缺点、改善自己,那就更困难了。所以老子才会说"自知者明""自胜者强"。

针对上述偏才的性质与优缺点,刘邵作了更深入的剖析,现分别说明如下:

(1)强毅之人,这种人狠强刚戾,不以狠强为警惕,而以柔顺为挠弱,与唐突之心相抵抗。这种人可以进行总体规划,但不能仔细观察其细微之处。

（2）柔顺之人，宽恕容忍而又优柔寡断，不根据事物整体情况加以考虑，遇事常强加忍之。这种人可以应付一般事情，却不是办大事的人。

（3）雄悍之人，对待事情勇敢奋起，但往往对事物缺乏警惕性。这种人可以克服困难，却不能遵守规定。

（4）惧慎的人，畏惧、谨慎小心地对待事情，但性格过于软弱，而且猜疑心重。所以这种人可以保住自己，却不能树立节义。

（5）凌楷之人，对待事物专断，常以雄辩的外在表现，掩盖其内在专断之心。这种人可以坚持正义，却不能使众人心服而依附之。

（6）辩博之人，这种人能言善辩，对语言泛滥不加以警惕，因而在理论上可以讲得头头是道，但在实践上却一窍不通。

（7）弘普之人，博爱而又周到融洽，但在交际上往往广结朋友，不注重选择对象。这种人可以抚慰众人，却不能端正风俗。

（8）狷介之人，廉洁而能激浊扬清，不怕道路狭窄继续走自己要走的路，对于好、坏界限清楚，以弘普为污浊而增益其拘谨之心。这种人可以固守节操，最终却往往走不通。

（9）休动之人，一味地攀登与超越，以沉静为停滞而增果锐之心。这种人可以进趋在前，却不能容忍自己居于别人之后。

（10）沉静之人，前思后想而考虑周密，遇事反应较为迟钝。这种人可以深谋远虑，却不能敏捷而速达。

（11）朴露之人，质朴诚实，不以其诚实作为做人的一种标准，却用奸诈手段来表露其诚实。这种人可以确立信用，却不能衡量事情之轻重。

（12）韬谲之人，足智多谋，不以其谋略之离正为警惕，以忠贞为愚直而贵其浮虚之心。这种人可以佐助事务，而不能矫正违邪。

刘邵对上述十二种偏才的剖析，非常细腻与传神。其实我们的四周（包括我们自己）就有许多此类的偏才，读者不妨仔细去观察与琢磨。把周围的人全归入这十二种，认真加以分析，或许你将会有新的发现。

从偏才要进而为德行，再从德行进而为中庸、圣人。这固然有赖于学，使质性不致过亢而偏刚，亦不致过拘而偏柔，所以说"夫学，所以成才也"。另一方面也有赖于恕，取强毅之刚毅而去其激讦，取柔顺之宽容而去其寡断，所以说"恕，所以推情也"。

在人性论中，刘邵是个顺气的支持者。人物禀气而成性，性就是天生的质性，人一出生就有质性，是不可变的，可变的是人的情绪而不是人的质性，因此认识一个人必须识其质性。这么说来，靠"教之以学"与"训之以恕"，根本不可能改变天生的质性，所以说"偏才之性，不可移转矣"。由此指出了才性鉴定的心理障碍。

刘邵认为，按偏才的质性加以学习，学习只会增加他的偏，根本不能改变其偏而成为全才的人，所以说："虽教之以学，才成而随之以失。"可见，偏才固有的本性，非学习所能改变。"学"虽然可以使人成才，但成于此，失于彼，偏才之人不可改也。

同样道理，"训之以恕"也只能顺应他原来的性情，后天批评、教育批评对其本性起不了什么作用，反而越教越偏，所以说："虽训之以恕，推情各从其心。"

因为推己之情各从其心，自然会造成信者逆信与诈者逆诈的现象。"信者逆信"的意思是：因为自己讲信用，就认定人人都讲信用，于是诈骗者能得逞。"诈者逆诈"的意思是：因为自己诈骗，就认定人人都是骗子，于是讲信用的人就无辜被怀疑了。

偏才之人，固守本性，推己之情，各是己能，何道之能人，何物之能周，所以说："故学不入道，恕不周物。"

总之，刘邵认定，人因禀气之不同，必定造成质性上的差异，此天生的质性既不可改变，亦不可培养。若要改变它，非但无益反而有害。质性决定一个人一生的成就，人应依其质性，发挥其长。

既然偏才的质性，既不能"教之以学"，又不能"训之以恕"，那么领导者就不能要求手下人多才多艺，而要注意挖掘各人的特长，因此必须掌握"用人之才去其贪，用人之智去其诈"的原则，用人之长处，忽略其短处。这是对偏才的正确认识。

> 相关链接

缺乏激情的人愚笨

平静的时候没有一点张扬之气，该兴奋时也激动不起来，这种人气质有些愚笨。

《冰鉴》所言之缺乏激情的愚笨之人，其实就是现实当中的庸才。庸才是没有能力给别人制造麻烦的人，但也不会创造什么效益。以下三个简单的问题，如果对其中的任何一个问题都能给予肯定的回答，那此人一定是个庸才。

（1）他做的工作是否低于你所要求的标准？这个人的工作成果在质量上和在数量上低于你所能接受的标准，他的工作数量低于他每天应该完成的数量，这个人没有按照你为他建立的规章制度工作而自己另行一套。如若是这样的话，那他就是在白花你的钱，他对你来说肯定是一个有问题的人。

（2）他是否妨碍别人工作？若你经常发现他在员工之中制造混乱，干扰别人工作，影响其他部门的工作进展，甚至由于自己马马虎虎的工作作风，影响同事们的上进心。如果是这样，那这个人就确定无疑是一个有问题的人，他不仅会妨碍你的工作，更会妨碍别人的工作。

（3）他是否会对整个团体造成损害？任何一个团体的声誉都会因为其中一名成员的不体面的行为受到损害，他可以通过自己的言行在这个团体的其他成员之中制造混乱或者把他们推到混乱的边缘。例如，一个爱惹麻烦的推销代表能给整个公司带来不好的名声。

凡有上述表现的人，无可置疑是庸才，是不足以重用的。要想识得真正的人才，需从以下几个方面入手：

其一，识人禀性知其优劣。

禀性，即一个人先天而来的性格特点，或曰天性。每个人的禀性都会对他的成才产生深刻的影响，因为禀性是时刻存在于人的头脑意识中的一种不以意志为转移的东西，每当人们在从事任何一项工作时，就会不自觉地让其影响人们的行为。所以对于不同禀性的人才，要使其向着有利于他禀性的方面去发展，而不能反其道而行之，比如一个人本来还有一点儿辨识的能力，看问题还比较准，但禀性胆小怕事，优柔寡断，也成不了大事。

曾国藩在初募湘军时，每天坐在招募处，看到黑脚杆而又不善于说话的乡下人，便连声说"好、好"，表示可以选上；如果看到近城市的人，或爱说话的人，则"唔、唔"两下，表示不可选上。因此湘军士兵，几乎无一不是黑脚杆的农民。这些朴实的农民，既能吃苦耐劳，又很忠勇，一上战场，则父死子代，兄仆弟继，义无反顾。曾国藩招募兵勇有自己的条件，年轻力壮，朴实而有农夫气者为上；其油头滑面而有市井气者，有衙门气者，概不收用。这是因为禀性不同，如山僻之民多悍，水乡之民多浮滑，城市多游惰之习，乡村多朴拙之夫。善用兵者，常好用山乡之卒，而不好用城市近水之人。这种识禀性的方法确实十分特别。

其二，识人实践知其才能。

凡是谋大事创大业的人，大都很注意发掘和使用人才，如刘备之用诸葛亮、刘邦之用萧何、秦始皇之用商鞅等，用人的方法是：必须发掘对方的优点，容忍他的缺点，使人有被重视的感觉。以这种方法接近对方，逐渐喜欢他，然后活用他的长处。

其三，识人争辩知其才学。

宋朝时期大帅宗泽曾对初出茅庐的岳飞说："你的英勇与智谋，武艺与才气，就是古代的良将也不能超过，但是只擅长野战，还不是万全之计。"宗泽非常喜爱岳飞的才华，因此，有意对其栽培，使其了解并精通更多的作战方法。有一次宗泽给岳飞一张作战的阵图，岳飞接过阵图仔细看了以后，便对宗泽说："古今时代不同，平地和山险不同，怎么能根据一定的阵图用兵？"宗泽反问道："像你这样讲，阵法岂不是没有作用了？"岳飞回答说："列阵而后战，乃兵家的常规，但其运用之妙，却存乎一心。"宗泽听了岳飞的议论，心中十分佩服，认为岳飞是一个很了不起的人才。事实也证明了宗泽的判断是正确的。

第三章 容貌鉴

容以七尺为期，貌合两仪而论

【原典】

容以七尺为期，貌合两仪而论。胸腹手足，实接五行；耳目口鼻，全通四气。相顾相称，则福生；如背如凑，则林林总总，不足论也。

【译文】

凡是观人形貌，观姿容以七尺躯体为限度，看面貌则以两只眼睛为主。人的胸腹手足都与五行相关联，耳、目、口、鼻皆和四时之气相贯通。若是人体各部位搭配得和谐融洽就是福相；反之，若显得不协调、纷繁杂乱，就可能命运不济了。

解 读

古人对人体形象的看法

古人把人的七尺之躯分成三个部分，称为三停。头为上停，头形圆实饱满而又显秀气者，是大吉富贵之人，但要与中停、下停和谐，身小头长或身长头小，则表示此人贫贱。从颈部到腰部为中停，中停也要与上停、下停相称，太短则寿命不长，太长则一生贫困；腰身软弱者既无力气也不太会长命。

腰以下到脚为下停。下停也要与上停、中停相称，太长则多病。总之，古人认为，三停要比例相称，相称者既美观、身相又好。一般来说，上身长下身短，主人官运亨通，有福寿；反之，则一生贫贱又短命；若上、中、下三停俱短，只要无亏损缺陷，且五官端正也是一种相称之样，同样可以富贵双全。

形有"五短之形"和"五长之形"之分：

五短之形：就是头短、面短、身短、足短、手短。

五长之形：就是头长、面长、身长、手长、足长。

五短之形与五长之形本身没有优劣之分，关键要看它们与其他方面的配合而定。

五短之形的人如果骨细面滑，印堂明亮，五岳朝拱，定上佳。五长之形的人配以骨丰貌隆，清秀滋润，就是奇佳之人，主人富贵双全。

五短之形的人如果骨骼粗恶，五岳陷塌，则贫贱无疑。五长之形的人如是骨肉枯瘦，筋骨暴露，则为恶相，亦贫贱。

此外，还有一说，即手短足长则贫贱交加，而手长足短既富又贵。

形相类型的划分，各家各派有不同的方法与标准，但总的来讲，可大致分为两类：一是形象法，二是抽象法。形象法，就是根据人的"形"进行归类，通常的五行形相分类就属于此。用甲、申、由、同、王、日、圆、用、凡、田这十个字的字形来比类取像的划分方法等。形象法的划分方法的优点是直观，可操作性强。抽象法，是根据人的外貌气质、心理状态、精神表现等方面的特点，结合对命运评断标准进行划分的方法，古代普通分类有"六分法"。六分法分为富、贵、寿、贫贱、孤苦、夭。

富相可分为大富、中富两种：

大富的特征是：耳朵大且贴肉而生，鼻大如悬胆，脸黑而身白，背部丰隆厚实宽阔，声如洪钟，胸部平坦，腹部大又下垂，头皮宽大等。

中富的特征是：身体及面部上、中、下三停匀称齐等，面部五岳丰隆高拱。头、面、身、手、足五者俱长，或五露俱全——即眼突、鼻仰、耳反、唇掀、结喉、眼细长如凤眼等。

大富、中富还有其共同的基本特征：形象敦厚，神态安定，气质清高，声音响亮，眉毛阔，耳朵厚实，口唇红润，鼻梁正直，面孔呈方形，背丰厚，腰板正，皮肤滑腻，腹大下垂，牙口整齐如同牛齿，昂首慢步好比鹅行。

总之，富相是腰圆背厚，鼻梁高耸，双颧隆起，口角方正，地阁方圆，四角丰隆；气色红润清朗，身体肌肤柔软光滑，面部丰满，骨相清奇；手背肉厚，行立坐卧，姿态端正，神情潇洒，举止稳重。

贵相分为大贵、中贵、小贵三种：

大贵的特征：头颈粗壮，下颌宽阔，眉骨高隆，伏犀骨隆起贯顶，眼睛端定，两手过膝，口大到能容下一拳，举止投足如龙行虎步，双眼细长如凤目等。

中贵的特征是：胡须硬如铁，双耳白净长于脸，眼黑似漆，身长脚短，口方形如"四"字，牙齿有三十六颗且齐全，手指比手掌长等。

小贵的特征是：天庭饱满，地阁方圆，牙齿又白又大，眉清目秀，口如角弓，嘴唇红润等。

以上这些对基本特征的叙述，全面地反映了古人对人体形象的看法，其中既带有典范性，又包括了东方文化特有的神秘性和玄虚性，只供参考，不可绝对而论之。

相关链接

相貌种种，各具其质

"容"与"貌"的问题。实则是"形"与"神"的问题，也就是从"容"和"貌"这个特定的角度来看"形"与"神"。并以此为基础，进一步断定，预测人的一生的吉凶祸福——命运。看"形"与"神"要注意的是要以"神"为主，"形"为辅。

首先，我们先来了解一些有关相术知识。

形有余，指的是一种理想的形相，拥有此形相的人，健康长寿，富贵快乐，它又包括两个方面："容"与"貌"。

属于容者：头顶要圆厚，腹背要丰厚隆起，肩膊宽大，胸脯平坦宽阔，腹要浑圆且下垂。举止端庄、严肃，三停匀称。肉要细腻，骨要圆峻，手要长，足要方。

属于貌者：额头四方宽阔，口如角弓，唇红如樱桃，齿白如霜雪，双耳圆如轮，鼻直如悬胆，眼黑似漆，眼白如玉。眉毛修长疏朗，五岳朝拱聚合。

一个人在形体上具有以上特征，便是形有余之相。令人望之巍巍然而来，仰之怡怡然而去。形不足是形有余的反面，其特点是形迹猥琐，神态萎靡，令人望而生厌，可谓不堪入目，形不足之人，多病而折寿，福浅又命薄。

它同样包括"容"与"貌"两个方面。

属于"容"者，头顶尖突，头部单薄，肩膀胳膊又窄又斜，胸部或凸出或凹下，背部削薄，腹部又扁又平，臀部低陷，脑袋大身子小，上身短下身长，指间稀疏，手掌菲薄，肢节短且粗，走路摇晃不定，声音嘶哑。

属于"貌"者，额头深陷，口唇薄如纸，鼻梁低塌，耳轮外翻，双眉一弯一直，双眼一高一低，双眼一大一小，颧骨一上一下，睁开眼睛睡觉，男子声音女性化，牙齿发黄且外露，嘴尖突且有口臭，秃顶无发，眼睛深陷，眼眶神态萎靡怯懦。

上面所述，实际上是形体缺陷的汇集，一个人不可能这些缺点全有，不过，只要占其一条，就会被认为是形相上的破缺而减少福分。

形有余是一种理想的相，神有余则是指一种理想的精神状态。具体而言，指眼睛明亮有神、精神抖擞、举止端正、办事沉着老练、处变不惊，不论何

时何地，都能坚守其节操，也就是有"不以物喜，不以己悲"的境界。一个人能做到此，已是难能可贵，其命运当然属高贵之列。

神不足就是神有余的反面，即精神委顿，气质猥琐，到了无以复加、不可救药的地步。以这种状态立于人世，则不利其行事为人。当然，以上只是古人的看法。

人的姿容可贵之处在于"整"

【原典】

容贵"整"，"整"非整齐之谓。短不豕蹲，长不茅立，肥不熊餐，瘦不鹊寒，所谓"整"也。背宜圆厚，腹宜突坦，手宜温软，曲若弯弓，足宜丰满，下宜藏蛋，所谓"整"也。五短多贵，两大不扬，负重高官，鼠行好利，此为定格。他如手长于身，身过于体，配以佳骨，定主封侯；罗纹满身，胸有秀骨，配以妙神，不拜相即鼎甲矣。

【译文】

人的姿容以"整"为贵，这个"整"并非整齐划一的意思，而是指人整个身体的各个组成部分要均衡、匀称，使之构成一个有机的完美的整体。就身材而言，人的个子可以矮，但不要矮得像一头蹲着的猪；个子也可以高，但绝不能像一棵孤单的茅草那样耸立着。从体形来看，体态可以胖，但不能胖得像一头贪吃的熊那样臃肿；体态瘦也无妨，但不能瘦得如同一只寒鸦那样单薄。这些就是本节所说的"整"。再从身体各部位来看，背部要浑圆而厚实，腹部要突出而平坦，手心要温润柔软，手掌则要形如弯弓，脚背要丰厚饱满，脚心不能太平，以自然弯曲到能藏下鸡蛋为佳，这也是所谓的"整"。五短身材虽看似不甚了了，却大多地位高贵，两脚长得过分的长往往命运不佳。一个人走起路来如同背了重物，那么此人必定有高官之运，走路若像老鼠般步子细碎急促，两眼又左顾右盼且目光闪烁不定者，必是贪财好利之徒，这些都是常见格局，屡试不爽。其他的容貌格局：如两手长于上身，上身比

下身长，再有着一副上佳之骨，那么一定会有公侯之封；再如皮肤细腻柔润，就好像绫罗布满全身，胸部骨骼又隐而不现，文秀别致，再有一副奇佳的神态的话，日后不是拜相就是入鼎甲之列。

解读

容貌是一个人内在品质的外在表现

容貌是一面镜子，折射的是一个人的内在品质，面颊是情感的标志，五官表达了他脏腑的心语，腰背流露了他岁月的情愫。请记住，每个人都要为自己的脸面负责，容貌会把所有密码储存。

古人认为人的面相脸形与人的成就具有密切关系。清朝举人会试三科不中，而年龄渐长，苦于生计艰难，需要俸禄来赡家时，可申请"大挑脸"，则纯然以貌取人，而以一字为评，长方为"同"字脸，圆脸为"田"字脸，方脸为"国"字脸，这都是能挑中的好脸；而遭冷落的则有上丰下锐的"甲"字脸，反之即为"由"字脸，上下皆锐则为"中"字脸，均不能重用。

就相貌来看人，最要紧的是"五官端正"，也就是《冰鉴》所言"容贵整"。端正即是匀称之意，"五短身材"之所以在相法上被视为贵格，就在匀称。就五官的个别而言，在男子眉宁粗勿淡，眼宁大勿细，鼻宁高勿塌，口宁阔勿小，耳宁长勿短，当然要恰如其分，过与不及，皆非美事。

明建文二年（1400年）测试中，有个叫王良的对策最佳，但以其貌不扬，被抑为第二，原本第二的胡靖被擢为第一。后来惠帝亡国，倒是王良以死殉国，而胡靖却投靠了永乐皇帝，做了高官。明英宗对朝臣的相貌也特别看重，天顺时，大同巡抚韩雍升为兵部侍郎，英宗发诏让大学士李贤举荐一个与韩雍人品相同的人继任。李贤举荐了山东按察使王越。王越人长得身材高大，步履轻捷，又喜着宽身短袖的服饰，英宗见后很是满意，说："王越是爽利武职打扮。"后来王越在边陲果然颇有战功。

古人认为，好的面色是：面相有威严，意志坚强，富有魄力，处事果断，无私正直，疾恶如仇；秃发谢顶，善于理财，有掌管钱物的能力；观颧高耸圆，面目威严，有权有势，众人依顺；颧高鼻丰并与下巴相称，中年到老年享福不断；颧隆鼻高，脸颐丰腴，晚年更为富足；颧骨高耸，眼长而印堂丰满，脸相威严，贵享八方朝贡。

古人认为不好的脸色是：颧高脸颐消瘦，做事难成，晚年孤独清苦；颧高而鬓发稀疏，老来孤独；颧高鼻陷，做事多成亦多败。薄脸皮的人常常会被误认为高傲，或者低能，然而，脸皮薄的人并非一无是处。一般说来，脸皮薄的人，为人倒是比较坚定可靠的。他们是好部下、好朋友，在特定的狭小范围内，还可以充任好骨干。

相关链接

"贵征"与"贱征"之貌

在曾国藩看来，人之贵贱有先天的成分在其中，可不必深究，而从人之贵贱中透出的忠奸贤佞，就有必要仔细斟酌了。从用人、识人角度来讲，这是一个用人者所必须具备的基本功。

知人难，难在于分其良莠、贤佞，这是因为人是很复杂的。《六韬·选将》举了这样十五种例子：有的外似贤而不肖，有的外似善良而实是强盗，有的外貌恭敬而内实傲慢，有的外似谦谨而内不至诚，有的外似精明而内无才能，有的外似忠厚而不老实，有的外好计谋而内缺乏果断，有的外似果敢而内实是蠢材，有的外似实恳而内不可信，有的外似懵懂而为人忠诚，有的言行过激而做事有功效，有的外似勇敢而内实胆怯，有的外表严肃而平易近人，有的外貌严厉而内实温和，有的外似软弱其貌不扬而能干。人就是这样往往表里不一。尤其是表里不一，又巧于伪装的人，以其外善蔽其内恶，以其外贤掩其内奸，那就更难辨别了，所以佞人常有欺人而得售其奸恶。

因此，观察一个人，不能只看其表面，要透过其表面现象透视其内心世界，这就是说要从表到里，看是否一致，才能知其人。要做到这一步，确实不易。而能否知人决定了如何看人，如看人重德、重其实践，佞奸者骗人之术则难以得逞。如果只听其言而不察其行，且喜人歌颂，恶人直言，就恰好为阿谀者所迷，把佞奸视为忠直，将忠直视为佞奸。对此，古人多有论述，指出佞奸者难辨的原因及如何从表到里辨别贤佞之法。

对于佞奸者来说，是因其能以假象蔽其真相，以外表忠义掩其内心的奸猾，且其谋深术巧，使人迷惑而难辨识。

《吕氏春秋·疑似》指出，物之相似最能迷惑人："使人大迷惑者，必物之相似也。玉人之所患，患石之似玉者，相剑之所患，患剑之似吴干者。贤主之所患，患人之博闻辩言而似通者。亡国之主似智，亡国之臣似忠。相似之物，此愚者之大惑，而圣人之所加虑也。"这是说，相似的事物最能迷惑人，石似玉，玉工难以辨其真伪；剑似吴干宝剑，铸剑师也难识其优劣；博闻善辩的人似通而实不通，足以惑人而误事，这是贤明君主所虑的。历史上不少亡国之君自恃见识超人而独断专行，其左右也顺其意投其所好，因而被视为心腹忠臣，正是其君似智而实不智，其臣似忠而实佞奸，才导致亡国亡身。最典型的例子，就是明崇祯皇帝及围绕在他左右的那班佞臣。崇祯认为他是英明之主，臣下无人超过他，他的旨意就是真理，与他意见相左的则视为庸才或逆

臣，一直至死都认为明亡咎不在己，而是在于群臣无能。他相信的都是对他听话、奉承的宦官和佞臣。正是这些似智、似忠的君臣断送了明王朝。但这位似智的崇祯皇帝，他跟前几代只图享乐连朝也不上的皇帝确有点不同，他日夜操劳，好像有作为的贤君，故有迷惑性，因而不少人为之惋惜，认为他非亡国之君，而是处于亡国之时。

《后汉书·虞延传》记载：新野功曹邓衍，因是外戚，有一次得以参加朝会。邓衍姿容出众，仪表不凡，初即帝位的汉明帝刘庄见了，自叹不如，对左右说："朕之仪貌，岂若此人！"特赐给车马衣服。虞延以邓衍有容仪而无实行，未曾待之以礼。汉明帝既赏识邓衍，便下诏令他以功曹职位来京朝见，既到，任为郎中，不久又升为玄武司观，即负责管皇宫的北门，俸禄一千石。后因邓衍在职不服父丧事，汉明帝知道了，叹气说："'知人则哲，惟帝难之'。信哉斯言。"邓衍惭愧而退。人们因此以虞延有知人之明。

汉明帝与虞延对邓衍的看法截然相反：汉明帝这人一贯偏激，看人往往片面，一见邓衍仪表出众便无限赞誉，既赏物又接连升官，而不问他的能力和品行如何，确是以貌取人的典型。及知邓衍在职不服父丧，才承认看错了人，自叹知人难。因为邓衍为了当官，父死而不服丧，这在古代是大不孝，是缺德的表现，为人所不齿。事情被揭发了，邓衍也自感惭愧而退职回家去了。

虞延能知人，是因为他不是以貌取人，而是重在看他的实行。当时，虞延任南阳太守，他为人正直，用人执法，即使是皇亲国戚，也不讲私情。邓衍是他的属员，汉明帝虽赏识邓衍，重予赏赐，但虞延认为邓衍"华不副实，行不配容"，即仪容与德行不相称，邓衍自京回南阳有三年之久，虞延都不任用。

汉明帝以貌用人则误，而虞延看人不重仪貌而重其行，故能知人。可见，仅以貌取人是会有失偏颇的。

貌有清、古、奇、秀之别

【原典】

貌有清、古、奇、秀之别，总之须看科名星与阴骘纹为主。科名星，十三岁至三十九岁随时而见；阴骘纹，十九岁至四十六岁随时而见。二者全，大物也；得一亦贵。科名星见于印堂眉彩，时隐时见，或为钢针，或为小丸，尝有光气，酒后及发怒时易见。阴骘纹见于眼角，阴雨便见，如三叉样，假寐时最易见。得科名星者早荣，得阴骘纹者迟发。二者全无，前程莫问。阴骘纹见于喉间，又主生贵子；杂路不在此路。

【译文】

人的面貌有清秀、古朴、奇伟、秀致四种区别，主要从科名星（印堂与眉毛之间）和阴骘纹（眼眶之下卧蚕宫上之纹）来辨别。科名星从十三到三十九岁这段时间是随时可见的；阴骘纹从十九岁到四十六岁这段时间里随时可见。一个人如果能同时具有科名星和阴骘纹的话，那么此人一定会成为非同寻常的人。即使只有一样也会宝贵。科名星是一种光气，时常出现在印堂与眉彩之间，时隐时现。有时像钢针，有时又像小球。它是一种红光瑞气，在饮酒后和发怒时最容易看见。阴骘纹常出现在眼角，阴天或者雨天便能看见，形状如三股叉，在人打瞌睡时最容易看见。有科名星的人年轻时就会取得功名，发达荣耀。有阴骘纹的人发迹则要晚些。两样都没有，前程就未卜了。阴骘纹如果出现在咽喉部位，那就预示着将得贵子。阴骘纹如果生在其他部位，则不属于"生贵子"这个格局，因而也就不在论述之内了。

解读

观人相貌，知其性格

《冰鉴》此处所言似是古代相术之专业知识，对于非研究此专业的普通人来讲，只需了解一下即可，无须深究。

相貌虽是人天生的，但其与人的性格有着密切的关系。性格是指人对现实中客观事物经常的稳定的态度以及与之相应的习惯化了的行为方式。一般情况下，性格的形成都会受到遗传因素的影响，但主要还是在后天的环境中磨炼出来的。并且，在定型之后，具有很强的稳定性，它对人的行为也会产生极大的支配作用。

体貌文秀清朗，姿容朴实端庄，神情自若，是聪明睿智灵活机巧的人，做事有创造性和进取心；质朴而不清秀的人则性格内向，性情孤傲，体貌高大，仪表堂堂，生此相者，掌重权，具有很强的决断力和行动力。

具有体形孱弱，神色浑浊萎靡，两肩缩、脖子长、脑袋偏、脚歪斜、凶神恶煞之相特征的人，多属于心地狭窄、性情卑劣的类型；体貌形状孤单瘦弱、削薄软弱的人，性情内向、怯懦，孤僻，意志薄弱，愚昧无知，为人处世没有主见，无所适从；粗俗鲁莽之相的人，性格反常不定，喜怒无常，不能自持。

长着孩子的脸形，却是年纪不小的成年人，虽然有未成熟的外表，却有着老成的表现，看起来使人觉得不协调。此种类型的人，喜欢以自我为中心，而且个性好强，所以也可称为显示性格。

"中年发福"的人，大多正值体力最旺盛的黄金时代。他们能够顺应周围的人情世故，给人一种温馨感，他们多属于活动性的人。这种人虽然常施小计偷懒，但并不被人憎恨，他们中有一大部分人会被周围的人体谅，从而颇受欢迎。活泼开朗、乐于助人、行动积极、善良而单纯是这类人的性格特征，他们经常保持幽默感，显得充满活力，同时也有稳重、温文的一面。

这种类型的人，有很多是成功的政治家、实业家和临床医师。因为他善解人意、头脑敏捷、拥有同时处理许多事情的才智，这是他们的最大长处。但是，考虑问题欠缺一贯性，会常常失言，过于轻率，自我评价过高，喜欢干涉他人的言行等，这是其缺点。

相关链接

识人仪表，细察其人

我们要认识某个人，首先接触到的是这个人的外部特征：体态、仪表、风度、言谈举止、神态表情等。

一个体态潇洒、仪表堂堂、言谈举止文明的人，会给人留下良好的印象，反之，则给人以不良印象。人们非常注意交往中自己的仪表，一个人应把整洁、美观、大方和文明礼貌作为其仪表的重要内容，过分打扮，妖里妖气固然不好，但谈吐庸俗、不修边幅、窝窝囊囊也不好。例如，女性面试不同于男性的面试就在于，如果说男性面试的成败是由面试知识能力决定的，那么女性面试的成败往往决定于其风度、举止。招考单位的主试者在评价女性应试者时，重点不是放在知识、能力上，而是注意应试者的礼仪、风度和举止，即女性魅力。故女性应试者走进房内，到坐在椅子上，已大概决定了其是否被录取。因此，女性应试者必须显示出女性的高雅气质，包括大方自然的神态、整洁合适的服饰，无可挑剔的礼仪等。

有些女人，为了增加权威感，故意模仿男人穿着条纹西装、男式衬衫和男式领带。这种故意模仿男人的做法，不仅没有给女人增加权威感，相反损坏了女人的形象，使女人看起来像个"假男人"，让人感觉她幼稚可笑。

天气一热，许多人忘记了自己的身份，纷纷穿上袒胸露背的服装到办公室或公共场合，甚至有的还赤身露背，就更显得不文明、不文雅了。衣着华丽，却汗渍斑斑，尘土满身而蓬头垢面，能行吗？所以最重要的是整洁。不能远望衣冠楚楚，走近一瞧，领口、袖口却脏得发黑了，让人倒胃口。故男士们不能过于标榜质料高级或款式新颖，而忽略了整洁，必须把整洁放在第一位。当你参加一个正式的聚会时，更需要讲究整套服装的搭配。如果你能注意自己的仪表，使自己的外观洒脱不俗，那就会使你在会场之中显得风度翩翩。

识人之仪表之后，就要细察其人，而不是仅停留在表象上，须细知其质。

目者面之渊，鼻者面之山

【原典】

目者面之渊，不深则不清。鼻者面之山，不高则不灵。口阔而方禄千钟，齿多而圆不家食。眼角入鬓，必掌刑名。顶见于面，终司钱谷：出贵征也。舌脱无官，橘皮不显。文人有伤左目，鹰鼻动便食人：此贱征也。

【译文】

人的眼睛如同面部的两方水潭，不深沉含蓄，面部就不会清朗明爽。鼻子如同支撑面部的山脉，鼻梁不挺拔，面部就不会现出机灵聪慧之气。嘴巴宽阔又方正的人，享千钟之福禄，牙齿细小而圆润，适合在外地发展事业。两眼秀长并插至鬓发处者，必掌司法大权。秃发谢顶而使头与面额相连，无限界，能掌财政大权，这些是富贵之征。口吃者无官运，面部肌肤粗糙如橘子皮的人不会发达。文人若左眼有伤，就会文星陷落而无所作为；鼻子如呈鹰钩状的人，一般说起来比较阴险狠毒，攻击力强而且动不动就伤人，这些都是贫贱之征。

解读

眼睛是面部的两方水潭

曾国藩不止一次地在《冰鉴》中提到人的眼睛，足可见眼睛在识人过程中的重要性。在这里，曾国藩说好的眼睛是深沉含蓄的，但事实上，人有百态，眼睛也是各有不同，若仅仅推崇深沉含蓄而把其他类型一概否定，则就会犯下以偏概全的错误。

大眼睛。这样的人的眼睛清澈明亮，永远反射出一种好奇的模样。他喜欢尝试任何事情，即使某件从前做过许多次的事，让他做起来都仿佛从没做过一般。睡觉是少数几件令其憎恨的事，因为他讨厌闭上眼睛，即使只闭上一秒钟，他也老大不愿意，因为怕错过某样东西。

深眼窝。假如一个人眼睛深嵌在眼窝之内，四周有强而有力的眉毛和高高的额骨包围，表示这个人喜欢探究，仿佛周遭的一切都经常处在一面放大镜的下面。他擅长区分极细的细节，可以侦测出一个人个性中的小缺陷。因此，这种人非常挑剔，除非相当特别的人，否则很难进入他的生活中。

两眼相近。这样的人是那种在某一方面能够取得相当成就，但又因为在另一方面未得到他人认同，而沮丧万分的人。他一直认为自己总是在最好的时机上，做了错误的选择。不过，他却又马上指出，这绝大部分是因为别人给了自己不恰当的建议。在他心中，每一个人都值得怀疑，事实上，他的疑心病严重到连对待自己都小心翼翼的程度。

两眼分得很开。这种人很有良心，凡事替别人着想，对人生看得很开。虽然他朝着自己的目标前进，但并不因此而盲目，也不会因此局限了自己的视野。他乐于帮助他人，一点儿也不嫉妒别人。受其帮助的人，经常问他该如何回报，那些人并不知道，让这个人提供帮助，便是给他的最大回报。

眼皮沉重。这样的人就像宠物一样可爱，想睡觉时眼睛也是这个模样，因此，睡觉成为他离开人群最好的借口，不需多说，这人说话必是轻声细语，行事轻松自在，但却保守退缩。

眉眼相距远。这样的人很大胆，而且能够一眼看穿任何人。他们灼热的眼神很容易便能够穿透甚至粉碎大多数人的保护网。这种人喜欢证明自己有权威，而且常常会这么做，他时常不说一句话，却以冰冷的、可以洞悉一切的眼神，凝视着自己的对手，这种人有一颗深思熟虑和逻辑性强的心。

眼睛上扬。眼睛上扬是假装无辜的表情，这种动作好像作证自己确实无罪似的。目光炯炯望人时，上睫毛极力往上压，几乎与下垂的眉毛重合，形成一种令人难忘的表情，传达某种惊怒的心绪，斜眼瞟人则是偷偷地看人一眼而不愿被发觉的动作，传达的是羞怯腼腆的信息，这种动作等于是在说："我太害怕，不敢正视你，但又忍不住地想看你。"

眨眼。眨眼包括连眨、超眨、睫毛振动、挤眼睛等。连眨发生于快要哭时，代表一种极力抑制的心情。超眨的动作单纯而夸张，眨的速度较慢，幅度却较大，眨的人好像在说："我不敢相信自己的眼睛，因此，大大地眨一下以擦亮双眼，确定我所看到的是事实。"睫毛振动时，眼睛和连眨一样迅速开闭，是种卖弄花哨的夸张动作，好像在说："你可不能欺骗我啊！"

挤眼睛。挤眼睛是用一只眼睛使眼色，表示两人间某种默契，它所传达的信息是："你和我此刻所拥有的秘密，任何其他人无从得知。"在交际场合中，两个朋友之间挤眼睛，是表示他们对某项主题有共同的看法或感受，比在场的其他人都很接近。假如两个陌生人之间挤眼睛，则无论怎样，都有强烈的挑逗意味。由于挤眼睛意含两人之间存有不足为外人道的默契，自然会使第三者产生被疏远的感觉。因此，不管是偷偷还是公然的，这种举动都被一些重礼貌的人视为失态。

相关链接

鼻不高者脑不灵

古人认为下列鼻形也都有其可取之处：鼻如悬胆、鼻准圆红，家财丰厚；鼻耸天庭穴（两眉间印堂穴上面），名声远播；鼻体丰隆，准头圆润，且略带前凸，叫鹿鼻，多情多义，贤人达贵；鼻高昂直，高官尊贵；鼻直而厚，位列诸侯；山根、年寿平直，兰廷丰盈，家财丰厚，中晚年得志显贵；兰台对称，年寿、山根不露脊，鼻带光泽，家业兴旺之相。

下列鼻形不好：鼻梁不正，中年遇困；鼻梁无骨，恐遭夭折；鼻体露骨，多疑且心狠；露脊准尖是鹰嘴鼻，非德高之人；两孔外露叫露孔鼻，败坏祖业之人；年寿部粗大鼓凸，叫孤峰鼻，多灾多难，伤家人之相。

近代也有通过鼻子的类型观人的说法：

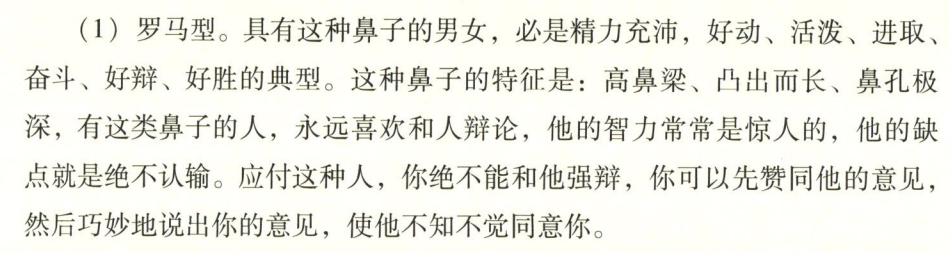

（1）罗马型。具有这种鼻子的男女，必是精力充沛，好动、活泼、进取、奋斗、好辩、好胜的典型。这种鼻子的特征是：高鼻梁、凸出而长、鼻孔极深，有这类鼻子的人，永远喜欢和人辩论，他的智力常常是惊人的，他的缺点就是绝不认输。应付这种人，你绝不能和他强辩，你可以先赞同他的意见，然后巧妙地说出你的意见，使他不知不觉同意你。

（2）希腊型。这种鼻子或者叫艺术家型。它的特征是：直、长、细而凸出，类似中国相书所谓"伏犀鼻"。具有这种鼻子的人，大部分是内向型，性情和平、温柔，不走极端，富有艺术天才，爱美，富于幻想。如果"鼻如悬胆"，即鼻尖下垂一下"U"字形，这种人具有创造性精神，有组织才能，思想敏锐，人缘关系好。

（3）塌鼻型。类似中国相书所谓"狗鼻"。这种鼻子的人能力低劣，也许是肺部的能力欠缺的原因，这种人大部分很懒惰。这种鼻子的特征是：凹进，好像没有鼻梁。假使你遇到一个塌鼻型的人，你可以就断定他缺乏创造性，缺乏力量，缺乏奋斗精神，缺乏决断力。这种人常常显得犹豫不决，而且急躁易怒，一生中常是一事无成。

（4）掀鼻型。鼻梁露骨，鼻子上翻，假使只是鼻子向上翻，那他是一个乐天派，他的人生观就是"今朝有酒今朝醉"。这一种人还有一种习气，就是爱问东问西，假使你碰着这种人，你也许会感到这种人无聊。若他的鼻子尖向上翻，鼻梁又露骨的话，他一定是倾家荡产的浪子。

（5）鹰嘴鼻。鼻子尖向下压，犹似一个钩，有这种鼻子的人，个性悭吝贪婪、自私自利、奸险妒诈。鼻子的形状像鹰嘴，尖向下垂成钩状，多攻击性强。

人们对于鼻子高低、大小等形状或种类所象征的性格，虽然有各种的说法，但那些究竟只是指固定不动的鼻子而言，却忽略了鼻子也有捉摸不定的动作。诸位不妨注意鼻子的动静，试着看透对方的心理。

1. 鼻孔胀起时

在谈话中对方的鼻孔稍微胀大时，多半表示对你所说有所不满，或情感有所抑制。通常人鼻孔胀大是表现愤怒或者恐惧，因为在兴奋或紧张的状态中，呼吸和心律跳动会加速，所以会产生鼻孔扩大的现象，因此，人在极度高兴、愤怒之时往往表现得呼吸很急促。这说明其精神正处在一种亢奋状态。

至于对方鼻孔有扩大的变化究竟是因为得意而意气昂扬，还是因为抑制不满及愤怒的情绪所致？这就要从谈话对象的其他各种反应来判断了。

2. 鼻头冒汗

有时这只是个人生理上的毛病。但平日没有这种毛病的人，一旦鼻头冒出汗珠时，应该就是心理焦躁或紧张的表现。如果对方是重要的交易对手时，必然是急于达成协议的情绪表现。因为他唯恐交易一旦失败，自己便陷入极大的不利局面，所示心情焦急紧张而陷入一种高度紧张的状态，以致鼻头发汗。

而且，紧张时并非仅有鼻头会冒汗，有时腋下、手心等处也会有冒冷汗的现象。没有利害关系的对方，产生这种状态时，不是他心有愧意，受良心苛责，就是因为隐瞒某个秘密产生了紧张的心理。

3. 鼻子的颜色变化

鼻子的颜色并不常发生变化，但是如果鼻子整个泛白，就显示内心有所恐惧，如果对方与自己无利害关系，多半是他踌躇、犹豫的心情所致。

有时，这类情况也会出现在向女子提出爱情的告白却惨遭拒绝，自尊心受到伤害又无从发泄时。此外心中困惑、有罪恶感、尴尬不安时，鼻子也会泛白。

上述的鼻子动作或表情极为少见，而平常人更不会去注意这些变化，但若想读出对方心理，就必须详加注意他鼻子的动作、颜色和目光的动向等，因为它可以帮助你作出正确的判断。

4. 鼻子的小动作

皱鼻子表示厌恶，歪鼻子表示不信，鼻子抖动是紧张，抽搐鼻子一定是闻到怪味，鼻孔箕张代表发怒或恐惧，哼鼻子有排斥的意味，嗅鼻子是任何气味下都有的反应。

想骗人的时候，会不经意地用手抚摩鼻子；思考难题或极度疲乏的时候，会用手捏鼻梁；厌倦或挫折的时候，则常用手指挖鼻孔。这些触摸自己鼻子的动作，都可视为自我安慰的信号。

如果有人问我们一件难以答复的问题，我们为了掩饰内心的混乱，而勉强找出一个答案应付时，很自然手会挪到鼻子上，摸它、揉它、捏它，甚至压挤它，好似内心的冲突会给鼻子造成压力，而产生一种几乎不为人所知觉的瘙痒感，以致我们的手不得不赶来救援，千方百计地抚慰它，想要使它平静下来。这种情形见诸不惯于撒谎的人，在他不得不隐瞒真相时最为明显，有经验的人很快可从鼻子的相关动作上看出别人的隐情。

考虑难题时会捏一捏鼻梁，这个动作可能也是基于相同的理由，鼻梁下的鼻窦部位由于紧张则产生轻微的痛感，用手指捏一捏鼻梁可以减轻疼痛。

第四章　情态鉴

容貌骨之余，情态神之余

【原典】

容貌者，骨之余，常佐骨之不足。情态者，神之余，常佐神之不足。久注观人精神，乍见观人情态。大家举止，羞涩亦佳；小儿行藏，跳叫愈失。大旨亦辨清浊，细处兼论取舍。

【译文】

容貌是骨体进一步的外在表现，观之可以弥补我们在"骨相"上品鉴的不足。情态是精神的显露，能清楚表明人的精神状态。长久地关注某人要重在发现其精神内质，初见某人则应注意其情感态度。举止有大家风范的人，他的羞涩情态都显得优雅得体；而不成熟的人越是叫嚣得厉害越暴露无遗。观人要在大处分明清浊，小处观其行止，最后得出结论就可以取舍。

解读

情态弥补神之不足

曾国藩对"情态"十分重视。"情态"与平常所说的"神态"有没有区别呢？曾国藩认为，"神"与"情态"有非常紧密的关系，它们是里与表的关系。

"神"蓄含于内,"情态"则显于外,"神"以静态为主,"情态"以动为主,"神"是"情态"之源,"情态"是"神"之流。

"情态"是"神"的流露和外现,二者一为表,一为里,关系极为密切,所以说"情态者,神之余"。如上所述,如果其"神"或嫌不足,而情态优雅洒脱,情态就可以补救其"神"之缺陷,所以说"常佐神之不足"。

任何一个人,其性格作风、思想境界、专业能力、学识水平等,也就是曾国藩所言"情态"与"神态",都是在不断发展变化的。有的人越变越好,小才变为大才,歪才变为良才;有的则由好变差,由风华正茂变为江郎才尽。所以要于万千人当中寻得人才,必须以发展的眼光看人。

早年的李鸿章桀骜不驯,目中无人,并且带有一种虚伪性,远非重朴质的曾国藩所能看得上。但曾国藩看出李鸿章确有才干可用,日后必成大器,遂予重用。在后来长期的磨炼中,李鸿章逐渐改变其浮巧和锋芒毕露的弱点,越发稳重和坚忍,最终青史留名。曾国藩以发展的眼光看人,的确高人一筹。

汉代叱咤风云的大将韩信,早年家贫,又不会做买卖,常寄食于别人家,众人多嫌弃他。淮阴屠户当众欺负他,使他蒙受"胯下之辱"。他后来投奔项羽,不受重用。汉丞相萧何不计其过往劣迹,慧眼识真才,发现他具有卓越的军事才能。萧何月下追韩信,向刘邦保举其为大将军,并鼓励他施展才华。在漫长的楚汉战争中,韩信充分发挥了他的军事才能,为刘邦建功立业出了大力。

如果刘邦总是用韩信受过胯下之辱的往事来估量韩信的才能,而没有发展看人的慧眼,则韩信就只能成为人们眼中的一介武夫、无能之辈,一代人才就会被埋没。

从上面的事例中可以清楚地看出,用静止、孤立的观点看待人,会把活人看成"死人"。只有在发展中看人,才能真正做到知人、识人。

反观今天的某些企业管理者,平时总是嘴上说自己观察人是多么仔细、多么准确,并且总是能够首先看到人家的发展方向。这些话让手下人不免为之心动。可在实际工作中,他们却往往总是一提到某人,就先从这个人以往的某几件事情上大肆议论,历数他过去的种种过失,然后,就轻易地下结论说，这个人似乎也就这样了，以后难有作为。这种用静止的眼光识人的做法，实际上是非常愚昧、狭隘的。

大家都知道，日行千里的良马如果没有遇到伯乐，就会被牵去与驴骡一同拉车；价值千金的玉璧，如果没有善于鉴别的玉工，就会被混同于荒山乱石之中。对于人才，如果不用长远、发展的眼光看其潜力，就会使其被埋没。

具有潜质的人犹如待琢之玉，似蒙土的黄金，暂时没有引起世人的重视，没有得到公众的承认，若没有独具慧眼的"伯乐"，是难以被发现的。

千里马若不遇伯乐，恐怕要终身困守在槽枥之中，永不得向世人展示其日行千里的风采。许多具有潜质的人都是被具有发展眼光的"伯乐"相中的，得到了发展成长、施展才华的机会，最终才获得成功。

在发现"千里马"之后，用人者应注意做到下面几点：

鼓励他在公开场合阐明自己的观点和建议，这样做为的是增加他对你的信任以及对组织的归属感，表明他的建议受到你的重视。

视他为管理工作上的一项挑战，有些管理方法，对待水平较低的下属或许绰绰有余，而在优秀人才眼中，你只是代表一个职位、一个头衔，并不表示你的才干胜过所有的人，要他们全听你的，并不是一件很容易的事。

给他明确的目标和富有挑战性的工作，卓越的人才行事都异于常人，但又会有出乎意料的成功。你给他们明确的目标和富有挑战性的工作，他定会感到被看重而满怀工作激情。

对他突出的贡献给予特别的奖励，在你还没有给他更高的报酬时，一些特别的奖励是必要的。对于他对公司突出的贡献，如无特别待遇，他的动力就会减弱，但不表示他不再追求进步。

适时地赞美他的表现，不要担心他会被宠坏，在他有了杰出表现之后，适时地加以称赞和鼓励。假如你对他冷漠，会使敏感的他以为你嫉妒他。

推荐一些对他有帮助的书籍，"学如逆水行舟，不进则退"。如果你将卓越人才的工作日程安排得密密麻麻，这样他就没有时间学习新事物，不断地工作将使他精神疲累。

总之，人是在发展变化中走向成熟和卓越的，总是在不断总结经验教训中增长才干，发挥才能。善于用发展的眼光来识别人，才是唯物主义的科学态度。

其实，作为知人识人者，真正以发展的眼光来识人，实际上也正是他自身素质不断提高的过程。

相关链接

久注观精神，乍见观情态

"神"与"情"常被合称为"神情"，似乎二者是一回事儿，其实二者相去颇远，大有区别。"神"含于内，"情"现于外；"神"往往呈静态，"情"常常呈动态；"神"一般能久长，"情"通常贵自然。总之，精神是本质，情态是现象。曾国藩认为，"乍见观人情态"，这是一个识人的捷径，尽管可能会有遗漏之处，但总能看个大概，可为进一步的观察做好准备。

识人难，有识人者与被人识者两方面的原因。作为识人者，初次见面往往受情绪干扰、感情偏见等诸多因素的影响；而被人识者又往往有复杂而多变的心态组合，会给辨别贤才者带来困难，所以在观人情态的过程中一定要注意以下几点：

1. 不露声色地旁观

识人才者站在旁观者的立场上，可以平心静气，比较客观，能超脱地对人才进行多角度、全方位的观察；被观察者只有在缺少戒备心理，很少以取悦的心态进行"乔装打扮"时，呈现出来的才是比较淳朴的"真容"。

以旁观者的身份对一个人进行客观公正的观察，才能收集到有关这个人的真实信息。其中要注意：

（1）嫉妒心强的人不可用。嫉妒心人人都有，但若过于强烈，就是严重的性格缺陷了。这种人，一不能用公平的眼光看待别人；二不能实事求是地对待自己。

（2）只知追求眼前之功，不管计策是否可行的人不可用。只追求眼前的蝇头小利，不顾长远的大利益，这是严重的短视行为。

（3）把任何事情都看得过于简单的人不可用。这种人大多志大才疏，办事情的态度极不认真、严肃，往往把简单的事情弄得一团糟。

（4）轻诺说大话的人不可用。这种人接受任务时大包大揽，真正做起来却一拖再拖，且会寻找种种借口，任何时候都有理由。

2. 面对面地直接观察

旁观法识人主要是旁观，而面对面地直接观察却要做正面接触。"识人之道"有七条：对人才提出问题，让其分辨是非曲直，以考察他的立场、观点和志向；提出尖锐问题使其理穷辞少，以考察他分析问题的逻辑性、应变能力和敏感力；就某些重大问题，让其出谋划策，看他有无远见卓识和雄才大略；交与其最艰巨的任务，讲明困难与危害，看他的胆识和勇气；与其开怀畅饮，看他的自我控制力及其品性；让其干有利可图的事，看他是否保持清廉本色；委托其办事，看他能否如期完成，信守诺言。与此同时还要注意以下问题：

（1）要注意保密性。要让被考察者在无拘无束、自由自在中淋漓尽致地表现自己，真正做到"我就是我"。

（2）考察的目的要明确。识察人才要有明确的目的，不能随心所欲，想到什么就观察什么。只有针对性强，才能选出所需的人才。

3. 观其周围的朋友

相人观友法之所以能够取得一定的效果，原因不外乎有三：

（1）物以类聚，人以群分。由于性格上的一致，人们往往自然趋于贴近；由于利益上的一致，而自然共同努力；由于所处环境的相同，而自然相互同情和帮助；由于事业追求的一致，而自然共同奋斗。正所谓："同恶相助，同好相留，同情相成，同欲相趋，同利相死。"

（2）人对交友是有一定选择的，在一般的情况下，人们总是选择那些年龄相近，性格比较一致的朋友；爱好相近，追求比较一致的朋友；文化教养相近，谈吐比较一致的朋友；处境相近，爱憎比较一致的朋友等。因此而形成群友的才德较为相近的情况。

（3）朋友之间有着重要的"同化效应"。由于各种特殊原因而造成某些年龄、性格、文化、爱好不尽相同的朋友相结交，但是，这些朋友群体频繁接触，甚至朝夕相处，自然形成一种"人际小环境"，其中品质、爱好相近的大多数人必然对"不大一致"的少数人产生重要的影响，以致逐步地同化着少数人，此即所谓"近朱者赤，近墨者黑"。

正是由于上述三个原因，而造成大多数朋友之间的相近性和一致性。正如荀子所说："不知其子，视其友；不知其君，视其左右。"也应了管子所教："观其交游，则其贤、不肖可察也。"这正为我们识人提供了一个重要的方法，即"相人观友法"，这是初次直观识人的一个良方。

情态有四：柔弱、狂放、疏懒、周旋

【原典】

有弱态，有狂态，有疏懒态，有周旋态。飞鸟依人，情致婉转，此弱态也。不衫不履，旁若无人，此狂态也。坐止自如，问答随意，此疏懒态也。饰其中机，不苟言笑，察言观色，趋吉避凶，则周旋态也。皆根其情，不由矫枉。弱而不媚，狂而不哗，疏懒而真诚，周旋而健举，皆能成器；反之，败类也。大概亦得二三矣。

【译文】

常见的情态有以下四种：柔弱之态、狂放之态、疏懒之态和周旋之态。小鸟依依，情致婉转，娇柔亲切，这就是弱态；衣冠不整，不修边幅，恃才傲物，目空一切，旁若无人，这就是狂态；想做什么就做什么，想怎么说就怎么说，不分场合，不论忌宜，这就是疏懒态；把心机深深地掩藏起来，处处察言观色，事事趋吉避凶，与人接触圆滑周到，这就是周旋态。这些情态，都是人的内心本色的外在表现，不由人任意虚饰造作。委婉柔弱而不曲意谄媚，狂放不羁而不哗众取宠，怠慢懒散却坦诚纯真，交际圆润却强干豪雄，日后都能成为有用之才；反之，则是败类俗流。只要分辨出情态的大概状态，就能有二三成的把握看清一个人的将来。

解读

情态四种，各具风流

曾国藩指出了四种形态：弱态、狂态、疏懒态、周旋态，并给它们下了定义，作了对比和定性分析。文字不多，但微言大义，言近及远，值得借鉴。

"弱态"之人，性情温柔和善，平易近人，往往又爱多愁善感，"细数窗前雨滴"，缺乏阳刚果敢之气，有优柔寡断之嫌。即所谓的"多才惹得多愁，多情便有多忧，不重不轻证候，甘心消受，谁教你会风流"之人。

但这类人的优点和长处在于内心活动敏锐，感受深刻，若从事文学艺术事业或宗教慈善事业，往往可能做出一定成就。这种人心事细密，做事周全，易叫人放心，但不太适合做开创性的工作。

"狂态"之人，大多不满现实，愤世嫉俗，对社会弊病总喜欢痛斥其不足，个人品性往往是耿介高朴，自成一格。正因如此，难以与其他人打成一片，团结合作精神不是很好。但这类人有钻劲，又聪明，肯发奋，持之以恒，终能有过人的成就。历史上如郑板桥等人，就属这一类。但过于狂傲，失却分寸，又可能给自己带来不少麻烦。如三国时的杨修，恃才傲物，又不肯遵军纪，随便乱说，掉了脑袋；祢衡，年纪轻轻的，不仅不服人，还公然擂鼓大骂曹操，丢了性命。他们的死，不能说曹操毫无责任，但与他们自己的狂傲不羁也不无关系。

具"疏懒态"者，大多有才可恃，对世俗公认的行为准则和伦理规范不以为然，满不在乎，由此引发而为怠慢懒散，倨傲不恭。这种人，倘若心性坦诚而纯真，则不仅可以呼朋引类，广交天下名士，而且在学术研究或诗歌创作上也会有所成就。疏懒往往只是他们人格的一个侧面，如果某种事业或某项工作确实吸引了他们，他们会全身心地投入其中，孜孜不倦，勤勉无比。虽然他们在日常生活中会疏懒不堪，但有一点则是无疑的，即断不能做官，上官一般不会选择他们作为下官，而他们既不善与同僚相处，也不善于待人接物，更不会奉承巴结上官。

他们这么做多半是因为不愿在这些人际关系方面去浪费精力和时间，因此他们宁愿挂冠弃印而去。如陶渊明，做了四十多天小官，毅然辞职而去，宁愿去种田，"带月荷锄归"，种种地，写写诗，过"采菊东篱下，悠然见南山"的神仙日子。尽管生活很艰苦，他也自得其乐，绝不为五斗米向上官折腰。

具"周旋态"者，智慧极高而心机机警，待人则能应付自如，接物则能游刃有余，是交际应酬的高手和行家。这种人是天生的外交家，做国家的外交官或大家豪门的外掌柜，任大公司或大单位的公关经理，都能愉快胜任的，其办事能力也很强，往往能独当一面。假若在周旋中别有一种强悍豪雄之气，那么在外交场合，必能折冲樽俎，建功立业。古人所谓"会盟之际，一言兴邦；使于四方，不辱廷命"，说的就是这个意思。如历史上盛传的蔺相如完璧归赵、唐雎不辱使命等故事，就是这方面的典型代表。

然而，这中间仍需细细分辨，事物往往不会简单到四种类型就能概括一切，人之情态也如此：

"弱态"若带"媚"，则变为逢迎谄媚之流，摇尾乞怜之辈，这是一种贱相。

"狂态"若带"哗"，则为喧嚷跳叫，无理取闹之流，暴戾粗野，卑俗下流之辈，这是一种妄相。

"疏懒态"若无"真诚",则会一味狂妄自大,此实为招祸致灾之阶,殊不足取,这是一种傲相。

"周旋态"若无"健举",会城府极深,近狡诈、阴险和歹毒,这是一种险相。对这种人,倒是应该时时警惕,处处提防的,不能因一人之险进而乱了自己的阵脚,甚至败坏了自己的事业。

相关链接

用人之长,容忍所短

四种情态都是人之根性,但并不是全部,只要有其他优点得以补偿,照样可以成大器。

清代思想家魏源指出:"不知人之短,不知人之长,不知人长中之短,不知人短中之长,则不可以用人,不可以教人。"

事实上,人各有所长,亦各有所短,只要能扬长避短,天下便无不可用之人。从这个意义上讲,领导者的识人、用人之道,关键在于先看其长,后看其短。

唐代柳宗元曾讲过这样一件事:一个木匠出身的人,连自身的床坏了都不能修,足见他兢凿锯刨的技能是很差的。可他却自称能造房,柳宗元对此将信将疑。后来,柳宗元在一个大的造屋工地上看到了这位木匠。只见他发号施令,操持若定;众多工匠在他的指挥下各自奋力做事,有条不紊,秩序井然。柳宗元大为惊叹。

对这人应当怎么看?如果先看他不是一位好的工匠就弃之不用,那无疑是埋没了一位出色的工程组织者。这一先一后,看似无所谓,其实十分重要。从这个故事中可以悟出一个道理,若先看一个人的长处,就能使其充分施展才能,实现他的价值;若先看一个人的短处,长处和优势就容易被掩盖和忽视。因此,看人应首先看他能胜任什么工作,而不应挖空心思挑其毛病。

《水浒》中的时迁,其短处非常突出——偷鸡摸狗成习。然而,他也有非常突出的长处——飞檐走壁的功夫。当他上了梁山，被梁山的环境所感化、改造，他的长处就被派上了用场。在一系列重大的军事行动上，军师吴用都对他委以重任，时迁成了有用的人。看人首先要看到他的长处，才能把他的才干充分利用起来。

善于从短处看长处，又是识人的一个诀窍。唐朝大臣韩混一日接待了一位经别人举荐来求官的年轻人。韩混置酒设宴招待他，席间，此人表现出脾气有些古怪，不善言辞，不谙世故。通常，这种人多不受喜欢，难被启用。然而，韩混却从他不通人情世故之短，看到他有铁面无私、不曲不阿之长，于是，便命他为"监库门"（即现在的仓库管理员）。果然，自他上任之后，从无仓库亏损之事发生。

在用人所长的同时，要能容其所短。短处包括两个方面：一是人本身素质中的不擅长之处；二是人所犯的某些过失。一方面，越有才能的人，其缺陷也往往暴露得越明显。例如，有才干的人往往恃才自傲，有魄力的人容易不拘常规，谦和的人多胆小怕事，等等。另一方面，错误和过失是人难以避免的，因此，如果对贤才所犯的小错也不能宽恕，就会埋没贤才，世间就几乎没有贤才可用了。西汉文学家东方朔在给汉武帝的奏疏中说："水至清则无鱼，人至察则无徒。"水太

清，鱼就养不活；对人过于苛求，则不可能用人。

但在现实生活中，仍有些管理者在试图寻找完美无缺的员工，他们眼中完美员工的形象总是品质、学识、能力、身体、团队适应能力都是完美和一流的。他们求全责备，很少有人合乎他们的要求。他们招聘来的人，往往是"全能型"的，没有明显的弱点，但却不是专业型的。这些人在完成具体的工作时，通常不如那些虽有缺点，但在某个方面有优势的人发挥得好。

优秀的管理者在选用人才时，总是优先考虑这个人能做什么、做得多好为标准。

优秀的管理者知道，完人的标准也是在变化的。工业时代标准的完人，可能成为信息时代标准的废人；在工业时代来说是"无用"的人，在信息时代来说可能是"优异"的人。

所以他们在用人时，并不总是盯住员工的缺点，要去"消除"它；他们能够对无关紧要的缺点视而不见，专注于员工的特长，并且最大限度地发挥它。

世上没有完美的人，如果管理者只盯着下属的缺点，不能容忍有缺点的人，那么就无人可用了。缺点和长处往往是共生的，在此方面的优点，在别的方面就可能成为缺点。过分果断就可能是刚愎自用，过分谨慎可能就是优柔寡断。

　　知人善任作为一种领导艺术，就要本着"金无足赤，人无完人"的原则，不因为一个人有缺点和过失而使之才无所用，不要让人觉得怀才不遇。古人都知道用人不求其备，论大功不录小过的道理。刘邦本人在很多人看来是个无赖，他所用的人大都是负有恶名，但都有一技之长的人，大家合起来就是一个整体，无往而不胜。刘邦用人只求独当一面而不要求文武齐备，这大概就是刘邦能得天下的原因吧。

　　一个管理者如果想让手下都是没有弱点的人，那么他所领导的组织，充其量也只是一个平凡的机构。所谓完美无缺的人，因为由于追求全面和均衡，他们往往在某个方面钻研不深而成为实际上的价值不大的人员。特别是在现代社会学科知识门类众多，知识飞速更新的年代，传统意义上的"全才"已经不可能存在。"成功者都是偏执狂"，追求完美就意味着平庸，往往是某方面有缺陷的人才最后获得成功。

　　所以，管理者在使用人才时，要能容人之短，对于那些有缺点或有争议的人才也要大胆使用，使他们能充分发挥其才干，从而帮助自己取得事业上的成功。

前者恒态，又有时态

【原典】

　　前者恒态，又有时态。方有对谈，神忽他往；众方称言，此独冷笑。深险难近，不足与论情。言不必当，极口称是；未交此人，故意诋毁。卑庸可耻，不足与论事。漫无可否，临事迟回；不甚关情，亦为堕泪，妇人之仁，不足与谈心。三者不必定人终身。反此以求，可以交天下士。

【译文】

　　前面说了恒态，现在要谈时态了，这也是情态的一种。与人交谈时神游他处的人缺乏诚意；大家都在言谈欢笑，而他却独在一处冷笑的人深险难近，这样的两种人都不能与之建立情感。无论别人说什么都极口称是，对于还未交往的人就刻意诋毁，这两种人属于卑鄙、庸俗、可耻之辈，不能与之合作共事。做事拿不定主意的人优柔寡断，为不相干的事大动感情的人为妇人之仁，这样的人不值得与他推心置腹。以上三种情态虽不能定下一个人的终身命运，而若能反以上三种人而求之，就可以遍结天下朋友了。

解 读

察人要恒态、时态相结合

恒态，直解为恒定时的形态；具体来说，就是人的形体相貌、精神气质、言谈举止等各种形貌在恒定状态时的表现，在这儿主要是指言谈举止的表现形态。

观察一个人的恒态，对帮助评判他的心性品质有重要作用。

时态，与恒态相对，直解为运动时的形态，时态与人的社会属性、社会环境密切相关。人的活动，无不打上环境和时代的烙印。脱离时代与环境而独立生活的人是不存在的。连荒岛上的鲁滨孙也用着其他人造的枪和火药。通过时态，能充分体察出人的内心活动。

古人由于各种局限，未能明确地提出"恒态"与"时态"相结合的方法，较多地注意了"恒态"而忽略了"时态"，因而缺陷不小。曾国藩在这方面则跳出了前人的框子而有所创建，明确提出"恒态""时态"概念，由自发上升到自觉高度，在这方面比其他人大进了一步。这也是曾国藩作为晚清重臣的过人之处。

古人并没能提出"恒态""时态"的动静结合方法，而《冰鉴》却弥补了其中的不足。实际上，恒态与时态相结合的方法，有辩证法的成分，能有效地避免机械主义的错误。

恒态注重于眼观，时态注重的是实践。识人的经验告诉人们：眼观不能完全代替实践，这是千真万确的。因为人的眼睛识人，因种种原因可能会产生某些错觉。所以，要从根本上识人，只能通过实践，实践出真知。即识人要重在其实践，通过实践看其表现如何。日常生活中，一些人可以用花言巧语去骗人，但要用其实践去掩盖自己的虚诈面目是难的，假动作可以骗人于一时，但不可能骗人于一世。

识人，要听其言，观其行。就是强调识人不仅要听其所说如何，更重要的是要看其所做如何，这就是我们所讲的实践。

听舆论对人的评价，对辨别贤佞虽有参考的作用，但难以确定。因为舆论如出于别有用心而颠倒是非的人之口，好人可以被说成坏人，坏人也可以被说成好人。所以识人要务实，即要实事求是地弄清其人的行为，在事实面前，贤佞自可辨明。因此，看人要看其实践，从其人实践中就可知其人如何，实践是识人的标准。

《三国志·蜀书·魏延传》记载：魏延，字文长，义阳（今河南桐柏东）人。以部曲随刘备入界，屡有战功，升牙门将军。刘备任汉中王，迁都成都，物色重将镇守汉中，众论以为必是张飞，飞亦认为非己莫属，因刘备最信任的是关羽、张飞，而这时关羽在镇守荆州。可是，刘备却破格提拔魏延为督汉中镇远将军，领汉中太守。汉中位处前线，是蜀重镇，镇守汉中是独当一面，不用为众所称的虎将张飞，而被破格提拔一牙门将军负此重任，这大出人们意料之外，因而引起全军大惊。刘备大会群臣，问魏延："今委卿以重任，卿居之欲云何？"魏延答道："若曹操举天下而来，请为大王拒之；偏将十万之众至，请为大王吞之。"刘备赞许。

刘备以知人见称。刘备之所以知人，主要看其人在实践中如何。他选将用人也据此而定。刘备破格提拔魏延镇守汉中，是根据魏延在战争实践中的表现决定的。魏延出身行伍，他学到打仗的本领来自实战，是以其卓越的战功获刘备赏识的。

在实践中识人，从根本上说，就是行为观察：听其言，观其行，这是古今中外识人的方法之精华所在。

古人说，善观人者索其终，善修己者履其始。就是说，善于观察识别人的人必须考察其所观察对象行动的最后情况，善于自我完善的人必然始终如一。

总之，听言不如观事，观事不如观行。即听其说话不如看他做事，看他做事不如观察其德行。

相关链接

优柔寡断者，不可谈心

生活中有一类人，他们优柔寡断、畏畏缩缩，做事只知因循守旧，而不知人有创新、陈规当除。因此，他们既缺少雄心壮志，又没有什么实际才干，动手动脑能力都差。遇事唯唯诺诺，毫无主见，喜欢推卸过错，不敢承担责任，不敢挑工作重担。因而，他们什么见解也没有，什么事也做不成，徘徊迟疑，犹豫不决，空老终身。

"不甚关情，亦为堕泪"。指生活中那类多愁善感的人，他们内心世界很丰富，也非常敏感，见花动情，闻风伤心，如病中的小女人，软弱憔悴。凡遇事情，不论与自己相不相关，都一副泪眼汪汪的样子，一副病中女儿态。

曾国藩对文中两种人一言评之为妇人之仁。这个评断正确与否，贴切与否，精当与否，可以讨论。但文中所指的两种类型之人，确是存在于生活中的，要与这种人交谈共事，的确很让他人为难。须眉丈夫，整天如小女人一样扭捏垂泪，这种人能办什么事情？没有意志、没有头脑，全凭"夫君"做主，能有成就么？因而作者说，不足与之论心。

生活中，很多看似平庸的人，由于具有坚定的信念，由于他们果敢坚决，最终成了人群中的佼佼者。而很多有才华的人却空有满腹文章，空有一身本领，依然在原地踏步。他们时时给人以无限的期望，然而结果却总是让人失望，这都是因为他们如妇人般优柔寡断、畏畏缩缩。

一个人发现他处于紧急关头，必须立刻做出决定的时候，尽管他明明知道从自己所有的经验和知识来看，那一定不是一个成熟的决定。但他必须这样认为：他正在做一个当时情况下他所能做出的最佳决策和行动。人生中许多重大的决定都是这样做出的。

只有独立自主、相信自己，才能让那些见异思迁、犹豫不决的人形成立刻行动、雷厉风行的做事风格。一个人永远都不要让反复思考使你摇摆不定，从这边到那边，又从那边回到这边，老是在左右之间徘徊，试图平衡所有的考虑，做很多的无用功。决定一旦做出，就是最终的、不可动摇的，然后全力以赴，将决定付诸行动，即使有的时候会犯错误，也比那些永远在考虑、权衡、磨蹭的人要强。迅速做出决策的习惯养成之后，长此以往，他决策时的信心将逐渐产生出一种新的独立的精神力量。

果断的人，能够迅速、敏捷、坚定地做出决策的人，他的追随者会对他抱有信心，人们才会把他置于信任的位置。没有人愿意看到在责任重大的关键位置上有一个优柔寡断、经常拿不定主意的人。

下面我们看一个纽约州选举州长的故事。一位知识丰富、天资聪慧而又颇受欢迎的候选人，被主持任免工作的政党领袖们视为最佳人选。当晚在举行任命会议之前，他们在餐桌上见面了。这位候选人的口味特别挑剔，他在每道菜上都要犹豫半天。

"先生，需要野味吗？"点完菜后，服务员又问道。

"你们有哪些野味呢？啊，鹌鹑！给我来鹌鹑吧——哦，不！这里有野鸡啊。如果方便，还是要点野鸡。"

当服务员走了以后，他没有说什么，却表现得十分焦急不安。随后，野鸡上来了，他嘀嘀咕咕道："我想我还是都要了吧。来一只鹌鹑。对，两种都来点儿。"

但是，当两个盘子放在他的前面的时候，他极其不高兴地把它们推到一边，大声喊道："全部拿走！我一点野味也不想吃了。"

当晚餐结束后，他离开了餐厅。一种几乎没有异议的看法在餐桌上形成了。

"不行，先生们，"一位领导人说，"这个人是这样的犹豫不决，他连自己吃什么都不能立即做决定，缺少当纽约州州长必须具备的素质。"

"我们需要的是这样的人，他作为州长，以后可能是总统，他可以有别的什么缺点，但是千万不能在做决定时因为不必要的犹豫和耽搁而遭弹劾。"

第五章　须眉鉴

少年两道眉，临老一付须

【原典】

"须眉男子"。未有须眉不具可称男子者。"少年两道眉，临老一付须。"此言眉主早成，须主晚运也。然而紫面无须自贵，暴腮缺须亦荣；郭令公半部不全，霍嫖骁一副寡脸。此等间逢，毕竟有须眉者，十之九也。

【译文】

人们常说"须眉男子"，就是将须眉作为男子的代名词。古人说："少年两道眉，临老一付须。"这句话是说，一个人少年时的命运如何，是要看眉毛的相，而晚年境遇怎么样，则以看胡须为主。但是也有例外，脸面呈紫气，即使没有胡须，地位也会尊贵；两腮突露者，就算胡须稀少，也能够声名显达；郭子仪虽然胡须稀疏，却位极人臣，富甲天下；霍去病虽然没有胡须，只是一副寡脸相，却功高盖世。但这种情况，不过只是偶然碰到，毕竟有胡须有眉毛的人，占男人中的绝大多数。

解读

眉主早成，须主晚运

"眉"如同日月之华彩，山峦之花木一样，是一个人健康状况、性格气质、贵贱聪愚的表面特征。古人认为眉以疏朗、细平、秀美、修长为佳。形状就像悬挂的犀牛角和一轮新月。眉毛细软、平直、宽长者是聪明、长寿、尊贵的象征。而眉毛粗硬、浓密、逆生、散乱、短促、攒缩者,是愚蠢、凶顽、横死之相,从美学的角度看,也是前者是美的,后者是丑的。

　　眉在审美中的意义很重要,更被古人作为人生命运的一个重要参照系,归纳为以下几点:主兄弟姐妹的多少、命运以及兄弟姊妹之间关系的好坏;主父母的关系和命运;表现一个人的天资、禀赋及性格特征等与生俱来的东西;主寿命的长短;主官禄的有无和贫富状况。总而言之,"眉"对于人的命相十分重要。一个人的健康、个性、秀美、威严都通过眉毛显示出来。"少年两道眉"就是说看一个人有没有成就,是愚昧还是聪明,进而判断他事业的成败,命运的好坏。眉相好,使人显得英俊秀挺,聪明伶俐,最容易给人留下美好又深刻的印象。从而增加施展抱负和实现自我的机会,使其可能少年得志,所以,曾国藩认为"眉主早成"。

　　中国医学认为:"须"属肾。性阴柔而近水,故下长而宜垂。为什么一个人晚运和胡须有关系呢?其原因大概是这样的:大凡胡须丰满美丽者,是因为肾水旺、肾功能强。而肾旺是一个人身体健康和精力旺盛的重要原因和必不可少的条件。身体健康,精力旺盛,意志力常常也很坚定,工作起来得心应手。经过日积月累,到了中晚年,事业就有所成。再者,在传统社会中,以多子多孙为贵。肾是生殖系统的根本,肾水旺,肾功能强,自然容易多子,多子就容易多孙,而多子多孙意味着多福,至少当时的人这么认为。所以,曾国藩认为"须主晚运"。

人的眉毛、胡须都只是人体毛发这个整体中的一个部分。既然是整体中的各个部分，那就应该相顾相称，均衡和谐。眉虽"主早成"，仍要须"苗大丰美"，否则难以为继。不能善始善终，即便有所成，也怕是维持不了多久。再说，眉强须弱，毕竟有失均称，面相便不和谐。"其貌不扬"就这样形成了。胡须虽主一个人的老来运气，但还是需要得到眉毛的照应。不然，就如同久旱的秧苗，迟迟才有雨露浇灌滋润，其果实也不会圆满。总之，阴阳要和谐，须眉要相称，古人相诀中所谓"五三、六三、七三，水星罗计要相参"，就是这个意思。

　　"紫面无须自贵，暴腮缺须亦荣"。古人认为，"紫面"之人是属于金形人带火相，因金的颜色是白的，火的颜色是红的，紫色则是火炼之金，这是宝色。因此，作者才认为"紫面无须自贵"。再从现实生活以及生理学的角度来看，"紫面"者一般气血充沛，性情刚烈，从事某项事业往往有成，并因此而"贵"。腮为口的外辅，口为水星，腮自然也属水，暴腮之人，水必有余。从前面的论述可以知道：水多者，"贵"。所以，暴腮之人即使胡须稀少不全，也当富贵。

相关链接

放眼观人，独具慧眼

　　俗话说：慧眼识良才。怎样才能独具慧眼，善于发现人才？这是人们普遍关心的问题，更是我们一些担负识才之责的同志必须加以认真研究的一门学问。要具备识才的"慧眼"，必须有科学的思维方式，一个高明的识才者通常要具备以下几种思维方式：

　　1. 唯实的思维方式

　　识别人才要从客观存在的事实出发，选拔人才的原则要与人才的客观实际相符，而不是把抽象原则或主观愿望当作识别人才的出发点和归宿。马克思主义认为，原则不是思考的出发点，而是它的最终结果；这些原则不是被应用于自然界和人类历史，而是从它们中抽象出来的；不是自然界和人类去适用原则，而是原则只有在适合于自然界和历史的情况下才是正确的。这就是唯实性思维方式的科学态度。陈云同志说："不唯书，不唯上，要唯实"，是对这种思维方式的本质概括。

坚持用唯实思维方式识别人才，应做到：一切从实际出发，事物的现实状况，人的现实表现，是从实际出发的立足点。但是，人的现实是复杂的，本质和表面现象有时是不一样的。如果只看到一点现象的东西，就下结论，以偏概全，恰恰是唯心思维方式的特征。在日常工作中，经常说对人要有个基本的认识。这个"基本的认识"就是建立在对其本质了解的基础上的，而这个本质是相对稳定的。识才者要考察人才的过去、现在和未来，从中把握人才的发展趋势，把真正有发展前途的人才挑选出来。一切从实际出发，还必须以客观的实践作为检验人才的标准，就是以人的实绩作为识别人才的准绳。

用唯实的思维方式识别人才，还要坚持解放思想。为什么实事求是总是和解放思想联系在一起呢？这是因为思想要随着实践的发展而发展，在发展中不断达到主观和客观的统一，这就要求我们不断地克服不符合客观实际的传统思想，特别是要冲破过去那种"左"的和"旧"的人才观念，用唯实的思维方式去理解新时期的人才现象和人才观点。

2. 整体的思维方式

这是一个高明的识才者通常所具有的一种科学思维方式。整体思维方式的一个基本点，就是从整体的各个部分的联系中把握整体。

整体思维方式的另一个基本点，就是从全局上看局部，或者说把局部放在全局中理解。比如一个领导班子，在才识上有通才与专才的结合，在年龄上有老中青的结合，在气质上有决断与稳健的结合。常常有这样的情况，一个干部能力较强，但在班子的知识结构中有重复性；另一个干部虽然能力较弱，但他的知识正是班子中所缺乏的，这就要从整个班子的整体结构出发，得出恰当的结论。

同整体思维方式相对立的，是片面性的思维方式。片面性的思维方式把整体分割开来，孤立地进行研究，因此形成只见树木，不见森林的特点，它不是从事物诸方面的内部联系着眼，而是抓住一点尽量夸大，不及其余。由于人才工作的特殊性质以及复杂的历史原因，使一些人才工作者长期处于一个封闭的工作状态。档案——谈话——报表，无限循环往复在这样一个封闭的圈子里。这是造成一些人才工作者片面性思维方式的重要原因。

3. 一分为二的思维方式

毛泽东倡导的一分为二的辩证分析方法，不是简单地像切西瓜那样一刀两半，而是矛盾运动规律在方法论上的表现。或者说，是矛盾的对立统一关系、主次关系和转化关系在方法论上的反映。用一分为二的思维方式识别人才，是我们一贯倡导的传统方法，坚持一分为二的思维方式识别人才，主要体现在：

用两点论识别人才。金无足赤，人无完人。各种人才都既有优点又有缺点，不可肯定一切，也不可否定一切。同时还应看到，人的优点和缺点是互相联系的，又经常交织在一起，一个人的长处里同时也包括某些缺点，短处里同时也含着某些优点，而且他们的缺点往往又是优点的过分发展。这就要科学分析，正确对待。

用不平衡论识别人才。一个矛盾的两个方面总是不平衡的，有主要与次要之分。事物的性质是由矛盾的主要方面决定的。在一个人的优缺点中，总有一方面是主要的。如果优点是主要的，就要肯定，如果缺点是主要的，那就要否定。这里说的主要与次要，当然不可忽略他们的数量关系，但根本的是从质量上着眼。判断一个人首先要看他的本质，然后再考虑这种本质在量上的表现。

用转化论识别人才。就是说不要把人才的各种因素看成固定的，而要从变动发展上理解。人才的各种因素始终都处在一种不断的分解、组合、转化的动态中。坏人有两重性，好人也有两重性，看人不可看死。先进者可能转化为落后者，落后者也可能转化为先进者。同时，要创造条件，使后进向先进转变，防止先进向后进转化，并使之向更先进的方向发展。

识才者的思维方式，说到底是个世界观问题，只有具备了科学世界观的人，才会有科学的思维方式。只有具备了很好的理论修养的人，才能学会科学地思考。要做一个独具慧眼的"伯乐"，一定要结合实际学好相关理论，陶冶我们的世界观，树立正确的思维方式。

观眉毛形状以识人

【原典】

眉尚彩，彩者，梢处反光也。贵人有三层彩，有一二层者。所谓"文明气象"，宜疏爽不宜凝滞。一望有乘风翔舞之势，上也；如泼墨者，最下。倒竖者，上也；下垂者，最下。长有起伏，短有神气；浓忌浮光，淡忌枯索。如剑者掌兵权，如帚者赴法场。个中亦有征范，不可不辨。但如压眼不利，散乱多忧，细而带媚，粗而无文，是最下乘。

【译文】

眉崇尚光彩，而所谓的光彩，就是眉毛梢部所显露现出的亮光。富贵的人，他眉毛的根处、中处、梢处共有三层光彩，当然有的只有两层，有的只有一层。通常所说的"文明气象"指的就是眉毛要疏密有致、清秀润朗，不要厚重呆板，又浓又密。远远望去，像两只凤在乘风翱翔，如一对龙在乘风飞舞，这就是上佳的眉相。如果像一团泼散的墨汁，则是最下等的眉相。双眉倒竖，呈倒八字形，是好的眉相；双眉下垂，呈八字形，是下等的相。眉毛如果比较长，就得要有起伏；如果比较短，就应该昂然有神；眉毛如果浓，不应该有虚浮的光；眉毛如果淡，切忌形状像一条干枯的绳索。双眉如果像两把锋利的宝剑，必将成为统领三军的将帅；而双眉如果像两把破旧的扫帚，则会有杀身之祸。另外，这里面，还有各种其他的迹象和征兆，不可不认真地加以辨识。但是，如果眉毛过长并压迫着双眼，使目光显得迟滞不利；眉毛散乱无序，使目光显得忧劳无神；眉形过于纤细带有媚态；眉形过于粗阔没有文秀之势，这些都是属于最下等的眉相。

解读

眉毛中隐藏的秘密

眉毛位于两只眼睛之上，就像一对亲兄弟，因此，眉毛长得是否对称，容易让人联想到兄弟是否和睦，与人的关系是否融洽。一个人眉毛长得是否对称，与他性格和能力有一定的关系。古人经常根据眉毛的长短来判断人的寿命的长短，这是很难加以论证的，但这也从另一个侧面反映了通过观察眉毛，我们能得到更多的信息。

古人认为，看眉识人，一看浓淡，二看清杂，三看眉形。一般来说，眉毛清秀疏淡，是福禄尊贵；眉毛浓厚粗杂，是低贱贫苦。

古人认为，下列眉形为好：眉毛长垂，高寿；眉长过目，忠直福禄；眉如弯弓，性善富足；眉清高长，声名远扬；眉秀神和，得享清福；眉如新月，善和贞洁；眉角入鬓，才高聪俊。

概括地说，眉毛宜长、宜秀、宜清、形宜等。长则寿高，秀则福禄，清则聪颖，弯则善洁。识眉识人认为下列眉形为坏：眉短于目，性情孤僻；眉骨棱高，多有磨难；眉散浓低，一生孤贫；眉毛中断，兄弟离散；眉毛逆生，兄弟不和；眉不盖眼，孤单财败；眉交不分，年岁难久；短促不足，漂流孤独。

概括地说，眉忌短、忌散、忌杂。短则贫寒，散则孤苦，杂则粗俗。

所谓粗眉毛就是人们常说的浓眉毛。包括浓眉毛在内的各种各样的人，从性格上可以分成"积极型"和"消极型"两大类。浓眉毛的人属于"积极型",给人留下的印象常常是"个性很强"。与此相对,淡眉毛的人给人留下的印象往往相反。

从日常观察中,我们会看到这种现象,多数男性的眉毛是直线型,与前面所说的浓眉毛一样,也属于积极型。那么,那些长着近似于女性的曲线型眉毛的男性的性格又是怎样的呢?他们大多是具有女人的气质。由于种种后天的人为因素能改变人的眉毛的形态,我们只有在人们尚未采取上述种种人为的措施前来研究眉毛与性格的关系,才能得出准确的结论,否则难免出现谬误。

眉毛有光亮,显示这个人的生命力比较旺盛。通常的情况是这样:年轻人的眉毛都比较光润明亮,而老年人的眉毛往往比较干枯而缺乏光彩。这是因为年轻人生命力旺盛,而老年人生命力开始衰退的缘故。

眉毛的光亮可以分为三层:眉头是第一层,眉中是第二层,眉尾是第三层。层数越多,等级越高,给人的印象越好,因此,古人认为眉毛有光亮的人运气特别好。

眉毛有气象、有起伏,给人一种文明高雅的感觉。眉毛短促而有神,也给人一种气势。如果眉毛太长而缺乏起伏,就像一把直挺挺的剑,就会让人觉得过于直白。这种人的脾气比较火暴，喜欢争强好胜，一辈子都是自己把自己搅得不得安宁。如果眉毛太短，甚至露出了眉骨，又缺乏应有的生气，就会给人一种单薄的印象。

眉毛长而有势的人会成功，正如古人所说的"一望有乘风翱翔之势"。可以这样说，这种眉毛具备了光亮、疏朗、气势昂扬的优点，给人留下一种很好的印象。

相关链接

眉目亦语，其意俱表

人类眉毛的功能，无疑是表示心情的变化。过去曾有人认为它们主要的功能是防止汗水和雨水滴进眼睛里，眉毛是有这种功能，但最主要的还是与表情有关。每当我们的心情改变，眉毛的形状也会跟着改变，从而发出许多不同的重要信号。

在观察一个人的时候，观察他的眉毛是非常必要的，尤其是在眉毛运动的时候，下面让我们具体分析一下，这对把握一个人的心理是有帮助的。

低眉是受到侵略时的表情，防护性的低眉则只是要保护眼睛，免受外界的伤害。

在遭遇危险时，光是低眉仍不够保护眼睛，还得将眼睛下面的面颊往上挤，以尽可能提供最大的防护，这时眼睛仍保持睁开并注意外界动静。这种上下压挤的形式，是面临外界攻击时典型的退避反应，眼睛突然见到强光照射时也会如此。当人们有强烈的情绪反应，如大哭大笑或感到极度恶心时，也会在脸上产生这种情状。

一般人常把一张皱眉的脸视为凶猛，而不会想到那其实和自卫有关。而真正侵略性的、无所畏怯的脸，反而是瞪眼直视、毫不皱眉的。

皱眉所代表的心情可能有好多种，如惊奇、错愕、诧异、怀疑、否定、无知、傲慢、希望、疑惑、不了解、愤怒和恐惧。要确切了解其意义，只有回头去看它的原因。

一个深皱眉头表示忧虑的人,基本上是想逃离他目前的处境,却因某些原因不能如此做下去。一个大笑而皱眉的人,其实心中也有轻微的惊恐和焦虑,他的姿势中就泄露出要退缩的信息。他的笑可能是真的,但无论他笑的对象如何,那同时也带给他相当的困扰,当面临的威胁太强时低眉,威胁较陌生时扬眉,被击败吃到苦头后又低眉。

两条眉毛一条降低、一条上扬。它所传达的信息介于扬眉与低眉之间,半边脸显得激越、半边脸显得恐惧。眉毛斜挑的人,心情通常处于怀疑状态,扬起的那条眉毛就像是一个问号。

眉毛打结。指眉毛同时上扬及相互趋近,和眉毛斜挑一样。这种表情通常表示严重的烦恼和忧郁,有些慢性疼痛的患者也会如此。急性的剧痛产生的是低眉而面孔扭曲的反应,较和缓的慢性疼痛才产生眉毛打结的现象。

在某些情况下,眉毛的内侧端会拉得比外侧端高,而呈吊梢眉似的夸张表情,一般人如果心中并不那么悲痛的话,是很难勉强做到这样的。眉毛先上扬,然后在瞬间内再下降,这种向上闪动的动作,是看到其他人出现时的友善表示,它通常会伴着扬头和微笑,但也可能自行发生。眉毛闪动也经常于一般对话里,作为加强语气之用。每当说话时要强调某一个字时,眉毛就会扬起并瞬即落下,像是不断在强调:"我说的这些都是很惊人的!"

眉毛连闪,是表示"哈罗!"不停地连闪就等于在说:"哈罗!哈罗!哈罗!"如果前者是说:"看到你我真惊喜!"后者就是在说:"我真是太意外,太高兴了!"

耸眉亦可见于某些人说话时。人在热烈谈话时,差不多都会重复做一些小动作以强调他所说的话,大多数人讲到要点时,会不断耸起眉毛,那些习惯性的抱怨者絮絮叨叨时就会这样。

须眉所美，相称相合

【原典】

须有多寡，取其与眉相称。多者，宜清、宜疏、宜缩、宜参差不齐；少者，宜光、宜健、宜圆、宜有情照顾。卷如螺纹，聪明豁达；长如解索，风流荣显；劲如张戟，位高权重；亮若银条，早登廊庙，皆宦途大器。紫须剑眉，声音洪壮；蓬然虬乱，尝见耳后，配以神骨清奇，不千里封侯，亦十年拜相。他如"辅须先长终不利""人中不见一世穷""鼻毛接须多滞晦""短髭遮口饿终身"，此其显而可见者耳。

【译文】

胡须，有的人多，有的人少，无论是多还是少，都要与眉毛相和谐，相匹配。胡须多，应该清秀不俗，疏朗不杂且长短错落有致。胡须少，就要润泽光亮，刚健挺直，气韵十足，并与眉毛、头发等相匹配。胡须如果像螺丝一样的弯曲，这人一定聪明，目光高远，豁然大度。胡须细长的，像磨损的绳子一样到处是细弯小曲，这种人生性风流倜傥，气质华贵却没有淫乱之心，将来一定能名高位显。胡须刚劲有力，如一把张开的利戟，这种人将来一定居高官，掌重权。胡须清新明朗，像闪闪发光的银条，这种人必定是年轻有为，少年得志而显赫之人。以上这些都是仕途官场上的大材大器的人物。如果人的胡须是紫色，眉毛形秀和势长，声音洪亮粗犷。或胡须弯曲蓬松、轩宇昂扬，而且有时还长到耳朵后边去，这样的胡须，再有一副清爽和英俊的骨骼与精神，即使封不了千里之侯，也能当十年的宰相。其他的胡须，如下巴和两腮首先长出胡须，则对一个人的前途终究没有好处。人中没有胡须，一辈子受苦受穷。鼻毛连接胡须，命运多舛，前途黯然。短髭长得遮住了嘴，则终生挨饿，缺衣少食。这些胡须的凶相是显而易见的，这里无须详细加以论述。

解 读

须眉之间的玄妙关系

胡须与眉毛的关系，总结起来有两方面的内容：相称与相合。

相称，指胡须与眉毛之间相互顾盼，相互协调，显得匀称、均衡，使整个人的面容呈完美之相。相称为有成之相，反之则为无成之相。

相合，指合五行形局，若合五行正局则为上相，反之则为下相。《五行形相》称："金不嫌方，木不嫌瘦，水不嫌肥，土不嫌矮"等，均合五正局，为上相。《灵山秘叶》云："口上曰髭，口下曰须，在颐曰胡，在颊曰髯。""多在不欲丛杂，少在不欲焦萎。"本段开头也说"须有多寡，取其与眉相称"，由此，我们能感到相称原则的重要性以及地位。

相术认为，胡须的多少与须相的好坏没有因果关系，也没有正比例或反比例的关系。而是着重指出：胡须不管多与少，都应和眉毛相称。也就是眉毛多的话，胡须也要多，眉毛少的话，胡须也要少。只有这样，才称得上是佳相。为什么胡须的多或少，"须相"的有成与无成，与眉毛的关系这么大呢？因为眉毛和胡须对于人来讲，属于同类，都是人体的毛发，此其一也；胡须和眉毛同位于人的脸部，都是面部的重要组成部分（当然是专指男性），此其二也；其三则是取其水火既济或水火未济之义，也就是胡须和眉毛相称为既济，不相称为未济，既济是上相，未济是下相。

多者要"清"，"清"就是清秀、清朗、清雅、清爽，就是不浊、不乱、不俗、不丑。要"疏"，"疏"就是疏落、疏散、疏朗，就是不丛杂、不淤塞。要"缩"，"缩"就是弯曲得当，不直、不硬。要"参差不齐"，就是有长有短，长短配合得当，错杂有致，不要整齐划一，截如板刷。这种多而清、疏、缩、参差不齐的须相，不管眉毛的多或少，都能和眉毛相称。若眉毛多，这种须相可与之形成一定的反差，若眉"少"，这种须相则可从"神"上与之协调一致。因此，作者说，"多者，宜清，宜疏，宜缩，宜参差不齐"。

"少者"要"光","光"就是不枯、不涩,就是润泽、光亮。要"健","健"就是不萎、不弱、不寒不薄,就是要刚劲、健康、坚挺。要"圆","圆"就是不呆、不滞,不死板,就是要圆润、生动、飘逸。要"有情照顾","有情照顾"就是与眉毛、头发相称,不孤独。

对"多者"和"少者"提出的"四宜"要求,其依据和标准就是相称原则。眉相的四个条件就是弯长有势、昂扬有神、疏爽有气、秀润有光,其中的弯长、昂扬、疏爽、秀润是因主体的不同而提出的具体要求和标准。也就是说:眉毛长要"弯长",眉毛短要"昂扬",眉毛浓要"疏爽",眉毛淡要"秀润",而"有势、有神、有气"。"有光"则是对于人类各类主体——也就是各种各样的眉毛的共同要求和通行标准。

"卷如螺纹",指人的须相如同大江大河奔腾之势,在转弯或汇合处时激起之旋涡,即象其势,有此须相的人高瞻远瞩,心胸宽大,胆识过人。所以说其人"聪明豁达"。

"长如解索",是指人的须相如同江河之水源远流长,波涛起伏。又如破损之绳索身多小曲,即象其形。如此须之人爱美好色、风流倜傥却不淫乱,所以说其人"风流荣显"。

"劲如张戟",是指须相如两军对阵时的剑拔戟张之气势,有这种须相的人,有魄力、有胆识、有作为,必能成大器,所以说这样的人"位高权重"。

"亮若银条",是指须相如生命初成,生命力旺盛,气色润朗,一片生机。这样的须相,主人文秀多才,超凡脱俗,所以说其人"早登廊庙"。

当然，这四种须相不一定能决定某人"聪明豁达""风流荣显""位高权重""早登廊庙"，但至少有一点可以肯定，这四种须相都是身体健康的表现，其原因是中国医学认为须相上佳，表明精力充沛。

"紫须剑眉，声音洪壮"，这样的配合叫金形得金相。"蓬然虬乱，尝见耳后"，是气宇轩昂，威德兼具之相。此二者本为佳相，如能配以清奇的神和骨，乱世可成霸才，顺世能为良相。

相关链接

观眉目，辨人心

当我们形容某人漂亮时，常用"浓眉大眼"一词，而形容心术不正的人则用"贼眉鼠眼"一词。

可见，"眉目传情"并非虚言。这就是说，眼眉可当作非常独特的一种表达手段，尤其是视线更表现着种种心态。

长时间的凝视属于一种对"私生活"的侵害。影视作品里，坏人在找茬儿时常说"眼睛瞄什么瞄"，这就是故意拿别人一直盯向这边的行为，当作寻衅的借口。追根究底，并非毫无原因。因为不管有意或无意，将视线集中某处是作为一个人企图扩大其势力范围的表征。由于对方扩大势力范围（地盘），当然会感觉那一部分目光是已侵害到他自己的地盘了。

另外，根据米歇尔·阿基利所写的《对人行动心理学》一书的观点，一个人与他人单独交谈之时，视线朝向对方脸部的时间，占全部谈话时间的百分之三十至六十。他指出，在交谈中超过该平均值，在说话之中几乎是连续注视对方的，则可认为该人对说话者本身比对说话内容更感兴趣。因为一直凝视对方，便认为是他对话题深感兴趣的看法，诚属大错特错，事实上，他对说话的内容一个字也没有听进去。

反之，低于该平均值，在交谈之中，视线朝向对方脸部的时间在百分之三十以下，即几乎不看对方者，视为企图掩饰什么，大致不会有错。此在警察询问嫌疑犯时，也被用作判断嫌疑犯之口供是否真实的一种手段。

话至中途，常常可以感受到对方直视自己的现象，似乎每个人都会有体会。

根据阿基利等人就直视与人类心理所做的实验显示，直视是性方面受到诱惑的一种信号。这是实验室之中所获证的结果。因此，直视行为是想抑制深层心理的欲望之情绪作用，结果反而更呈现出此心理。

直视原本属于想跟对方保持融洽的欲求增大时产生的行为。但是，仅限于彼此状况和好或是协调的情形。处于竞争或对立状况时，采取直视之人，表示其具有强烈的支配欲，在女性方面，该倾向更为强烈。

另外，视线的移动也经常表现出人的心理状态。

说话之际，眼神闪烁不定者，表示精神上的不稳定状态。据干练的警察称，犯罪者在坦白罪状之前，必然出现此种状态。可是，纵然同属闪烁不定，不愿双目交接者，可能是企图回避我方凝视的视线，也可能是由于心中隐藏着某事或有所愧疚之故。

回避视线的行为，就心理学而言，视为自己不愿被对方看见的心理投射。亦即隐藏着不想被对方知道的某事之可能性很大。

所以，积极运用这种"回避视线"的身体语言，也可以不必开口而将自己的意向传达给对方。在酒席等场合，想尽早结束无谓的胡扯或牢骚满腹的怨言，以及欲以"不"拒绝对方要求之时，上述手段至为有效。这是由于表面上一边保持热衷的符合，似乎专心听话的状态，一边却利用眼神的游移不定，在心理上阻止对方想继续说下去的意思。

人的视线方向象征心理状态。首先谈谈斜视的目光。这是属于拒绝姿态，还是属于猜疑、轻蔑对方的一种表现呢？其实，这只不过是利用视线来表达想将身体也转过去的一种心理。

如果在席间交谈中，你的朋友用这种斜眼看你，那就意味着他没有重视你，或者是想离开你，起码是对你的话题不感兴趣了。

关于眉毛所表现的身体语言，基本上有五种形态：第一是表现恐惧、惊吓的眉毛上耸型；第二是表现愤怒的眉角下拉型；第三是困窘、不愉快时，表现不赞成意思的眉毛并拢型；第四为做出询问表情的斜弯型；第五则系充满亲切，表示同意时的迅速上下动作型。

将这些形态加以组合，做出变化时，其数量之多令人吃惊。某心理学家曾经请一位著名演员进行实验，发现单凭眉毛动作，便能演出四十种以上的表情。无怪乎相学上称"看眉毛见人心"，实非无稽之谈。

有些人经常把眼镜略微挪下，透过镜片看人。这是借移下眼镜位置的动作，强调视线方向朝下的行为，及表现颇轻蔑对方的一种身体语言。

至于为了避免他人由此种"灵魂之窗"的眼睛中看透自己内心的最有效方法，便是掩盖眼睛，即戴上深色的太阳眼镜。

所以，喜爱戴太阳眼镜之人，如果不是讨厌被人看出心意，就是一种别有居心的表现。虽说如此，不过视力不佳，畏光而必须戴太阳眼镜保护者，又另当别论。

总之，在任何场合，注意从他人的眉眼间了解其心态，对于保证自身处于主动地位，是有一定作用的。

眉毛的变化丰富多彩，心理学家指出，眉毛的动态分别表示不同心态。

与眉毛相关的动作主要有：

（1）双眉上扬，表示非常欣喜或极度惊讶。

（2）单眉上扬，表示不理解、有疑问。

（3）皱起眉头，要么是对方陷入困境，要么是拒绝、不赞成。

（4）眉毛迅速上下活动，说明对方的心情愉快，内心赞同或对你表示亲近。

（5）眉毛倒竖、眉角下拉，说明对方极端愤怒或异常气恼。

（6）眉毛的完全抬高表示难以置信。

（7）眉毛半抬高表示大吃一惊。

（8）眉毛正常表示不作评论。

（9）眉毛半放低表示大感不解。

（10）全部降下表示怒不可遏。

（11）眉头紧锁，表示这是个内心忧虑或犹豫不决的人。

（12）眉梢上扬，表示这是个喜形于色的人。

（13）眉心舒展，表明其人心情坦然，愉快。

第六章　声音鉴

闻其声而知其人

【原典】

人之声音，犹天地之气，轻清上浮，重浊下坠。始于丹田，发于喉，转于舌，辨于齿，出于唇，实与五音相配。取其自成一家，不必一一合调，闻声相思，其人斯在，宁必一见决英雄哉！

【译文】

人们说话的声音，犹如天地之间的阴阳五行之气，有着清浊之分，清亮的声音轻缓而上扬，而浑浊的声音则是沉重而下坠。声音是从丹田处开始启动的，在喉头声带处发出声响，随着舌头的不同转动，在牙齿处转化成清浊不同的声音，最后从嘴唇发出来，这恰好与宫、商、角、徵、羽五音相对应。每一个人说话的声音都各具特色，要能辨别出这一个体特征，而不必强求一定要完全与五音相符合。只要听到声音就会想到这个人，这样就会闻其声而知其人。听到一个人的声音就如见到此人一样，而不一定非得见到这个人，才能看出他究竟是个雄才大略的人还是个平庸无为的人。

解　读

闻声辨思，闻声辨理

人生于天地之间，其声音各有不同，有的洪亮，有的沙哑，有的尖细，有的粗重,有的薄如金属之音,有的厚重如皮鼓之声,有的清脆如玉珠落盘,字正腔圆。有的人身材矮小,声音却非常洪亮,即日常所说的"声如洪钟";有人生得高大魁梧,说起话来却细声细气,有气无力。古人对这些情况加以总结归纳,得出了一些规律。

实际上,现代生理学和物理学已经证明,声音的生理基础由肺、气管、喉头、声带、口腔、鼻腔三大部分构成,声音发生的动力是肺,肺决定气流量的大小,音量的大小主要由喉头和声带构成的颤动体系决定,音色主要取决于由口腔和鼻腔构成的共鸣器系统。声音是物体震动空气而形成的,声音的音量有大小之分,音色的美异之别另有音高、音长之分。

说话者,假如气发于丹田(丹田是道家修炼气功的术语,在人脐下三寸处),经胸部直冲声带,再经由喉、舌、齿、唇,发出的声音与仅用胸腔之气冲击声带而来的声音,气度不一样,节奏不一样,效果也有悦耳与沙哑的差别。声带结构不好,发出的声音不会动听,但假如经由专门的发声练习,是可以较大程度地改变声音效果的。

丹田的气充沛,因此,声音沉雄厚重,韵致远响,这是肾水充沛的征象,由此可知其人身体健壮,能胜福贵。同时,丹田之气冲击声带而来的声音洪亮悦耳,柔致有情,甜润婉转,给人舒服浑厚的美感。

发于喉头、止于舌齿之间的根基浅薄的声音，给人虚弱衰颓之感，显得中气不足，这也是一个人精神不足、身体虚弱、自信心不足的表现。

声音辨人术是指通过声音来识别人才。浅层的理解，是指听到一个人的声音（不仅仅是说话的声音，也包括脚步声、笑声等），就能知道他是谁，前提必须是对此人的声音很熟悉，一般在朋友、亲人之间才能辨别，这只是辨别人的身份。高层次的理解，是由声音听出一个的心性品德、身高体重、学历身份、职业爱好等。这是一个很复杂的判断过程，既有经验的总结，又有灵感的涌动。声音可细分为声与音两个概念，既可由声来识人，又可由音来识人，但在实际运用中，多是由声音即两者同时来识别人。

声音最能陶冶性情，战鼓军号能使人精神抖擞，小鸟的啭鸣能让人心旷神怡。"声色犬马"，声音给我们带来的享受竟是排在首位的，就连人类的求偶活动也同鸟类一样，是从婉转的声音开始的，所以人在青春期对各种甜言蜜语和流行歌曲的反应都很强烈。

人们的声音由于健康状况的不同、生存环境的不同、先天禀赋的不同、后天修养的不同等而有所区别。因此，声音在一定程度上表现着一个人的文化品格——他的雅与俗、智与愚、贵与贱（这里指人格修养）、贫与富。

古人历来比较重视声音，认为声音是考察人的一个组成部分，在深入观察和研究的基础上，按照阴阳五行的原理，把声音分为：

金声：特点是和润悦耳。

木声：特点是高畅响亮。

水声：特点是时缓时急。

火声：特点是焦灼暴烈。

土声：特点是厚实高重。

曾国藩承前人之说，认为人禀天地五行之气，其声音也有清浊之分，清者轻而上扬，浊者重而下沉，由是清者贵，浊者贱，道理说得很明白。

《礼记·乐记》云："凡音之起，由人心生也。人心之动，物使之然也。感于物而动，故形于声。声相应，故生变。"对于一种事物由感而生，必然表现在声音上。人的声音随着内心世界的变化而变化，所以说："心气之征，则声变是也。"

声音不但与气能结合，也和心情相呼应。因为声音会随内心变化而变化，所以：

内心平静，声音也就平和。

内心清顺畅达时，就会有清亮和畅的声音。

内心渐趋兴盛之时，就有言语偏激之声。

这样不就可以从一个人的声音判断一个人的内心世界吗？有关这方面的知识，《逸周书·视听篇》讲到的四点值得研究：

内心不诚实的人，说话支支吾吾，这是心虚的表现。

内心卑鄙乖张的人，心怀鬼胎，因此声音阴阳怪气，非常刺耳。

内心宽宏柔和的人，说话声音温柔和缓，如细水长流，不紧不慢。

内心诚信的人，说话声音清脆而且节奏分明，这是坦然的表现。

当今心理学也认为，不同的声音会给人不同的感受，有以下几种类型：

音低而粗，这类人较有作为、较现实，或许也可以说是比较成熟潇洒，较有适应力。

声音洪亮，此类人精力充沛，具有艺术家气质，有荣誉感，有情趣，热情。

讲话的速度快，此类人朝气蓬勃，活力十足，性格外向。

外带语尾音，这类型的人精神高昂，有点女性化，具有艺术家的气质。

以上这四种类型的声音，不论在交易还是说服的工作上，都具有较为积极的作用。

同样也有产生负面作用的声音：

鼻音，大部分人都不喜欢这种声音。

语音平板，较男性化、较沉默、内向冷漠。

使人产生紧张压迫的声音，这类人很自傲，喜欢以武力解决争端。

当然，以人的声音来判人的命运是否正确，有待商榷。曾氏在本段尾又说道，"不必一一合调"，那自是又有不合规律一说了。重要的还在于"闻声相思"，一个"思"字，说明闻声识人不可呆板行事，得视具体情况而定。

《冰鉴》中所讲的是由人的音质和音色来判别人的命运，如能结合人的语言共同断之，应更全面。语言是思维的结果，由语言可以发现一个人思维方式的特点，这对一个人行事做法有重要影响，甚至是决定性的影响。

> **相关链接**

听声知人，据音识才

听声知人，可以判断一个人的心胸、职业、身高等情况。

心胸宽广、志向远大的，声音有平和广远之志，而且声清气壮，有雄浑沉厚之势。身短声雄的人，自然不可小视。从身高来看，身高的人，由于丹田距声带和共鸣腔远，气息冲击的距离加长，力量弱化，因此声音显得细弱，震荡轻；身矮的，往往声气十足，因为距离短，气息冲击力大，声带与共鸣腔易于打开。受过发声练习的人，又当别论。从生理学和物理学的角度看，声音是气流冲击声带，声带受到震动而引起空气震动而产生的，是一种生理现象，也是一种物理现象。人的社会属性，使人的声音又结合了精神和气质的属性。古人讲，心动为性——"神"和"气"——性发成声，意思是讲，声音的产生依靠自然之气（空气），也与内在的"性"密不可分。声音又与说话者当下的心理活动密切相关，大小、轻重、缓急、长短、清浊都有变化，这与人的特性也是息息相关的，这就是听声知人的基础。

中国古代鉴别人才的理论中，对声音有很多的论述，这里摘录几段，供读者参考。

"夫人之有声，如钟鼓之响，器大则声宏，器小则声短。神清则气和，气和则声润泽而圆畅也。神浊则气促，气促则声焦急而轻嘶也。故贵人之声，多出于丹田之中，与心气相通，混然而外达。丹田者，声之根也；舌端者，声之表也。夫根深则表重，根浅则表轻，是知声发于根，而见于表也。若夫清而圆，坚而亮，缓而烈，急而和，长而有力，勇而有节。大如洪钟腾韵，鼍鼓振音；小如玉水飞鸣，琴弦奏曲。见其色则猝而后动，与其言则久而后应，皆贵人之相也。"

"小人之言，皆发于舌端之上，促急而不达；何则？急而嘶，缓而涩，深而滞，浅而燥大。火则散，散则破，或轻重不均，咳亮无节，或眶毗而暴，繁乱而浮；或如破钟之响，败鼓之鸣；又如寒鸦哺雏，鹅鸭哽咽；或如病猿求侣，孤雁失群；细如蚯蚓发吟，狂如青龟夜噪；如犬之吠，如羊之咩，皆浅薄之相也。男有女声孤贫贱，女有男声亦妨害。然身大而声小者凶，或干瀑而不齐者谓之罗网。大小不均，谓之雌雄。或先迟而后急，或先外而后迟，或声未止而气先绝，或心未举而色先变，皆贱之相也。夫神定于内，气和于外，然后可以接物，非难言有先后之叙，而辞色亦不变也，苟神不安而气不合，则其声先后之叙，辞色挠矣，此不美之相也。夫人禀五行之形，则气声亦先五行象也。故土声深厚，木声高唱，火声焦烈，木声缓急，金声和润。又曰声轻者断事无能，声破者做事无成，声浊者谋运不发，声低者鲁钝无文。清冷如渊中流水者极贵，发音洪亮，自觉如瓮之响音，五福全备。"

人类的声音，由于健康状况不同，生存环境不同，先天禀赋不同，后天修养不同等而有很大差异。所以声音不仅在一定程度上体现着一个人的健康状况，而且还在一定程度上表现着一个人的文化品格——他的雅与俗，智与愚，贵与贱（这里指人格修养），富与贫。

以声音来判断人的心性才能，尚有许多未知的空白，而且可信度有多高，也尚未得定论，但其中的奥妙，是值得研究的。基本原则并不是悦耳动听，洪亮高亢，曾国藩的要求是"自成一家，不必一一合调"。这几个字中的人生经验，实非语言文字所能详述，但从中是可以决断天下英雄豪杰的。曾国藩曾经根据声音，得到了一个难得的人才，他就是罗萱。

辨声听音，以知其人

【原典】

声与音不同。声主"张"，寻发处见；音主"敛"，寻歇处见。辨声之法，必辨喜怒哀乐；喜如折竹，怒如阴雷起地，哀如击薄冰，乐如雪舞风前，大概以"轻清"为上。声雄者，如钟则贵，如锣则贱；声雌者，如雉鸣则贵，如蛙鸣则贱。远听声雄，近听悠扬，起若乘风，止如拍琴，上上。"大言不张唇，细言不露齿"，上也。出而不返，荒郊牛鸣。急而不达，深夜鼠嚼；或字句相联，喋喋利口；或齿喉隔断，嗒嗒混谈：市井之夫，何足比较？

【译文】

声与音是有着很大区别的。声是由于发音器官的启动而产生的，可以在发音器官启动的时候听见；而音在发音器官的闭合之时产生，在发音器官闭合的时候能感觉到它。辨别声的方法首要的是要辨别发音之人的喜怒哀乐。人在欣喜之时发出的声，宛如翠竹折断，清脆悦耳；在怒之时发出的声，就如平地一声惊雷，豪壮有度；哀鸣之声则如击碎一块薄冰，凄切悲伤；而欢乐时所发之声就如雪花在风中飞舞，宁静洒脱。总之，均以清脆、飘逸为最悦耳之声。所发之声雄浑刚健，像钟声一样激越洪亮、充满阳刚之气则为最佳，如果发出的声像敲锣之声一样浮泛无力，则显得卑贱；如果发出的声温文尔雅，若像鸡鸣一样清秀悠扬则显高贵，若像蛙鸣一样喧嚣空洞则卑贱。发出的声远远听来刚健激越，而近处听来却又温润悠扬，起声的时候如乘风般飘洒自如，悦耳动听，止声的时候又如高手抚琴，雍容自如，这才是所发之声中的最佳品。"高声畅言却不需大张其口，低声细语却也牙齿含而不露"这是发声中的较佳者。如果发声像荒郊旷野中牛之孤鸣，虚浮而无余韵；或者像夜深人静时老鼠偷吃东西时发出的"吱吱咯咯"声一样，急切而不畅达；或者说话时一句紧跟一句，急促却又语无伦次；或者说话时口齿不清，吞吞吐吐，如鸟鸣般嗫嚅，含糊而不能辨其声。这几种都属于市井中人的粗鄙俗陋之声，又怎么能和以上几种声比较呢？

解 读

"声"与"音"是有区别的

"声音",在现代来讲,是一个词,一般不把它分成"声"和"音"来讲。而《冰鉴》分两段来分别论述"声"与"音"的特点。

《冰鉴》认为,"声"与"音"的区别是:人开口之时发出来的空气震动产生"声",此时空气震动的密度大、质量高,发音器官最紧张;闭口之后,余下来仍在空气中震动而产生的是"音",此时空气震动密度已经减小,发音器官已松弛下来,是"声"传递的结果,为"声"之余韵,正如平常人们所说的"余音绕梁"。《冰鉴》用"声主'张',寻发处见;音主'敛',寻歇处见"这句话来表述这个意思。

人的声音有的轻缓柔和,有的带有沉重威严感。人们一般会根据记忆中的声音去认识人。

概括来说,声音能够表现出人们的性格、人品等特性,有时也能够从中找出预测个人前途的线索。从脸部表情、动作、言辞等无法掌握对方心态时,常常可从声调去体验他情绪的波动。

一般情况下,具有温和沉稳声音的人,办事慢条斯理,常常是这种情况:上午有气无力,下午却变得活泼起来。他们富于同情心,不会坐视受困者不理。作为会谈的对象,刚开始时或许令人感到难以交往,但性格比较忠诚,因此朋友虽少却精。

作为女性,如果是性格内向的,她们的音质一般是柔和、声调低的。会随时顾及周围的情况而控制自己的感情,同时也渴望表达自己的观念,因此应该尽量顾及到她们的感受。

而声音比较温和沉着的男性,他们乍看上去会显得老实,其实也有其顽固的一面,他们往往固执己见绝不妥协,不会讨好别人,也不轻易相信别人。

一般情况下,声音高亢尖锐的人比较神经质,对环境反应强烈,会因为

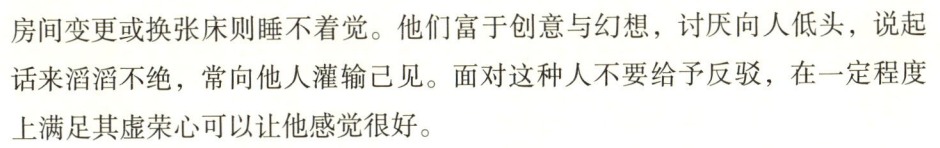

房间变更或换张床则睡不着觉。他们富于创意与幻想，讨厌向人低头，说起话来滔滔不绝，常向他人灌输己见。面对这种人不要给予反驳，在一定程度上满足其虚荣心可以让他感觉很好。

声音较为高亢尖锐的男性，他们的个性比较狂热，容易兴奋，也会很快疲倦。这种人对女性会一见钟情或贸然地表白自己的心意，往往会使对方大吃一惊。声音高亢的男性一般都从年轻时代便透露出其鲜明个性。

如果是女性，那么她们的情绪一般会起伏不定，对人的好恶感也非常明显。这种人一旦执著于某一件事时，往往顾不得其他。不过，一般情况之下也会因一点小事而伤感情或勃然大怒。这种人会轻易说出与过去完全矛盾的话，且并不以为意。

用声音来发现一个人的思维方式之特点及喜怒哀乐之情，古本秘籍《灵山秘叶》中有四句话，很值得我们借鉴：

察其声气，而测其度；

视其声华，而别其质；

听其声势，而观其力；

考其声情，而推其征。

这四句话中大有学问。以上32个字至少讲明了这几个问题：一是由声音中蕴含的气充沛与否，充沛的分数轻重平衡，可以测知他的气概胸襟；二是由声音的音色音质协调悦耳与否，可以测知他的性情爱好与品德，这里重在一个"和谐"，不以悦耳动听为唯一标准；三是由声音的势态，可以测知他的意志刚健与否，声势高壮的，其意志力必然坚强，为人坚定有力，声势虚弱的，为人软尚，少主见；四是由声音中所包含的感情，可以测知其当下的心情状态。"如泣如诉"是一种，"如怨如慕"又是一种，"情辞慷慨，声泪俱下"又是一种，此种分类，不一而足，这里不作细论。

《灵山秘叶》的四个观点，这里着重探讨声中所含的喜怒哀乐之情。人的喜怒哀乐之情，必会在声音中有所体现，即使人为掩饰，也会有些体现。这是观察人物内心世界的一个可行途径。同时结合考察眼神、面色、说话态度的变化，真实度更高。辨别声音，必须考察喜怒哀乐之情。

人有喜怒哀乐在语音中必然有所表现，即"如泣如诉，如怨如慕"。因此，由音能辨人之"征"，即心情状态。

《冰鉴》中说："辨声之法，必辨喜怒哀乐。"前面谈到，人的喜怒哀乐，必在声音中表现出来，即使人为地极力掩饰和控制，但都会不由自主地有所流露。因此，通过这种方式来观察人的内心世界，是比较可行的一种方法。

那么"喜怒哀乐"又有什么具体的表现呢？

"喜如折竹"，竹子由于它自身的韧脆质地特点，"折竹"就有哗然之势，既清脆悦耳，又自然大方，不俗不媚，有雍容之态。

"怒如阴雷起地"，阴雷起地之势，豪壮气迈，强劲有力，不暴不躁，有容涵大度之态。

"哀如击薄冰"，薄冰易碎，但破碎之音都不散不乱，也不惊扰人耳，有悲凄不堪一击之象，但不峻不急，有"发乎情，止乎礼"之态。

"乐如雪舞风前"，风飘雪舞，如女子之临舞池而衣带飘飘，不胜美态，雪花飞舞之时，轻灵而不狂野，柔美而不淫荡，具有飘逸的潇洒之态。

以上四种，声情并茂，淳朴自然，清脆明朗，是至情至性之人的表征。

观察一个人说话，能发现他的思想、性格等多种特征。

相关链接

粗卑俗陋之声要不得

曾国藩认为，声音是一个人内在品性的外在体现，什么样的品性对应什么样的声音，这似乎是很难改变的。

历史上听声辨人的事例很多。郑子产一次外出巡察，突然听到山那边传来妇女的悲恸哭声。随从们面视子产，听候他的命令，准备救助，不料郑子产却命令他们立刻拘捕那名女子。随从不敢多言，遵令而行，逮捕了那位女子，当时她正在丈夫新坟前面哀哭亡夫。人生有三大悲：少年丧父、中年丧夫、老年丧子，可见该女子的可怜。以郑子产的英明，不会无缘无故对此妇动粗，其中缘由，是因为郑子产的闻声辨人之术也。郑子产解释说，那妇人的哭声，没有哀恸之情，反蓄恐惧之意，故疑其中有诈。审问的结果，果然是妇女与人通奸，谋害亲夫。

孔子也深谙闻声辨人的技巧，似乎比郑子产还高出一筹。虽然孔子讲过"以貌取人，失之子羽；以言取人，失之宰予"，但他凭外貌声色取人实在是有过人的天分。

孔子在返还齐国的途中，听到非常哀切的哭声，他对左右讲："此哭哀则哀矣，然非哀者之哀也。"碰到那个哀哭的人之后，才知道他叫丘吾子，又问其痛哭的原因，丘吾子说："我少年时喜欢学习，周游天下，竟不能为父母双亲送终，这是一大过失。我为齐国臣子多年，齐君骄横奢侈，失天下人心，我多次劝谏不能成功，这是第二大过失。我生平交友无数，深情厚谊，不料后来都绝交了，这是第三大过失。我为人子不孝，为人臣不忠，为人友不诚，还有何颜面立在世上？"说完便投水而死。丘吾子的三悔痛哭，是今天社会中再难重现的古士高风，而孔子能听音辨人心事，非常人之天赋，所以这个故事得以流传后世。

有时说话的声音也能决定人的沉浮。明成化年间，兵部左侍郎李震业已九年考满，久盼能升至兵部尚书，恰好这时兵部尚书白圭去职，机会难得。不料朝廷命令由李震的亲家、刑部尚书项忠接任。

满怀希望的李震深为不满，对他的亲家埋怨说："你在刑部已很好了，何必又钻到此？"过了些天，李震脑后生了个疮，仍勉力朝参，同僚们戏语说："脑后生疮因转项"（意指项忠从刑部转官而来），李震回答说："心中谋事不知疼"，仍然汲汲于功名，不死其心。其实李震久不得升迁，原因是因为声音的变化而影响了皇帝对他的印象。在皇帝看来，忠臣奏朝章往往能朗朗而谈，而奸臣则声音低沉而险恶，李震的声音历来沙哑而不定，给人一种不可靠的感觉。因为他素患喉疾，每逢奏事，声音低哑，为宪宗皇帝所恶。与李震一殿为臣的鸿胪寺卿施纯，声音洪亮，又工于辞令，在班行中甚是出众，宪宗对他很欣赏。因而升官的事自然与李震无缘。这虽是一个极端的例子，但也说明了语音对人们印象的形成影响重大。

在人们的语言中，语言本身的韵律也能够透视人心的感情因素。

一般来说，成功的政治家、企业家等，在掌握言谈的韵律方面，都有自

己的独创之处。就是这种细节性的处理方式，才能够使他赢得社会或下属的尊重和信任。

说话速度慢的人，一般都性格沉稳，他处事做人一般是那种十足的慢性子。

如果话题沉闷、冗长，要有相当时间才能告一段落的情况，说明谈论者心中必潜藏着唯恐被打断话题的不安。唯有这种人，才会以盛气凌人的方式谈个不休。至于希望尽快结束话题交谈的人，也有害怕受到反驳的心理，因此经常会让对方有意犹未尽的感觉。

另外，若一个人总是滔滔不绝，那么他有可能是目中无人，也有可能是喜欢表现自己。这类人的性格十分外向，但不会很讨人喜欢。

音乃声之余，细曲中现分别

【原典】

音者，声之余也，与声相去不远，此则从细曲中见耳。贫贱者有声无音，尖巧者有音无声，所谓"禽无声，兽无音"是也。凡人说话，是声散在前后左右者是也。开谈多含情，话终有余响，不唯雅人，兼称国士；口阔无溢出，舌尖无窕音，不唯实厚，兼获名高。

【译文】

音，是声的余韵。音跟声相去并不远，其间的差异从细微的地方还是可以听出来的。贫穷卑贱的人说话只有声而无音，显得粗野不文雅，圆滑尖巧的人说话则只有音而无声，显得虚饰做作，俗话所谓"鸟鸣无声，兽叫无音"，说的就是这种情形。普通人说话，只不过是一种声响散布在空中而已，并无音可言。如果说话的时候，一开口就情动于中，而声中饱含着情，到话说完了似乎还有余响，则是温文尔雅的人，而且可以称得上是社会名流。如果说话的时候，口阔嘴大却声未发而气先出，口齿伶俐却又不矫造轻佻。这不仅表明其人自身内在素养深厚，而且预示其人还会获得盛名隆誉。

> 解 读

听其言，察其人

曾国藩说"声"和"音"是有区别的，而这种区别跟音质和音色似乎并无太大的关系，这种区别更多取决于当事人说话时表现在外的各种情形。

在现实生活、工作、社会交往当中，细心观察和聆听对方说话的情形，可以准确地把握对方的心理活动。

善于倾听的人，大部分是富有缜密的思维、独特的思想，而又性情温和、谦虚有礼的人。他们或许并不太能引起别人的注意，但通过一段时间的交往，一定会得到别人的依赖与尊重，他们善于思考、虚心好学，是值得信任的朋友。

能说会道的人，大多数反应速度快，思维比较敏捷，随机应变的能力强。他们善于交谈，常与他人讲大道理，以显示自己的圣明。该类型的人圆滑世故，处理各种各样的问题都非常老练，他们在绝大多数时候会很招别人的喜欢，由此人际关系会很不错。

在说话中常带奇言妙语者，他们大多比较聪明和智慧，具有一定的幽默感，比较风趣，而且随机应变能力强，常会给他人带去欢声笑语，很招他人的喜欢。

在谈话过程中转守为攻者，多心思缜密，遇事能够沉着冷静地面对，随机应变能力强，能够根据形势适时地调节自己。他们做事一向稳重，从不做没有把握的事情，总是首先保证自己不处于劣势，然后再追求进一步的成功。

在与人交流的过程中，能够运用妙语反诘的人，不但会说，而且还会听，当发现形势对自己不利的时候，能够及时抓住各种机会去反击，从而使自己处于主动的地位。

善于根据谈话的进行，适时地改变自己言谈的人，大都头脑比较灵活，能够在极短的时间内准确地分析自身的处境，然后寻找恰当的方法求得解脱。

言谈十分幽默的人，多感觉灵敏，胸襟豁达，心理健康，他们做事很少死板地去遵循一定的规则，甚至完全是不拘一格。他们十分灵通、圆滑，显得聪明、活泼，很多人都愿意与他们交往，他们会有很多的朋友。

在谈话过程中常常说一些滑稽搞笑的话以活跃气氛的人，待人比较亲切和热情，并且富有同情心，能够顾及他人的感受。

在与人谈话期间，善于以充分的论证论据说服他人的人，大多是相当优秀的外交型人才。他们能够通过自己独特的洞察力，使自己占据一定的主动地位，使他人完全按自己的思路走，以赢得最后的胜利。

自嘲是谈话的最高境界，善于自我解嘲的人多有比较乐观、豁达、超脱、调侃的胸怀和心态。

在谈话中善于旁敲侧击的人多能听出一些弦外之音，又较圆滑和世故，常做到一语双关。

在谈话中软磨硬泡的人，多有较顽强的意志，有一股不达目的誓不罢休的精神，一直等到对方实在没有办法，不得不答应，才罢手。

在谈话中滥竽充数的人，多胆小怕事，遇事推卸责任，凡事只求安稳太平，没有什么野心。

避实就虚者常会制造一些假象去欺骗、糊弄他人，一旦被揭穿，又寻找一些小伎俩以逃避、敷衍过去。

固执己见者从来听不进他人的意见和建议，哪怕他人是正确的而自己是错误的。

当然，要真正做到听其言识其本质，仅仅把握对方一时的心理活动是远远不够的。那么怎样才能真正做到"听其言，识其人"呢？

第一，"兼听则明，偏听则暗。"不能偏听一人之言，而应多听众人之言；不能只听其一面，而应多方征求，兼而察之。

第二，"听话听音，锣鼓听声。"这是一句俗话，但富含哲理，即听话不可仅听其表面，也不可"左耳进，右耳出"，一听而过，而应听其实质，听其含义，必须加以具体分析。这样，无论是真话、假话、直话、绕话，旁敲侧击之话，还是含沙射影之话，都可以听出一些味道而了解其真意。

第三，听其言而察其人。语言无论怎样表达，它都在一定程度上反映了一个人的性格和品质。一般而言，经常说真话的人必是为人忠诚、实事求是之人；经常说假话的人，必是巧伪奸诈之人；直来直去说话的人，必是性格直爽、心直口快之人；说话词意不明的人，必是唯唯诺诺之人；说一些朴实无华但富含哲理之言的人，必是很有思想、很有见地之人。因此，说话实质上是一个人品性、才智的外露，只要考察者出于公心，根据一个人的说话定能有所发现。例如，三国时，陈琳曾在一篇檄文中把曹操骂得狗血喷头，但曹操却从中发现陈琳是一位很有才华的人，后来予以重用。张辽被曹操捕获，对曹操破口大骂，曹操却从中发现张辽是位性格直爽的忠勇之士，而当场释放，委以重任。而吕布虽武艺超群，但一见曹操即跪地求饶，其声甚切，但曹操一听其言，复忆其行，即知其是反复无常之人，当即处死。可见，"言为心声"，只要慎听，是能听出一些名堂来的。

当然，"知其心，而听其言"，与"轻言重行，综核名实"并不矛盾。这里强调的是察人，不排斥"察言"，"察言"是察人的一个方面。而"察言"又与"信其言"不同，"信其言"是有条件的，"事莫贵乎有验，言莫弃乎无证"，"如其心而听其言"，"有证"之言、"知其心"之言可信，而无证之言、不"知其心"之言，非但不可信，还应从反面去理解它。

相关链接

闻声辨贵贱

曾国藩说过，声音之贵贱尽管有其道理，但也不可一概而论，否则就可能有失偏颇。不过，从人的话语中听出人的个性特征，倒是有可能的。

雉鸣与蛙鸣，都属于雌声即阴柔之声，声音轻细，如旷野闻笛。然而"雉"声清越悠长，声随气动，有顿有挫，抑抑扬扬，悦耳动听，所以为"贵"；而"蛙"声则聒聒噪噪，喧嚣嚎叫，声气争出，外强内竭，刺耳扎心，所以为"贱"。

从以上可知，无论雄声还是雌声，都有贵贱之分。有的相书以雄声为贵，而以雌声为贱，有笼统不细、不分清浊精细之嫌，实为大谬。

"远听声雄"，是说其声犹山谷之呼应，表明其必气魄雄伟，赋情豪放；"近听悠扬"，是说其声如笙管之婉转，表明其人必多才多艺，智慧超群；"起若乘风"，是说其声犹如雄鹰之翱翔，表明其人必神采飞扬，功名大就；"止如拍琴"，是说其声如孔雀之典雅，表明其人必闲雅冲淡，雍容自如。以上皆为"声"之最佳者，所以被作者定为"上上"。

曾国藩奉命办团练，招揽人才之时，"湘乡奇伟非常之士，争自创立功名，肩相摩，指相望"。罗萱是最早应募到曾门的人之一。传说当时每天都有百十人到营中报名，曾国藩一一召见，问询长短，稍有才能的人都留了下来。一天，曾国藩已召见多人，倦极不见客。正在似睡非睡时，忽听外面有吵声，起身向窗外一望，但见一位身材不高，只穿一件单衣的青年人被守门人拦住。青年人声音朗朗，气质非凡，但任凭他怎样讲，守门人仍不放行。青年人也不气馁，大有不见曾国藩不罢休的气势。正在僵持之际，曾国藩推门而出，并喊住守门人，对罗萱说："听君的声音爽朗圆润，必是内沉中气，才质非凡之人。"遂将罗萱引入上宾之位，俩人叙谈起来。随后，曾国藩立即决定让罗萱掌管书记，把日常文牍往还的工作也一并交给了他。

第七章　气色鉴

面部如命，气色如运

【原典】

面部如命，气色如运。大命固宜整齐，小运亦当亨泰。是故光焰不发，珠玉与瓦砾同观；藻绘未扬，明光与布葛齐价。大者主一生祸福，小者亦三月吉凶。

【译文】

如果说面部象征并体现着人的命，那么气色则象征并体现着人的运。大命是由先天生成的，但仍应该与后天遭遇保持契合，小运也应该一直保持顺利。所以如果光辉不能焕发出来，即使是珍珠和宝玉，也和碎砖烂瓦没有什么两样；如果色彩不能呈现出来，即使是绫罗和锦绣，也和粗糙的布别无二致。大命能够决定一个人一生的祸福，小运也能够决定一个人几个月的吉凶。

解读

气色显示着人们的运

人的面部气色忌青色，也忌白色，青色常常出现在眼的下方，白色常常出现在眉梢的附近。但是青色和白色出现在面部，又有不同的情况，如果是由于心事忧劳而面呈青色，这种青色一定既浓且厚，犹如凝墨；如果是遇到飞来的横祸而面呈青色，这种青色则一定轻重不均，状如浮烟；如果是由于嗜酒贪色而疲惫倦怠，面呈白色，这种白色一定势如卧羊，不久即会散出；如果是由于遇到大灾大难而面呈白色，这白色一定状如枯骨，充满死气。还有，如果是青色中带有紫气，这种气色出现在金形人的面部，此人一定能够飞黄腾达；如果是白润光泽之色，这种气色出现在金形兼土形人的面部，此人也会获得富贵。这些都是特例，就不在此论述了。

最为不佳的气色为以下四种："白色围绕眼圈，此相主丧乱；黑色聚集额尖，此相主参革；赤斑布满两颊，此相主刑狱；浅赤凝结地阁，此相主凶之。"以上四相，如果仅具其一就会前程倒退败落，并且接连遭灾遇祸。

通过对一个人"色"的观察，可以看出他情感的表现。因色是情绪的表征，色悦者则其情欢，色沮者则其情悲。

色，主要是指人的面色："夫声畅于气，则实存貌色；故诚仁，必有温柔之色；诚勇，必有矜奋之色；诚智，必有明达之色。"气流的通畅发出了声音，一个人的性格则会在相貌和气色上有所流露。所以，仁厚的人必有温柔的貌色，勇敢的人必有激奋的气色，智慧的人必有明朗豁达的面色。

人一生要经历漫长的路程，大致说来有四个时期：幼年时期、青年时期、壮年时期、老年时期。在各个阶段，人的生理和心理发育和变化都有一定差异，有些方面甚至非常显著，表现在人的肤色上则有明暗不同的各种变化。这就如同一株树，初生之时，色薄气雅，以稚气为主；生长之时，色明气勃；到茂盛之时，色丰而艳；及其老时，色朴而实。人与草木俱为天地之物，而人更钟天地之灵气，少年之时，色纯而雅；青年之时，色光而洁；壮年之时，色丰而盛；老年之时，色朴而实，这就是人一生几个阶段气色变化的大致规律。人的一生不可能有恒定不变的气色，以此为准绳，就能辨证看待人气色的不同变化，以"少谈、长明、壮艳、老素"为参照，可免于陷入机械论的错误中去。

一般来讲，仁慈厚道之人，有温和柔顺之色；勇敢顽强之人，有激奋亢厉刚毅之色；睿智慧哲之人，有明朗豁达之色。

齐桓公上朝与管仲商讨伐卫的事，退朝后回后宫。卫姬一望见国君，立刻走下堂一再跪拜，替卫君请罪。齐桓公问她什么缘故，她说："妾看见君王进来时，步伐高迈，神气豪强，有讨伐他国的心志。看见妾后，脸色改变，一定是要讨伐卫国。"

第二天，齐桓公上朝，谦让地引进管仲。管仲问："君王取消伐卫的计划了吗？"齐桓公说："仲公怎么知道的？"管仲问："君王上朝时，态度谦让，语气缓慢，看见微臣时面露惭愧，微臣因此知道。"

齐桓公与管仲商讨伐莒，计划尚未发布却已举国皆知。桓公觉得奇怪，就问管仲。管仲说："国内必定有圣人。"桓公叹息说："白天来王宫的役夫中，有位拿着木杵而向上看的，想必就是此人。"于是命令役夫再回来做工，而且不可找人顶替。

不久，东郭垂到来。管仲问："是你说我国要伐莒的吗？"他回答："是的。"管仲问："我不曾说要伐莒，你为什么说我国要伐莒呢？"他回答："君子善于策谋，小人善于臆测，所以小民私自猜测。"管仲问："我不曾说要伐莒，你从哪里猜测的？"

他回答："小民听说君子有三种脸色：悠然喜乐，是享受音乐的脸色；忧愁清静，是有丧事的脸色；生气充沛，是将用兵的脸色。前些日子臣下望见君王站在台上，生气充沛，这就是将用兵的脸色。君王叹息而下呻吟，所说的都与莒有关。君王所指的也是莒国的方位。小民猜测，尚未归顺的小诸侯唯有莒国，所以说这种话。"

相关链接

观人之气，知其贤愚

观察一个人的"气"，可以发现他的沉浮静躁，这是做得大事的必备素质。

沉得住气，临危不乱，这样的人可担当大任；浮躁无力量去攻坚，这样的人做事往往"知难而退"、半途而废。活泼好动与文静安详不是沉静浮躁的区别。底气足，干劲足，做事易集中精力，且能持久；底气虚，精神容易涣散，多半途而废。文静的人也能动若脱兔，活泼的人也能静若处子，而神浮

气躁的人，做什么事都精力涣散，半途而废，小事精明，大事糊涂，该粗心时粗心，该细心时也粗心，不能真正静下心来思考问题，而遇事慌张，稍有风吹草动，就气浮神惊起来。

　　自然界中容易感染影响人、物的，莫过于气；而一个人有威仪、有风度，也可以成为别人的楷模。所以人的威仪风采可以感染影响他人的就是气色。

　　"色"，就人体而言，指肤色，或黑或白，且有无光泽。古人认为，"色"与"气"的关系是流与源的关系，"色"来源于"气"，是"气"的外在表现形式，"气"是"色"之根本，"气"盛则"色"佳，"气"衰则"色"悴。如果"气"有什么变化，"色"也随之变化，古人合称为"气色"。大家知道，人生病，其"气色"不佳，就是"气色"之一说的一种表现。

　　古人有关"气色"有两组重要概念：

　　一是主色与客色。

　　主色，就是先天之色，自然之色。古人认为，先天之色随五行形相而生而现，且终生不变，五行之色与五行形相对应起来，金为白色，木为青色，水为黑色，土为黄色，火为赤色。这五种颜色是基本的肤色，实际中也会有一些变化，只要与五行形相相配，就是正色，就是吉祥之色。

　　客色，就是后天之色，随时间变化，四季、晨昏均有不同表现。以客色来定吉凶，自然是随时间、方式、部位而定，没有什么恒定的规律。古人的"气色"，更多的是指这种变化不定的客色。

二是吉色与凶色。

吉凶祸福是古代预测学要预知的重要内容，是阴阳学的价值指向。吉色与凶色又称正色与邪色，吉色代表吉祥顺利，凶色昭示凶险恶祸。合五行之色的为吉，不合为凶。主要依据五行肤色而定。客色则依十二地支所在部位而定。

"大命固宜整齐"，意指人的智慧福泽应当比例均衡，不宜失调。如果失调，不平衡，则智者往往早夭，福者往往庸愚，这种状态自然谈不上好命。"小运亦当亨泰"，亨泰，在《周易》中有"元亨利贞"之说，泰有"天交地泰"之名，亨泰就是吉利顺畅之义，意思是说小运流年如应顺和通泰，方才是好。如果小运偏枯晦滞，也易早夭，或元气不足，难当福贵。犹如有钱却不会花之人，守着巨大财富，却享受不到人生富足的乐趣。

现实生活中确有这种情形，聪慧者早夭，多福者平庸。唐代诗人王勃在七岁即写出脍炙人口的"鹅，鹅，鹅，曲项向天歌，白毛浮绿水，红掌拨清波"小诗，到临死前数月，在滕王阁上所作的《滕王阁序》中说"时运不济，命途多舛"，而他死时才27岁，如能"大命整齐""小运亨泰"，则可福寿双全，名声高重了。

气色旺，自然有光泽闪烁。珠玉自比瓦砾珍贵百倍，因为它有闪烁悦目之光焰，如果失去了美丽的光泽，与瓦砾还有多少区别呢？丝绸绵织，如果失去它明艳光滑的色泽，与平常的葛布又有多少区别呢？人的气色旺，则有光泽。失去光泽，还能说气色旺吗？那么其人之命运自不可言"好"了。

古人认为，"气色"对人之命运有非常重要的影响，从大处说，可推测一生的祸福；从小处讲，也能主三五个月的吉凶。大处者，是与生俱来，不会轻易变化的；小处者，是临时而发，随时而变，或明或暗，变动不拘的。因此，曾国藩说"大者主一生祸福，小者亦三月吉凶"。

"气"为"至精之宝"，与人的健康状况和命运的蹇滞顺畅息息相关，由"气"能知人命运；"气"又有人心人性的指示作用，由人之"气"能看出人的性格优劣和品德高下，即"气乃形之本，察之见贤愚"。

气在内为精神,气在外为气色

【原典】

人以气为主,于内为精神,于外为气色。有终身之气色,"少淡、长明、壮艳、老素"是也。有一年之气色,"春青、夏红、秋黄、冬白"是也。有一月之气色,"朔后森发,望后隐跃"是也。有一日之气色,"早青、昼满、晚停、暮静"是也。

【译文】

气是一个自身生存和发展的主要之神,对内在的生命表现为人的精神,外在形式表现为人的气色。气色有多种形态,有贯穿人的一生的气色,就是"少年时期气色纯清稚嫩,青年时期气色勃兴光洁,壮年时期气色旺盛丰美,而老年时期则为朴实平和"。有贯穿一年的气色,就是"春季气色为青色——木色、春色,夏季气色为红色——火色、夏色,秋季气色为黄色——土色、秋色,冬季气色为白色——金色、冬色"。有贯穿一月的气色,就是"每月初一日之后如枝叶盛发,十五日之后则若隐若现"。有贯穿一天的气色,就是"早晨开始复苏,白天充盈饱满,傍晚渐趋隐伏,夜间安宁平静"。

解 读

以气为自身的主宰

"气色"这一概念在传统文化中是非常重要的。"气"与"命"相对,"色"与"运"相配。要注意的是,"命运"一词当是"命"与"运"的合称,"命"是先天生成的,不易改变,"运"是后天的,有可能改变。人分多种,有"命"好"运"佳者,此为上上者;有"命"好"运"不佳者,主一生有成，但非常不顺利；有"命"不好但"运"佳者，主一生顺利，但成就不会太大；有"命"不好"运"不佳者，则一生坎坷，终无所成。

"气"，在中国古代文化中是很重要的一个概念。围棋中有"气"之一说，围棋中如果棋子无"气"，意味着该子已死亡，应从棋盘上拿走。

气功中讲求"气"的修炼和运行，气不存，自然无功可言。

古人认为，人禀气而生，"气"有清浊、昏明、贤鄙之分，人有寿夭、善恶、贫富、贵贱、尊卑的不同，这些由"气"能反映出来。气运生化，人就有各种不同的命运和造化。

"气"旺，则生命力强盛；"气"衰，则生命力衰弱。生命力旺盛与否，与他日常行事的成败有密切联系。生命力不强，难以夜以继日顽强地与困难作斗争，自然难以成功。生命力旺盛，则能长期充满活力、精神焕发，是战胜困难，取得成功的必要条件。但是"气"的旺衰，与人之好动好静并不一样。好静好动与性格有关，与"气"则无直接联系。同时应注意，有的人"气"躁，其人好动；"气"沉，其人好静。那个"气"与这儿所讲的"气"不是一回事，应有所区分。

曾国藩在《冰鉴》里认为，人以气为主，气在内为精神，在外为气色，把气与色看作表里性的一组概念。更重要的是，从气色的重要性，存在形式和类型角度来说明气色变化不定，在观察气色时应持变化的观念，不能作机械式的判断。

"人以气为主"，是说"气"对人非常重要，处在主宰、根本的地位。"于内为精神，于外为气色"，是说"气"有一内一外两种存在形式，内在存在形式是"精神"，外在存在形式为"气色"。换句话说，观察"气"，既要观察内在的"精神"，又要观察外在的"气色"，这两句话实际上指出了观察"气"的门径，也指明了"精神"与"气色"的实质。

在传统相学中，"气色"是分为"气"和"色"两个概念的。刘邵在《人物志》一书中就把"气"和"色"分开来识别人才。

他认为，"躁静之决在于气"，即通过一个人的"气"的观察，可以看出他是好动型的或是好静型的，因为气之盛虚是一个人性格的表现，气盛者则其人好动，气虚者则其人好静。

通过对一个人声音的识辨，也可以识人，"夫容之动作，发乎心气，心气之征，则声变是也。夫气合成声，声应律吕：有和平之声，有清畅之声，有回衍之声。"其意思说，外表的动作，是出于人的心气。心气的象征又合于声音的变化。气流之动成为声音，声音又合乎音律。有和平之音，有清畅之音，有回荡之音。

古代善于识人者，往往能够从成败之外看到人才的长处，这是最难能可贵的。而庸人却只能以成败论英雄，如此一来，必然会错失未显达时的管仲、张良这一类人。管仲在未佐齐桓公时，什么都不成功；张良未遇刘邦时，刺杀秦始皇也不成功。这是因为事情的成功会受到许多偶然因素的干扰，运气好时，瞎猫也能撞上死耗子，运气不好则天才也难成功。观察人才，应仔细考察其做事的方法和手段，即便他这次未成功，但可以知道他的特点，是胆大心细？是计划周密？还是凭偶然性完成了这项任务？计划周密、胆大心细的人，即便这次不成功，下次也会成功。有的人才能很高，只因为时机不成熟，才能一直得不到发挥，如果只以成败论英雄，就很难真正发现有才能的人。

古代将帅用人，着重考察人物的心性才能，不要待他把事做定之后再下结论，只持初端就可作判断。许多成功者在事情还没有完成之前，潇洒自如，胸有成竹。在进行中就能信心十足地把握住未来的发展方向，即使有困难，有压力，但心中分寸已经安定，会有挥洒自如的外在表现和乐观的信心，以这种心态来引导事业，其前景是可以期望的。而愚才做事之前，却没有雄心，使人提心吊胆、惴惴不安，这也是观人识人所必须掌握的。

相关链接

躁静之决，多在于色

人的生理状态和情绪，常常随季节和气候的变化而变化，而这种内在变化就会引起气色的变化，所以随着季节不同、气候变化，人的气色也不同。所谓"春青、夏红、秋黄、冬白"，是取其与四时气候相应所做的比拟。应该说，这种比拟颇为准确。

春季，草长莺飞，百花盛开，绿色遍野，春情萌发，人类的生存欲望此时最为强烈。按照五行之说，春属木，木色青，于人则为肝，春季肝旺，所以形之于色者为青，青色，生气勃勃之色也。

夏季，赤阳高照，天地为炉，人类的情绪此时最为激动。五行上夏属火，火色红，于人则为心，心动则气发，气发于皮肤呈红色。

秋季，风清气爽，天高云轻，万木黄凋，人类受此种肃杀之气的感染，情绪多凄惶悲凉。秋属金，金色白，"金"为兵器，"白"为凶色，虽然得正，却非所宜。宜黄者，以土生金，不失其正，而脾属土，养脾以移气，所以说"秋黄"。

冬季，朔风凛冽，侵入肌骨，秋收冬藏，人类生活此时趋于安逸，冬属水，水色黑，于人则为肾，肾亏则色黑，不过其色虽得正，却非所宜。宜白者，以金生水，不失其正，而固肾以养元。

"一月之气色"，随月亮的隐现而发，初一之日后，气色如枝叶之生发，清盛可见，十五之后，气色就若隐若现，如月圆之后，渐渐侵蚀而消失。

"一日之气色"，则因早、中、晚气候的变化而有小范围的变化，大致上是早晨气色复苏，如春天之草绿；中午气色饱满充盈，如树木之夏茂；傍晚气色渐隐渐伏，如大地之秋黄；夜间气色平静安宁，即秋收冬藏之义。

观色识人法的记载还见于刘邵所撰《人物志·八观篇》："所以忧惧害怕的颜色大都是疲乏而放纵，热燥上火的颜色大都是迷乱而污秽；喜悦欢欣的颜色都是温润愉快，愤怒生气的颜色都是严厉而明显，嫉妒迷惑的颜色一般是冒昧而无常。所以如果一个人说话特别高兴而颜色和语言不符时，肯定是心中有事；如果其口气严厉但颜色可以信赖时，肯定是这个人语言表达不是十分畅敏；如果一句话未发便怒容满面时，肯定是心中十分气愤；将要说话而怒气冲冲时，是控制不了的表现。所有上述这些现象，都是心理现象的外在表现，根本不可能掩饰，虽然企图掩饰遮盖，无奈人的颜色不听话啊！"

"色"还是一个人情绪的表现，"色"愉者其情欢，"色"沮者其情悲。也有不动声色之人，需从其他角度来鉴别他们的情绪状态。

"色"的含义比较广泛，它是一个人的气质、个性、品格、学识、修养、阅历、生活等因素的综合表现，与肤色黑白无直接联系。

另外古人还有一种通过察言观色辨别君子、小人的办法，大家也可以简单地了解一下：

喜怒不形于色，宠辱不惊于身，处危难之际而仍然能够性情闲适畅朗，听到赞誉或诋毁时能够颜色不变，以天下之兴衰治乱为己任，先天下之忧而忧，后天下之乐而乐，这样的人是高居上位的君子；愤怒而不至于放肆，得意而不至于忘形，从不猜测将来人生、事业的得失取舍，更不因此而忽喜忽怒，不揣度未来己身的荣宠和耻辱，更不因之欢欣忧戚，这样的人是身居下位的君子。喜怒哀乐都放纵感情，恩人仇人界限分明，喜欢玩弄权术欺上瞒下，固执迂腐，骄傲放纵，喜欢同类、排斥异己，患得患失，色厉而内荏，羞于谈及自己微贱时的小事，害怕别人提及自己未发达时的经历，这样的人是在上位的小人；一有风吹草动就惊慌失措，遇到事情就慌里慌张，风风火火，喜欢卖弄自己的长处，害怕提及自己的缺点，附和自己就十分欢喜，反对自己就愤怒非常，想到自己可能荣华富贵就神采飞扬，将要升至高位时便颜色大变，这样的人，是身居下位的小人。

人的各种感情总会在外部有所流露，即使想隐瞒也不可能完全隐瞒得住，因此还是可以通过外部表情了解一个人的思想的，除了少数心计很深的阴谋家和喜怒不形于色的人之外，对多数人都可采用这种观察办法。在我们的日常生活中，我们不妨学习一点察言观色的技巧，这对我们的生活来说，是相当有益的。

第三编　曾国藩家书

《曾国藩家书》通过教读书、做学问、勤劳、俭朴、自立、有恒、修身、做官等方面，展现了曾国藩"修身、齐家、治国、平天下"的毕生追求。由这些书信，可窥斑见豹地探索曾氏一生之行为思想，从中感受到清朝末年的政治风云变幻和他仕途春风得意背后的警觉，由于树大招风，功高盖主，封建王朝随时都有可能上演"狡兔死，走狗烹"的时代悲剧，所以他虽身居高位，但内心却如履薄冰，如临深渊。读之，不知不觉中，人生境界得到了净化和超拔。

第一章　修身智慧

常存敬畏之心，则是载福之道

【原典】

沅弟左右：

余自经咸丰八年一番磨炼，始知畏天命、畏人言、畏君父之训诫，始知自己本领平常之至。昔年之倔强，不免意气用事。近岁思于畏慎二字之中养出一种刚气来，惜或作或辍，均做不到。然自信此六年工夫，较之咸丰七年以前已大进矣。不知弟意中见得何如？弟经此番裁抑磨炼，亦宜从畏慎二字痛下工夫。畏天命，则于金陵之克复付诸可必不可必之数，不敢丝毫代天主张。且常觉我兄弟菲材薄德，不配成此大功。畏人言，则不敢稍拂舆论。畏训诫，则转以小惩为进德之基。余不能与弟相见，托黄南翁面语一切，冀弟毋动肝气。至嘱至嘱。

【译文】

沅弟左右：

我自从经过咸丰八年的一番磨炼就开始知道畏惧天命、惧怕人言、听从君主的训诫，开始知道自己的本事平常得很。年轻时性情倔强，不免意气用事。近年来从畏、慎二字的思索中颐养出一种阳刚之气，完成工作或者半途而废这两个方面我都做不到。但对这六年的磨炼还有自信，比较咸丰七年以前已有很大进步。不知你意下如何？弟经过此番摔打磨炼也应从畏惧两字中下功夫。畏惧天命，则对于金陵可不可以攻克之数，不敢丝毫代替上天。而且经常感到我们兄弟并非栋梁之材，无圣人之德，不具备立大功的机会。惧怕他人的言论，就不敢稍有触动舆论。畏惧训诫，就要以小小的惩罚为逐步提高品德的基础。我不能与你相会,托付黄南翁面陈一切,希望你不要大动肝火。切记切记。

解读

人生在世,一定要有所畏惧

在浩瀚的宇宙中,人类是渺小的。

曾国藩曾说:"细想古往今来,亿万年无有终期,人们生活在其间,数十年只不过是一眨眼的工夫。大地数万里,不能穷极,人在其中休息游玩,白天犹如一间房子,夜晚好比一张卧榻。古人的书籍,近人的著述,浩如烟海,人一生所能读的不过九牛一毛。事情复杂多样,可以获得美名的道路也有千万条,人们一生中所能做的事,不过是沧海一粟。知道上天悠悠无穷,人的生命无比短暂,那么遇到忧患和不顺心的事,应当稍稍忍耐以待其自消;知道大地的广阔,而自己在大地上的位置却非常之小,那么遇到名利的事情,就会主动避让三分,恬淡处之。知道古往今来的著述无穷无尽,而自己的见识非常浅薄,那么就不会再以一己之见而自喜,应当择善而从,并以谦虚的美德保持它。知道事情复杂多样,而自己所办的事情非常少,那么就不敢以功名自夸,应思考推举贤才,一起去完成大的功业。"

所以,曾国藩主张,人生在世,一定要有所畏惧,尤其是在顺利的时候,更不能忘乎所以。曾国藩曾说自己有三畏:畏天命、畏人言、畏君父。曾国藩一生,也始终是在如履薄冰、战战兢兢的心境中度过的。

道光二十五年(1845年)五月,曾国藩升了官,他在给弟弟的家书中表示自己不但不敢高兴,反而感到战战兢兢。他给家里写信说:"这次升官,实在是出乎我的意料。我日夜诚惶诚恐,自我反省,实在是无德足以承受。你们远隔数千里之外,一定要匡正我的过失,时时寄信来指出我的不足,务必使世代积累下的阴德不在我这里堕落。这样才可以持盈保泰,不会马上颠覆。你们如果能常常指出我的缺点,就是我的良师益友了。弟弟们也应当常存敬畏之心,不要以为家里有人做官,就敢欺负别人;不要以为自己有点学问,就敢于恃才傲物。要常存敬畏之心。"

曾国荃怀着郁闷的心情回乡养病时,曾国藩曾给他写了一封信说:"九弟你立志做事,就像春夏扩展之气;我立志做事,就有秋冬收藏之象。你认为扩散舒展才会有旺盛的生机,而我则认为收敛吝啬才会有深厚的生机。我平生最喜欢古人所说的'花未全开月未圆'七个字,我认为珍惜福祉,保全安康的道理和方法没有比这个更为精当的了。我们的祖父星冈公过去待人接物,不论对待什么人,都是一团和气,只有对我们这些后辈非常严肃,尤其是在逢年过节的时候。我想,这大概是他老人家有意使出来的一种收敛之气,目的在于使家中的欢乐有度,而不至于过于放纵。我也是到现在才明白他老人家的这一片苦心。"

与此相关,曾国藩还讲述了北宋熙宁年间的大臣吕惠卿的故事。吕惠卿因积极支持宰相王安石变法而经王安石推荐当上了参知政事(副宰相)。可是他竟利用推行变法之机为非作歹,引起人们的强烈不满,对变法的推行起了很大的消极作用。

一年春天,吕惠卿到某道观游览,听说有一位道士会作诗,就指着天空中的风筝,要道士作一首诗。

道士吟道:"因风相激在云端,扰扰儿童仰面看。莫为丝多便高放,也防风紧却收难。"

在这首诗里,道士借风筝喻义,劝告吕惠卿不要因为"丝多便高放",免得在"风紧"时狼狈。"扰扰儿童仰面看"是对当时场景的描绘,同时也是隐喻,意是人们正在看"风筝"的表演。吕惠卿是进士出身,完全理解诗的内涵,但却继续我行我素,后来屡被弹劾、贬斥无人肯伸出援手。王安石晚年回忆往事时,常后悔当年因信任他而误了改革大事。

"莫为丝多便高放",这一句的喻义是不要因为手中有权就拼命滥用。曾国藩对此心领神会。曾国藩任两江总督时,权势可谓盛极一时,可他更加谨慎,在给曾国荃的一封信中他写道:"捐务公事,我的意思是老弟绝不要多说一句话。人在官运极旺的时候,他们的子弟经手去办公务也是格外顺手,一唱百和,一呼百应。但这也是最容易生出闲言碎语的时候,怨恨和诽谤也会

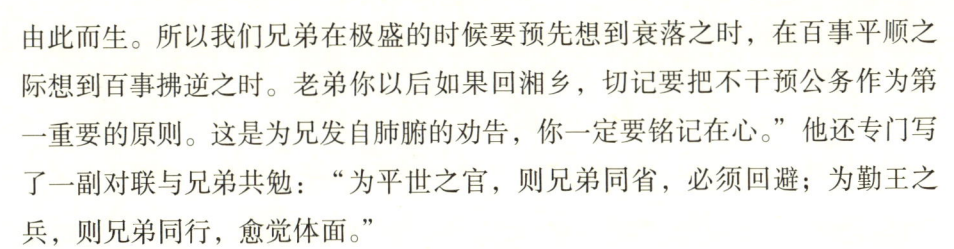

由此而生。所以我们兄弟在极盛的时候要预先想到衰落之时，在百事平顺之际想到百事拂逆之时。老弟你以后如果回湘乡，切记要把不干预公务作为第一重要的原则。这是为兄发自肺腑的劝告，你一定要铭记在心。"他还专门写了一副对联与兄弟共勉："为平世之官，则兄弟同省，必须回避；为勤王之兵，则兄弟同行，愈觉体面。"

在曾国藩的日记里，还记有这样一个历史典故：田单攻打狄人的城邑，鲁仲连预料他攻不下，后来果然三个月都没能攻下来。田单向鲁仲连请教原因，鲁仲连说："我看到将军您在守卫即墨时，坐下就编织草筐，站时就握着铁锹，士兵全都以将军为榜样，全军上下抱着舍生忘死之心，一听到您的号令，没有人不拼死出力，这是您能打败燕国的原因。但是现在，您东面有进献的珍奇，西边有邀游的快乐，身上披着黄金缕带，尽情享受着荣华富贵，早就没有了殊死作战之志。这就是您现在不能取胜的原因啊。"

这个故事看来对曾国藩影响很大，他认为鲁仲连的话很有道理，在湘军收复了江宁城后，曾国藩看到湘军上下一派骄奢淫逸之气，所以就上报朝廷，恳请将一批将士遣散回原籍务农。

后来，曾国藩受命前往山东、河南一带围剿捻军时，湘军跟随的就极少，任用的都是淮军。淮军将士虽然士气高昂，但缺少忧患意识，曾国藩就暗暗地为他们担心，恐怕他们不能承担平定天下的重任。《庄子》上说"两军相逢勇者胜"，鲁仲连说的凭借忧和勤能胜，而由于娱乐失败的话，也就是孟子所谓"生于忧患死于安乐"的意思。用忧患意识和危机意识来教育士兵，用昂扬的斗志来振作三军的士气，这两种做法都能够获得胜利，只在于主帅审时度势地运用罢了，这说明做事不能没有忧患意识。

怀有恬淡之心，不为名利所累

【原典】

沅弟左右：

凡行军最忌有赫赫之名，为天下所指目，为贼匪所必争。莫若从贼所不经意之处下手，既得之后，贼乃知其为要隘，起而争之，则我占先着矣。余今欲弃金陵而改攻东坝，贼所经意之要隘也。若占长兴、宜兴、太湖西岸，则贼所不经意之要隘也。愿弟早定大计，趁势图之，莫为浮言所惑，谓金陵指日可下，株守不动，贪赫赫之名，而昧于死活之势。至嘱至嘱。如弟之志必欲围攻金陵，亦不妨掀动一番，且去破东坝，剿溧阳，取宜兴，占住太湖西岸，然后折回再围金陵，亦不过数月间事，未为晚也。

吾兄弟誓拼命报国，然须常存避名之念，总从冷淡处着笔，积劳而使人不知其劳，则善矣。

【译文】

沅弟左右：

凡是行军打仗最忌有赫赫之威名，为天下人所瞩目，为敌人所必争。不如从敌人不注意的地方下手，成功之后，敌人才知道那是要害，奋起争夺，而我们已抢先一步占了此地。我现在如放弃金陵，改攻东坝，正是敌人注意的要害之处；如果占领长兴、宜兴、太湖西岸，恰为敌人不注意的要害之处。希望弟弟早日确定大计，趁势攻占，不要被浮躁的传言所惑，说什么金陵指日便可攻下，死守不动，贪求赫赫大名，而不明了死活之势。至嘱至嘱。如果弟弟一定要围攻金陵，也不妨先动一动，先去攻破东坝，先剿溧阳，取得宜兴，占住太湖西岸，然后再折回来围攻金陵，也不过几个月的事，并不算晚。

我们兄弟誓死忠心报国，但仍须常存有避开显赫名声的念头，总是要从冷淡处下手，出力不少而使人不知道他出了力，那就好了。

解读

看淡名利方能活得从容

曾国藩主张"怀豁达光明之识，品恬淡冲融之趣"。他说："勤劳而以恬淡处之。最有余味。""胸怀广大，须从平淡二字用功，凡人我之际，须看得平；功名之际，须看得淡，庶几胸怀日阔。"庄子讲"淡然无极""淡而无为"。诸葛亮讲"淡泊以明志，宁静以致远"。

曾国藩认为，无论是为人还是做官，都不能太贪心。在名利问题上，应该以"恬淡"之心处之，学会"尽性知命"。他在日记中写道："近年来焦虑非常多，没有一天是坦坦荡荡度过的，这是由名利之心太切，世俗之见太重所导致的。现在要想消除这两种弊病，必须在'淡'字上用力。功名富贵一概淡然忘却，这样才能使自己的心境自由自在。要想胸怀宽广，就必须在'平淡'两个字上用力。凡是为人处世，都要有平常之心，对于功名要看得淡一些。这样心胸才能日益开阔。"

同治年间，曾国藩的九弟曾国荃一心想得到一个人攻下南京（太平天国定都后，改为天京）的功劳，但是攻了很长时间都没有攻下来，外面由此有了很多对曾国荃很不利的说法，湘军内部的矛盾也一天一天尖锐起来。曾国荃十分焦躁，以致生了肝病。曾国藩多次写信劝他"不要代天主张"。古往今来，凡成大事，人谋居半，天意居半。往往是出力的人并非就是成名的人，成名的人并非就是享福的人。对于名利二字，要看得淡一些才行。这一次行动，像克复武汉、九江、安庆，出力之人就是成名之人，在天意已经算是十分公道了，但这是不可靠的。告诫曾国荃要在尽心尽力上下功夫，成名这两个字则不要管了，享福这两个字就更不必问了。

同治三年（1864年）六月十六日，湘军最终攻下南京，将轰轰烈烈的太平天国起义镇压了下去。这本是曾国藩与湘军苦战多年的结果，然而曾国藩却在上疏中将攻克南京之功完全归于朝廷，表现得十分理智。

与曾国藩不同，曾国荃是个追求"百尺竿头，更进一步"的人。攻陷南京之后，曾国荃认为全是他一人的功劳，朝廷应该给他更多的赏赐才对，所以经常发牢骚。曾国藩对此十分担心，他告诫曾国荃说："自古有几个人有高的官位、大的权力，还享有大的名声而最后能保全自己的呢？你纵然有大的本事，但你必须让一半功劳给老天爷才行。"

为了开导郁郁寡欢的老九，曾国藩还写了这样一首诗："左列钟铭右谤书，人生随处有乘除。低头一拜屠羊说，万事浮云过太虚。"诗中用屠羊说的典故，教育曾国荃要把名利看得淡一些。

楚昭王时，有一个卖羊肉的屠夫，实际上他是一个有才能的隐士，人们叫他屠羊说。伍子胥为了报父兄之仇，率领吴军打败了楚军。楚昭王被迫流亡，屠羊说跟着楚昭王一起逃亡，途中为楚昭王排忧解难，立了很大的功劳。后来楚昭王复国了，大赏那些与他共患难的随从。

当楚昭王给屠羊说以赏赐时，屠羊说却不要赏赐，他说："当年楚王失去了国家，所以我失去了卖羊肉的摊位。现在楚王恢复了故土，我也恢复了我的羊肉摊，这样便等于恢复了我固有的爵禄，还要什么赏赐呢？"然而楚昭王一定要赏赐他，屠羊说又说："楚王丢掉了国家，不是我的过错，所以我没有请罪杀了我；楚王夺回了国家，也不是我的功劳，所以我也不能领赏。"屠羊说越是不要赏赐，楚昭王越要赏赐他，而且一定要召见他。屠羊说依然不为所动，说："依据楚国的规矩，只有立了大功，应受大赏的人才可以觐见国王，我屠羊说智不足以存国，勇不足以杀寇，吴军打进郢都的时候，我只是因为害怕而跟着大王逃跑的，并非是为了效忠大王。现在大王非要见我，这是违背楚国规矩的事情，我可不想让天下人笑话。"

楚昭王听了这番话，感慨地说："屠羊说只是一个杀羊的屠夫，地位卑贱，说的道理却如此高深，这是一位贤人啊！"于是便派司马子綦亲自去请屠羊说，要"延之以三旌之位"，也就是要让他做地位最高的卿。

不料屠羊说却不肯受命，他说："我知道卿的地位，比我一个卖羊肉的不知要高多少倍，卿一年的俸禄，恐怕是我卖一辈子羊肉也赚不来的。可是我怎么能够因为自己贪图高官厚禄而使国君得到一个滥行奖赏的恶名呢？我是不能这样做的，还是让我回到我的羊肉摊上去吧。"

曾国藩举屠羊说的例子就是要曾国荃懂得：不要太看重名利，对名利要淡然处之。他认为，无论是为人还是做官，都不能太贪心，都必须知足。在名利问题上，应该以"恬淡"之心处之，学会"尽性知命"，这样才能做到持盈保泰。

曾国藩涉身军务，战争的激烈、残酷，人事上的相互猜忌、争权夺利，时时刻刻让他处于紧张焦虑之中。为此，曾国藩常觉身心疲惫。描述自己身体状况的言语时常载于他的日记和与朋友的书信往来之中，并且免不了涉及古人心胸开阔、恬然物外的自怡之趣，曾国藩此时往往充满羡慕之情。

心胸宽广，把生死和名利置于脑后，这样才会身心舒畅，但曾国藩常常做不到这一点，经常为了博得一个好名声而茶饭不思，寝食不安。对此，曾国藩心欲改之而又无可奈何，他就是在这样的矛盾和不断反省自我中度过一生的。一方面，功名利禄心很强，这是他最初踏上仕途的原因和动力；但另一方面，曾国藩的身体状况不是很好，长时间的车马劳顿和军政要务让他时刻不得安宁，这更给他的身心带来了很大压力。为此曾国藩不得不想尽一切办法缓解，古人淡泊名利的心胸是他一直不断追求的。但人的性格一旦生成，往往很难有所改变，何况曾国藩身居高位，政务、军务缠身，要说不计名利是不可能的。他能够做的就是不断提醒自己，不断以古代心胸开阔者为学习榜样，读他们的诗作文章，体会他们在其中表达出来的光明磊落之心。

道家为破除名利的束缚，主张无为；佛家则干脆教导人逃离红尘。这两种办法视功名如粪土，固然无拖累，但仅为一己快乐而计，非有责任感、使命感的圣贤豪杰所愿为。人生于世，苦难众多，志士仁人，更应以治国安民为己任。此外又要不受名利之累，就更加困难。"淡"的妙处，不但不妨碍成大业、办大事，还给自己留出一片安闲自在的天地，享受人生，同时也使事业获得推动，正是两全其美之法。

读书可以改变气质

【原典】

字谕纪泽儿、纪鸿儿：

人之气质，由于天生，本难改变，惟读书则可变化气质。古之精相法者，并言读书可以变换骨相。

【译文】

字谕纪泽儿、纪鸿儿：

人的气质，由于天生，本来难以改变，只有读书才可以改变它。古代精于相面的人，都说读书可以改变骨相。

解读

读书体味得深的人，气质也会超凡脱俗

　　曾国藩出生在一个耕读之家，他的祖父没有读过多少书，但壮年悔过，因此对曾国藩的父亲要求很严，曾国藩的父亲曾竹亭虽然长期苦学，但资质有限，只到四十三岁时才补为县学生员。曾竹亭知道自己的能力有限，所以就又把期望放到了儿子们身上。曾国藩曾回忆说："先父……平生苦学，他教授学生，有二十多年。国藩愚笨，从八岁起跟父亲在家中私塾学习，早晚讲技，十分用心，不懂就让父亲再讲一遍，还不懂再讲一遍。先父有时带我在路上，有时把我从床上唤起，反复问我平常不懂之处，一定要我搞懂。他对待其他的学童也是这样，后来他教我的弟弟们也是这样。他曾经说：'我本来就很愚钝，教育你们当中愚笨的，也不觉得麻烦、艰难。'"

　　在这样的家庭里，曾国藩八岁时已经读完了"五经"。十四岁时，受教读《周礼》《礼仪》，直至能够背诵，还读了《史记》和《文选》，这些造就了曾国藩一生的学问基础。他之所以显达，推究其根源，实在是靠家学的传授。但是，从根本上说来，曾国藩一生的学问功业，还是基于他自己的苦读。对曾国藩来说，美服可以没有，佳肴可以没有，但是书却不能没有，读书是他生命的重要部分。

　　曾国藩在青少年时代就酷爱书籍。道光十六年（1836年）的那次会试落第后，他自知功力不深，便立即收拾行装，搭乘运河的粮船南下。虽然会试落榜，但却使这个生长在深山的"寒门"士子大开眼界，他决定利用这次回家的机会，进行一次江南游，实现"行万里路，读万卷书"的宏愿。

这时曾国藩身上的盘缠已经所剩无几。路过睢宁时，遇到了知县易作梅。易知县也是湘乡人，他与曾国藩的祖父、父亲非常熟悉，与曾国藩也相识。他乡遇故人，易知县自然要留这位老乡在他所任的县上玩几天。交谈中易知县得知曾国藩会试未中，但从其家教以及言谈举止中，可以看得出曾国藩是个非凡之人，前程一定不可限量。易知县知道曾国藩留京一年多，所带银两肯定所剩无几，便有心帮助曾国藩。当曾国藩开口向易知县借钱做路费时，易知县慷慨应允，借给曾国藩一百两银子，临别还给了他几两散银。

经过金陵时，曾国藩在书肆中看见一部精刻的《二十三史》，爱不释手，他太喜欢这部书了。然而一问价格，曾国藩大吃一惊，要一百两银子，恰好与他身上所有的钱相当。他想折价把这部史书买下来，但书商似乎猜透了他的心理，一点价都不肯让，一百两银子少一钱也不卖。曾国藩心中暗自盘算：金陵到湘乡全是水路，船票已交钱定好，沿途不再游玩，省吃俭用，费用有限。这时已是初夏，随身所带的一些皮袍冬衣，反正也穿不着了，干脆送去当了，勉强还可够用。

于是曾国藩把一时不穿的衣物全部送进了当铺，毅然把那部心爱的《二十三史》买了回来。此时，他如获至宝，心理上得到了极大的满足。他平生第一次花这么多钱，就是为了买书。此一举动，足见曾国藩青年时代志趣的高雅。曾国藩的一生不爱钱、不聚财，但却爱书，爱聚书。

回家以后，父亲见曾国藩花了上百两银子买回一堆书，非但没有责备，反而鼓励他说："尔借钱买书，吾不惜为汝弥缝，但能悉心读之，斯不负耳。"父亲的话对曾国藩起了很大作用，从此他闭门不出，奋发读书，并立下誓言："嗣后每日点十页，间断就是不孝。"

曾国藩发愤攻读一年，这部《二十三史》全部阅读完毕，一部《二十三史》烂熟于胸，此后便形成了每天点史书十页的习惯，一生从未间断。这样，自京师会试以来，曾国藩培养了对古文和历史的爱好，为以后更为广泛地研究学术问题，总结历代统治者的经验教训，参与治理国家和社会打下了基础。所以，他后来回顾自己的读书治学过程时说："及乙未到京后，始有志学诗、古文并作字之法。"

曾国藩供职京师的时候，正是中国内忧外患交迫的时候，所以，他读书更侧重经世致用之学，特别是舆地之学。在闲暇的时候，曾国藩对于军政大计以及各种庶务，仔细地、有所选择地阅读古代史籍，尽量把现实的问题考究详尽。所以一旦当权，便能把平时读书得来的学问拿出来应用。后来太平天国声势大盛，曾国藩以一书生带兵，终能剿灭洪、杨，一般人都很惊讶。我们只要知道他十多年的京师生活，十多年京师名流之间的交往互教，十多年京师期间坚持不懈地刻苦攻读经世致用之书籍，是如何地准备着应付事变，如何地关切时务，如何地虚心研究，便可知道曾国藩的成功，绝对不是侥幸得来的了。

当时掌理全国庶政的六部，除了户部之外，曾国藩还担任过其他礼、吏、兵、刑、工五部的侍郎。在为官期间，对照自己所任各部的工作特点，他专心潜读《通典》和《资治通鉴》，由此而洞悉了从古至今的政事利弊、官场风气及民生疾苦。曾国藩由内阁学士升为礼部右侍郎署兵部左侍郎时，阅遍清代道光以前历朝文献，目睹时局危急而政风颓靡，遂因皇帝之下诏求言而先后参照史籍上了几道条陈时务的奏疏，体现了他明道经世的抱负。

在曾国藩读书榜样的示范下，湘军将帅们都把孔、孟、周、张、程、朱，直到船山的"圣贤学脉""儒家道统"作为自己的思想信仰，从中国传统文化宝库中广搜博取，以求治国用兵之道，为其军政实践服务。

正如郭嵩焘所说："军兴以来，湘人起文学任将帅，肩项相望。一时武健强力，多知折节读书。军行所至，闻弦歌之声。"大批湘军将领多是从"一介书生""布衣寒士"而投笔从戎，从文书、幕僚或中下级军官，一跃而成为统兵作战、独当一面的高级将帅，不少人成为巡抚总督一类的封疆大吏，有的甚至成为清朝中央政府的尚书、军机大臣、大学士。

曾国藩在读书学习方面尤为可贵的是，把它作为生命中重要的部分，相伴终生。

第二章　齐家准则

节俭持家，福泽悠久

【原典】

欧阳夫人左右：

夫人率儿妇辈在家，须事事立个一定章程，居官不过偶然之事，居家乃是长久之计，能从勤俭耕读上做出好规模，虽一旦罢官，尚不失为兴旺气象。若贪图衙门之热闹，不立家乡之基业，则罢官之后，便觉气象萧索。凡有盛必有衰，不可不预为之计。望夫人教训儿孙妇女，常常作家中无官之想，时时有谦恭省俭之意，则福泽悠久，余心大慰矣。

【译文】

欧阳夫人左右：

夫人带着儿子、儿媳住在家里，必须每件事都立个规矩。做官不过是一时的事，住在家里才是长久的事，能在勤俭耕田、勤奋读书上开创一个好局面，即使哪天罢了官，还是一番兴旺的景象。如果贪图衙门里的热闹，不立下家乡的基业，那么罢官之后就会觉得气象萧条了。凡有盛必有衰，不可不预先做个打算。希望夫人教育儿孙晚辈，要当家里没人做官，时刻有谦让、恭敬、节省的想法，那么就会给后代带来永久的幸福，那样我心里就很高兴了。

解 读

勤俭治家才是获得幸福的最好方法

曾国藩嘱咐弟弟道:"望弟于'俭'字加一番工夫,用一番苦心,不特家常用度宜俭,即修造公费,周济人情,亦须有一俭字的意思。"曾国藩又说:"居家之道,只有崇尚俭朴才可以长久,处乱世尤以戒奢侈为要义。"

"俭"是中华民族最重要的一项美德。《左传·庄公二十四年》中说:"俭,德之共也;侈,恶之大也。"意思是说,节俭是一切美德的基础和根源,而奢侈则是所有恶行中最为严重的。这部先秦经典将"俭"字提高到无以复加的高度上,充分地展示了节俭的重要意义。

先秦时,墨子提出:"俭节则昌,淫佚则亡。"将"俭"字提到个人和国家成败兴亡的层面上来,从此,"俭"不再仅仅是一种内在的美德,而且是成功学中的一个关键性范畴了。

具体说来,"俭"字的益处有许多方面,因此石成金在《传家宝》中进行了总结,他说:"俭有四益:凡贪淫之过未有不生于奢侈者,俭则不贪不淫,是俭可养德也;人之受用自有剂量,省啬淡泊有长久之理,是俭可养寿也;醉浓饱鲜,昏人神志,若蔬食菜羹,则肠胃清虚,无滓无秽,是俭可养神也;奢者妄取苟求,志气卑辱,一从俭约,则于人无求,于己无愧,是俭又可养心也。"石成金从"养德""养寿""养神""养心"四个方面归纳了"俭"字在个人自我修养方面的作用,可谓精练而深刻。当然,"俭"虽作用于一人,但其作用却不仅仅局限在一个人身上。除了上述四个方面外,"俭"字在治家、为官、治国方面,有着更为显著的作用。

曾国藩在家书中也讲到"俭"的重要性。俭朴持家,是曾家的祖传家风。曾国藩作为同辈长男,从持家之始,就将"俭"字放在头等重要的地位上。他教育子侄说:"'俭'字工夫,第一莫着华丽衣服,第二莫多用仆婢雇工。"其中的"俭"字,又与"勤"字相关联,所以曾国藩常常将"勤""俭"并举。不用奴婢和仆役，固然是为了少花钱，但更重要的目的却是为了培养家人亲自劳动、爱惜劳动成果的习惯。曾家的男子都要亲自下地耕田，妇女都要亲自纺织。为儿子娶妻，也选勤俭之家，而不愿与官宦之家联姻，以免养成奢惰之习。曾纪泽刚刚结婚，曾国藩就告诫儿子，要他引导媳妇织布做衣："新妇始至吾家，教以勤俭，纺绩以事缝纫，下厨以议酒食，此二者，妇职之最要者也。"

曾国藩自己更是一生俭朴。他衣着朴素，布袍鞋袜，都是其夫人、儿媳所做。吃的也是粗茶淡饭。即使是官至大学士，每次吃饭也仅一个荤菜，如果不是有客人来，从不加菜。因此，时人戏称他为"一品宰相"。"一品"指的就是"一荤"。有一件衣服，曾国藩平时舍不得穿，只在庆典或过新年时才穿上。这件衣服穿了三十多年，到他去世时，还像新的一样。对此，他幽默地说："古人云：'衣不如新，人不如故。'然以吾视之，衣亦不如故也。试观今日之衣料，有如当年之精者乎？"

曾国藩认为一个家庭，只有崇尚俭朴才可能长久。"与俭朴相反的，是官宦习气。"齐家之道，最忌讳的就是染上官宦人家的习气。为了保持以俭持家的家风，避免染上官宦人家的习气，曾国藩不与官宦习气太重的人家联姻。他在给父母的信中说："儿女联姻，一定要找勤俭孝友之家，不要与做官的人家联姻，这样才不致助长子弟们奢侈懒惰之习气。"

有一次，一个常姓大家族想跟曾国藩家攀亲。曾国藩得知这件事之后，坚决不同意。倒不是门不当、户不对，而是他认为常家官宦的习气太重。在给弟弟们的信中，他解释说："听说常家的公子最喜欢依仗父辈的权势作威作福，穿着华丽的衣服，带着一大批仆从。恐怕他们家有官宦人家的骄奢习气，会乱我家的家规，教坏我家的子弟。所以，我家不能跟他们联姻。"因此，在曾纪泽的婚事上，曾国藩专门写信给家里，希望能在乡间选一个普通人家的女儿。

曾国藩的节俭还表现在一些特殊的事情上。他认为，日常持家应当把一些零碎物件，如碎布、小纸片都收集起来，以备使用。如他所言："务宜细心收拾，即一纸一缕、竹头木屑，皆宜捡拾"，"可珍之物固应爱惜，即寻常器件亦当汇集品分，有条有理：竹头木屑，皆为有用，则随处皆取携不穷也。"

积少成多，就会变废为宝。这样家里既显得整齐，又节省了财物，还养成勤动手、办事有条理的好习惯。

曾国藩还教导他的儿女要节俭，说："家中的男孩子必须走路，不可坐轿骑马；女孩子不要太懒惰，应当早日学习烧菜煮饭。勤快，就是生动之气；节俭，就是收敛之气。一个家庭能做到既勤又俭，那就绝对不可能不兴旺发达。"曾国藩在这里之所以反复强调勤俭的重要性，目的就在于教育子女要懂得生活的艰辛。

曾国藩之所以重视勤俭持家，因为在传统社会中，家是一个人事业的根基，治家与治国相通。不善治家者，必不能治天下。一个人即使再有能力，倘若家庭出了问题，也就如树拔其根，难以立足。曾国藩有这样一种不同寻常的看法，他认为做官不是长久之计，而家庭则与一个人的一生相始终。所以，他认为治家比做官更重要。

在曾国藩的影响下，夫人欧阳也丝毫没有官太太的习气。欧阳夫人早年跟从曾国藩，受了很多的苦。后来曾国藩做了两江总督，欧阳夫人所穿鞋褂等仍然是由女儿们所做的。1863年，欧阳夫人自老家东下，前往南京与丈夫相会，只带了一个乡下的老太太，每个月发给工资八百文。当时两房儿媳没有丫鬟服侍，家中的粗活也由这个老太太来做。后来船到安庆的时候，儿媳们感到堂堂总督夫人连个丫鬟都没有，太不像样，商量了一下，就凑钱给欧阳夫人买了一个。然而，欧阳夫人却把这个丫鬟送给了其他人。

曾国藩的节俭并不是要省几两银子，积少成多，使自己成为一个大富翁。他不爱钱，不敛钱，不聚钱，直到去世时，家中仅有一万多两银子，还不如一般士绅富户。他的真正目的是使自己保持勤俭风气，更主要的是为了儿女们能自尊自立，以免养尊处优，丧失努力进取的动力。他经常说："居家之道，不可有余财。"有余财则子女必趋于骄奢，只有保持节俭自立，才可成才。"凡世家子弟，衣食起居，无一不与寒士相同，庶可以成大器；若沾染富贵习气，则难望有成。"

勤劳谨慎,兴家之道

【原典】

澄侯、温甫、子植、季洪老弟足下:

儿侄辈总须教之读书,凡事当有收拾,宜令勤慎,无作欠伸懒漫样子。至要至要。吾兄弟中惟澄弟较勤。吾近日亦勉为勤政。即令世运艰屯,而一家之中勤则兴,懒则败,一定之理。

【译文】

澄侯、温甫、子植、季洪老弟足下:

儿侄辈总应该教他们读书,什么事都应当让他们收拾,要让他们勤劳谨慎,不作打呵欠、伸懒腰散漫的样子。至要至要。我的兄弟中只有澄弟比较勤快。我最近也努力做到勤奋恭敬。

即使世道艰难,而对于一个家庭来说还是勤则兴盛,懒则衰败,这是一定不变的道理。

解 读

勤者兴家立业,懒者一事无成

曾国藩对于一个人的勤,并不主张立时做到,主张慢慢养成习惯。

曾家可谓勤劳之家的典范。"勤"是曾国藩教导子弟的一个经常性的内容。他的家书、日记、诗文中强调"勤"的内容或次数不下数百次。

曾国藩认为勤劳是修身养性的必修课,是兴家立业的奠基石。不勤则懒,虽说"懒人有懒福",但懒福不是幸福,懒人也无益于社会。曾国藩不仅时常教育子女勤劳,自己还言传身教,形成了勤劳兴家的好家风。

曾国藩自己工作，他的夫人、儿媳，住在总督署内，也要绩麻纺纱、做针线工作，直至起更后，始能休息。《水窗春呓》所记一个笑话，可以说是曾国藩家庭生活的自白：儿子新婚未久，睡在床上，辗转反侧，心甚焦急，乃大呼曰："妈，你那不懂事的媳妇，吱吱呀呀纺车不停，闹得我睡不着，请将她那部纺车打碎好了。"作为公公的曾国藩在隔屋听到了儿子的话，也高声说道："太太，如果要打，最好先将你那部车子打碎，我也睡不着呢！"这一笑话，后来成为曾国藩的幕僚们闲聊话题之一。笑话一出，大家笑得眼泪都掉下来了，可是曾国藩以五指抚摸胡须，一点也不笑。一个勤劳而又其乐融融的家庭油然而生在我们的面前。

曾国藩一方面告诫诸弟在家教子侄，总须有勤敬二字。并说："无论治世乱世，凡一家之中，能勤能敬，未有不兴，不勤不敬，未有不败者，至切至切，余深悔往日未能实行此二字也，千万叮嘱。澄弟向来本勤，但不敬耳，阅历之后，应知此二字之不可须臾离也。"

曾国藩还发现这样一个可怕的现象："一代懒，二代淫逸。"他说"四弟、九弟较勤，六弟、季弟较懒。""以后勤者愈勤，懒者痛改，莫使子侄学得怠惰样子。"

曾国藩要求家中兄弟子侄，总宜以勤敬二字为法：一家能勤能敬，虽乱世亦有兴旺气象；一身能勤能敬，虽愚人亦有贤智风味。吾生平于此二字少工夫，今谆谆以训吾昆弟子侄，务宜刻刻遵守，至要至要。家中若送信来，子侄辈亦可写禀来，并将此二字细细领会，层层写出，使我放心也。曾国藩还一再询问，嘱托子侄辈对勤敬二字有无长进否，"若尽与此二字相反，其家未有不落者；若个个勤而且敬，其家未有不兴者，无论世乱与世治也。诸弟须刻刻留心，为子侄做榜样也。"曾国藩的一生贯彻一个勤字，当直隶总督时，将积压的上万件案子一个月就处理完了，晚年几乎双目失明，仍手不辍书，当他已经成就大事后，仍期望自己成为"立言之人"，并为此而努力，直到病逝。

"勤"是中国家庭的传统美德。而"天道酬勤""勤能补拙"，勤也确实会给人带来理想的回报。勤会使人增长知识，广博见识，积累经验，会使事业之禾得到充分的浸灌，从而茁壮地生长，获得丰硕的收成。

因此，曾国藩说"千古之圣贤豪杰，即奸雄欲有立于世者，不外一勤字"。勤即是不懈怠、兢兢业业，因此由勤必生"敬"，即对所勤的对象的敬重郑重之态。"敬"则必生"谦"，即小心恭敬之意。所以常见曾国藩把"勤、敬、谦"相提并论。如他说："勤若文王之不遑，敬若舜禹之不与，谦若汉文之不胜，而勤谦二字，尤为彻始彻终，须臾不可离之道。"

"勤所以儆惰也，谦所以儆傲也，能勤且谦，则大字在其中矣，吾将守此勤敬二字以终身，倘所谓朝闻道夕死可矣者乎！"

曾国藩也深谙勤字之道。他大到为官治军、小到治家修身，无不以勤字为重，他说："人败，离不得个'逸'字。"又说："天下百病，生于懒也。""人不勤则万事俱废。"不懒不逸，就是勤，"勤者，逸之反也。""勤所以儆惰也。"

如今社会，虽有勤者，但也不乏懒者，懒者成天无所事事，有的还坐公车、拿公款，这样的人是社会的寄生虫。还有些懒人虽然也干点活，但一有空便打麻将，睡大觉，侃大山，白白浪费光阴，他们得过且过，虚度了一生。实际上，勤劳虽说有点苦，但其中又有无穷的乐趣，又有勤劳后的幸福，不勤劳怎能品尝此味呢？作

为青少年，应从小培养成爱劳动、勤动手的好习惯，将会终生受用，受益无穷。

言传身教，潜移默化

【原典】

字谕纪泽儿：

我朝列圣相承，总是寅正即起，至今二百年不必。我家高曾祖考相传早起，吾得见竟希公、星冈公皆未明即起，冬寒起坐约一个时辰，始见天亮。吾父竹亭公亦甫黎明即起，有事则不待黎明，每夜必起看一二次不等，此尔所及见者也。余近亦黎明即起，思有以绍先人之家风。尔既冠授室，当以早起为第一先务。自力行之，亦率新妇力行之。

余生平坐无恒之弊，万事无成。德无成，业无成，已可深耻矣。逮办理军事，自矢靡他，中间本志变化，尤无恒之大者，用为内耻。尔欲稍有成就，须从有恒二字下手。

余尝细观星冈公仪表绝人，全在一重字。余行路容止亦颇重厚，取法于星冈公。尔之容止甚轻，是一大弊病，以后宜时时留心。无论行坐，均须重厚。早起也，有恒也，重也，三者皆尔最要之务。早起是先人之家法，无恒是吾身之大耻，不重是尔身之短处，故特谆谆戒之。

【译文】

字谕纪泽儿：

我朝历代圣哲相传承的，总是寅正就起床，至今二百年不变。我家从高曾祖父就早起，我曾见过竟希公、星冈公全都是天没亮就起床，冬天起床大约坐一个时辰，天才亮。我父亲竹亭公也是黎明就起床，如果有事情还不到黎明就起床，每天夜里要起床到处看一两次，这是你曾看到的。我近年来也是黎明就起床，想必是继承先人的家风。你既然已成人结婚，也应以早起为第一要事，努力去做到它，也要让新媳妇去努力做到它。

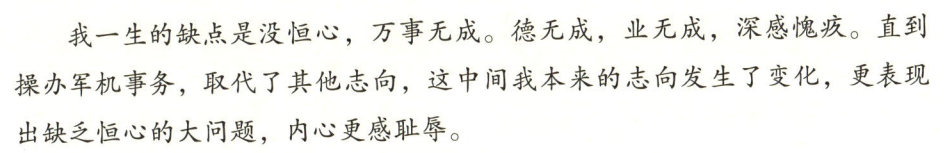

我一生的缺点是没恒心，万事无成。德无成，业无成，深感愧疚。直到操办军机事务，取代了其他志向，这中间我本来的志向发生了变化，更表现出缺乏恒心的大问题，内心更感耻辱。

你想要有些成就，必须从"有恒"两字下手。

我曾经仔细观察星冈公仪表绝人，全在一个重字。我走路神情举止也较稳重敦实，就是从星冈公身上学来的。你的容颜举止很轻浮，这是一个大毛病，以后须时时注意。无论行走起坐，都要稳重。早起、有恒、稳重这三个方面是你目前最重要的。早起是先辈的家法，没有恒心是我的耻辱，不稳重是你的缺点，所以特别谆谆教导你把它们记在心上。

解读

重德行，戒奢傲，身教重于言行

曾国藩是这样的一位父亲：学问博洽，见识广远，阅历丰富，位高权重，要求严格，他把所有的经验、智慧、理想、兴趣、已成之志、未竟之业全部压过来。他把自己的全部知识、经验和智慧毫无保留地传授给儿子，他为儿子提供了远比一般人优越的生活条件和学习环境，他为儿子提供了一个又一个挑战困难和失败的机会，他把儿子看作他的躯体和心灵的新的延续。

曾国藩在家书中提到早起说的是生活习惯，有恒说的是意志品格，稳重说的是生活作风，这三点可以说谈到了生活的方方面面，够曾纪泽努力一辈子的了。

曾国藩教育子女不许有"特权"思想。他十分清楚，沉湎于权贵之中的子女，往往骄纵。因此，曾国藩身体力行，戒奢、戒傲。他曾说："世家子弟，最易犯一奢字、一傲字。不必锦衣玉食而后谓奢也，但任皮袍呢褂俯拾即是，舆马仆从习惯为常，此即日趋于奢矣。见乡人则嗤其朴陋，见雇工则颐指气使，此即日习于傲矣。《书》称：'世禄之家，鲜克由礼。'《传》称：'骄奢淫逸，宠禄过也。'京师子弟之坏，未有不由于骄奢二字者。"

曾国藩对于古训"身教重于言教"的理解十分深刻。他虽十分重视读书、做人的教育，可他却避免了高高在上、夸夸其谈的指责。他从自己学习的亲身体会出发，以商量的口吻，研究的态度，中肯地指出儿子在学习中的进步与不足，因此收效十分显著。曾国藩苦口婆心地给曾纪泽写了一封信：收到你的安禀，字画尚未长进。你今年十八岁，年龄渐长，而学业未见增益。陈岱云姻伯之子叫杏生，今年入学，学长批阅他的诗作为全场之冠。他比你仅大一岁，因为无父无母家渐清贫，于是勤苦好学，少年成名。而你幸得祖父余荫，衣食丰适，宽然无虑，于是便安乐养逸，不再把读书立身当作大事。古人云："劳则善心生，佚则淫心生。"孟子说："生于忧患，死于安乐。"我担心你过分安逸了。新媳妇刚进门，应该教她入厨做羹，勤于纺织，不能因她是富贵人家子女就不做家务。大、二、三诸位女儿已经能做大勤了吗？三姑一嫂，每年为我做一双鞋，表示各自的孝敬之忱，表现各自的针线功夫如何。所织之布，所寄衣袜，我从中可以察看闺门之内各自的勤劳或懒惰。我在军中，虽然事务繁忙，却不曾荒废学问，读书写字从未中断过，可惜年老眼花，没有什么长进。你现在还未到弱冠之年，正可谓一刻千金之际，千万不可浪掷光阴。

此信可谓字字恳切，句句生情，"可怜天下父母心"。但愿普天之下的年轻人看了这段文字，能心有所动，思有所虑，发愤图强，大展宏图。

人的天赋都差不多，子女成才与否，是否能走正路，其关键在于后天的教育。而作为人生第一老师的父母对子女的教育，对子女的个性、道德观等的形成更是起着重要的作用。

曾国藩说："历世圣人，扶持名教，敦叙人伦。君臣父子，上下尊卑，秩然如冠履之不可倒置。"我们从曾氏语录中可以看出，曾国藩为什么这样注重家范，它确实与"立人"有着千丝万缕的关系。在当今社会，社会教育越来越受到重视，在教育体系中占据了主导地位，但家庭教育由于有独特的教育功能也绝不能被忽视。作为父母，教育子女是自己的责任，有个好子女则家庭和睦，各自的烦扰也少一些，每个人就会有更加幸福、美好的生活。无论哪个时代，无论出自于何种理由，人们都不能不承认曾国藩的学问和能力，他集严父、慈父于一身，时时注意教子的方式方法，"爱之以其道"。其教子成功的经验，时至今日也颇具借鉴意义。

好的家范，确实能够造就为民事国的人才，这是中国人历来注重家范的原因。历史上很多名人英雄都是在好的家范环境中成长起来的，因而曾国藩特别讲求自己的家范。曾国藩之所以高度重视对子女的教育，主要基于两点原因：一是曾国藩认识到通过后天的教育能够造就人才，能使潜在的千里马变为现实。二是曾国藩深刻地认识到，无论今朝多么位高权重，多么风光无限，但如果不加强对子女的教育，就难逃下一代流荡沟壑的无情下场。曾国藩对子女的教育强调立志，又注重注入时代特点的新东西，还不忘记人格的熏陶。总之，曾国藩的教子方法有很多值得我们去借鉴、学习。

齐家"八本堂""八本经"

【原典】

字谕纪泽、纪鸿儿：

吾教子弟不离八本、三致祥。八者曰：读古书以训诂为本，作诗文以声调为本，养亲以得欢心为本，养生以少恼怒为本，立身以不妄语为本，治家以不晏起为本，居官以不要钱为本，行军以不扰民为本。三者曰：孝致祥，勤致祥，恕致祥。吾父竹亭公之教人，则专重孝字。其少壮敬亲，暮年爱亲，出于至诚，故吾纂墓志，仅叙一事。

吾祖星冈公之教人，则有八字，三不信。八者曰：考、宝、早、扫、书、蔬、鱼、猪。三者，曰僧巫，曰地师，曰医药，皆不信也。

【译文】

字谕纪泽、纪鸿儿：

我教育子弟不离"八本""三致祥"。八本是：读古书以训诂为本，作诗文以声调为本，养亲以得欢心为本，养生以少恼怒为本，立身以不妄语为本，治家以不晚起为本，居官以不要钱为本，行军以不扰民为本。三致祥是：孝致祥，勤致祥，恕致祥。我父亲竹亭公教育人，则专门侧重于孝字。少壮时敬亲，暮年时爱亲，都是出于至诚，因此我撰写墓志，只叙述一件事。

我祖父星冈公教育人，则是八个字，三不信。八个字是：考、宝、早、扫、书、蔬、鱼、猪。三不信是：僧巫，地仙，医药全不信。

解读

树家训，立家规，家道中兴

在当今社会中，家庭教育仍然发挥着十分重要的作用，家庭对子女的道德、礼节等方面的教育，是学校教育无法替代的。

曾国藩的家庭教育，以八本堂的八句话为经，以"八宝饭"的八字为纬，经纬连贯，脉络相通，便形成一套治家的理论体系。千百年来，中国谈家庭教育者，未能出其范畴。因此，曾国藩的家书家训流行民间，甚为广泛，是一部难得的家庭教科书。

曾国藩虽然经常是军政大事缠身，但他久不忘家，经常通过家书了解家中情况，通过家书教育子弟，给出一些家事的具体解决办法和处理意见，以家训家规来约束家人的行为，为家族的兴旺奠定了基础。

"八本"是曾国藩家庭教育思想的核心内容，包括如下内容：

第一，读古书以训诂为本。曾国藩认为，我国古典书籍，十分丰富，因为时代久远，多少古字古音古义，必须从训诂学中求之，始可明晓。因此，他对训诂之学十分重视，而曾国藩能够贯通经史百家之学，实基于此。

第二，诗文以声调为本。中国诗文，最讲声调。声调铿锵，则敲之有声，呼之欲出。曾国藩诗尊山谷，文法昌黎，其所作诗不多。唯其文，摆脱桐城羁绊，独树一帜，时人尊之为湘乡派，谓为欧阳修后第一人，则其得力于韩昌黎者至大。曾国藩亦自承学韩有得，韩文具阳刚之美，能阳能刚，皆声调之美有以使然。

第三，养亲以得欢心为本。子夏问孝，子曰色难。色难者，就是永远和颜悦色，承顺父母的旨意，而不专在饮食的供奉上满足父母。曾国藩夫妇侍奉父母，均以得欢心为本，故一家融融洽洽，上下欢愉，养成一团和气。

第四，养生以少怒为本。曾国藩曾说，养生之道，莫大于惩忿窒欲，惩忿即所谓少恼怒也。又谓佛家降龙伏虎，龙即肝火，虎即肝气，降龙即窒欲，伏虎即惩忿。释儒之道不同，而其节制血气，未尝不同。大凡不能惩忿窒欲的人，全凭血气意气行事待人，不仅误事，而且戕生，所以曾国藩力言少恼怒以养生机，谆谆教诫子弟。

第五，立身以不妄语为本。曾国藩谓立志学做好人：第一贵勤劳，第二贵谦恭，第三贵信实，莫说半句荒唐之言，莫做半点架空之事。修此三者，虽走遍天下，处处顺遂矣。李鸿章初入曾国藩幕府，装病不吃早饭，曾国藩正色诫之曰："此间所尚者，惟一诚字也。"李鸿章为之悚然。能诚则不妄语，能诚则不架空，学做好人，必自不妄语始。

第六，治家以不晏起为本。早起，即使现代社会也是优良的习惯。曾国藩祖父曾星冈每日黎明即起，家道以兴。早起三朝当一工，故曾国藩以早起为治家之本。

第七，居官以不要钱为本。曾国藩很赞同岳飞的话："文官不爱钱，武官不怕死，则天下治矣。"曾国藩也说："予自三十岁以来，即以做官发财为可耻，以官囊积金遗子孙为可羞可恨，故私心立誓，总不靠做官发财以遗后人，神明鉴临，绝不食言。"我国历代名臣名将，几乎无不以此为戒。爱之甚，则贪字生。贪字一生，则身败名裂，不仅官做不成，连首级亦难保。故曾国藩告诫子弟，做官以不爱钱为本。

第八，行军以不扰民为本。动荡时期，子弟从军，不失为立功晋爵的一条捷径。而行军扰民，实为祸患之先，故曾国藩以此谆谆教导子弟。

曾国藩曾将其家规编为"书蔬鱼猪，早扫考宝"八字家规。后人尝戏八字家规为"八宝饭"。一个家庭有了这"八宝饭"，真是吃不完用不完的聚宝盆，可以传之子孙以至无穷。

书：就是读书。在过去的家庭中，除极少数的例外，每个青年子弟，总要读三年五年的书，即一般女子，也至少要读一两年的书。我国历代讲究读书，所以中国文化在过去历史上，总是站在世界领先的地位。

蔬：就是蔬菜。一个耕读之家，田有谷米，园有蔬菜，关于食的方面，除盐以外，可以说无所多求于他人了。

鱼：曾国藩常说："家中养鱼养猪种竹种蔬菜，都不可疏忽，一则上接祖父相承以来之家风；二则望其外有一种生气，登其庭有一种旺气。"足见养鱼，不仅供应口福，而且可以增加生气，生气勃勃，则家道兴矣。

猪：湖南农业的副产品中，猪占着一个极重要的地位。湖广熟，天下足。湖南有的是米，湖南的猪，是吃米糠长大的，味道之佳，实各省所不及。因此湖南猪、猪肉、猪鬃以及腊肉，销行至远。曾国藩提倡养猪，自有道理。

早：就是早起，日出而作，日落而息。提倡早起，就是鼓励勤劳，增加生气，最合生产。不但农民早起，商人也不得不早起，工人士子也不得不早起。

扫：就是扫除，包括洒洗。这一工作，大多由妇女为之。妇女早起之后，第一件事，就是洒扫工作。庭阶秽物，桌几灰尘，要洒扫干净，虽至贫至苦人家，也不会例外。年终的时候，屋前屋后，还要来一次大扫除。我国自古即重视小子洒扫应对进退之礼，将洒扫之事与应对进退之礼并为一谈。

考：就是祭祀。就是为人子孙者，不要忘记祭祀祖先。中国人对于祖先的祭祀，素极重视，因为追念远祖，自然不敢为非作歹，民德自然归于淳厚，这与孝顺父母是一样的道理。

宝：就是善待亲族邻里。一个人不能独善其身，一个家也不能独善其家。你一家虽好，必须亲族邻里大家都好。人与人的关系是息息相关的，牡丹虽好，也需绿叶扶持。假若与亲族邻里不能好好相处，这个家，便成怨府，迟早是要毁败的。

第三章 用人方略

以诚待人，伪亦趋诚

【原典】

沅浦九弟左右：

左季高待弟极关切，弟即宜以真心相向，不可常怀智术以相迎距。凡人以伪来，我以诚往，久之则伪者亦共趋于诚矣。

【译文】

沅浦九弟左右：

左季高对待弟极为关切，弟就应用真心相对，不可常心怀智术或迎或拒。凡他人用虚伪来对我，我用真诚去对他，时间久了虚伪者也和我一道趋向于真诚了。

解读

待人以诚，容人以恕

对于如何笼络天下英才，为己所用，曾国藩主张"待人以诚，容人以恕"。正所谓"以诚恕招天下，则群伦影从"。又说："至于做人之道，圣贤千言万语大抵不外敬恕二字，《仲弓问仁》一章，言敬恕最为亲切。"

曾国藩认为，一个人要想干出一番事业，必须要有恢宏的气度，能容天下难容之人，且记"处事让一步为高，退一步海阔天空；待人宽一分是福，利人是利己的根基"。"恕"是忍道的修炼之道，更是事业成功的保障。为人如果心中无恕，丝毫没有容人之度，看谁都不顺眼，最后只能落得个孤家寡人。

曾国藩初办团练时，手中无一兵一勇，脚下无一寸土地，虽然是个京官，实际上等于一个普通乡绅。而当时在湖南，江忠源的楚勇、罗泽南和王鑫的湘勇，已经各有一定的势力，可最终却是曾国藩成了他们的精神领袖，协调各部的行动。江忠源战死后，接领其部队的刘长佑、萧启江等，罗泽南战死后，接领其部队的李续宾、李续宜、蒋益沣等，也都接受曾国藩的指挥调度。在逐渐发展过程中，一些非湘籍将领也陆续来到曾国藩身边，如满族人塔齐布、蒙古族人多隆阿，此外还有河南人李孟群、广东人褚汝航、四川人鲍超、福建人沈葆桢等。

是什么力量使这些英雄豪杰、仁人志士愿意聚到曾国藩的旗下？除了保国安民、立志杀贼外，就是因为曾国藩能够待人以"诚"和宽厚。诚是儒家思想中的一个重要概念，被认为是天地万物存在的依据，同时也是人道德修养中一个极为重要的方面。

曾国藩把人心诚伪作为人的基本品格来认识，认为只有诚实的人才能和他交往，才能有信誉可言。曾国藩说："我认为驾驭下属的方法，最重要的是开诚布公，而不是玩弄权术。诚心诚意地对待别人，渐渐地就能使他人为我所用。即使不能让他们全心全意地为我效力，也必然不会有先亲近而后疏远的弊端。光用智谋和权术去笼络别人，即使是驾驭自己的同乡都是无法长久的。凡是正话、实话，多说几句，时间长了人家自然就会了解你的心意。即使是直率的话，也不妨多说几句。"

曾国藩是这样说的，也是这样做的。从他对容闳的赏识就可以看出来。

鸦片战争后，国外势力在中国急剧扩张，引起了很多有识之士的忧虑。曾国藩也就是在此时开始重视起通洋、经商等事务。

容闳是一位伟大的爱国志士，他极其痛恨清朝的腐朽、反动统治，强烈同情太平天国。容闳从美国留学回国后，满怀"西学东渐"，振兴祖国的强烈愿望，于咸丰十年（1860年）十一月来到天京，拜会洪仁轩，提出发展资本主义的七项建议。容闳未曾想到洪仁轩把他的建议都拒绝了。容闳为自己振兴中国的抱负无处实现而痛心，离开天京后便投身于商贸活动。

正当他一心经商之际，突然收到了来自安庆的朋友的信，邀他前往曾国藩在安庆的军营。接着又收到另几位朋友的来信，都做出了同样的邀请。容闳怀疑曾国藩会因他曾投奔太平天国而加罪于他，但他毅然前往了安庆。容闳到安庆后就受到了曾国藩的亲自接见，原来曾国藩听幕僚们介绍了容闳的情况后，几个月里每天都盼着能见到容闳，所以就催促幕僚们给容闳写信。谈话间曾国藩屈尊求教，待容闳为上宾，曾国藩虚心地向他请教："君以为今日欲为中国最有益、最重要之事业，当从何着手？"

容闳回答说："中国今日欲建机器厂，必以先立普通基础为主，不宜专以供特别之应用。所谓立普通基础者，无他，即由此厂可造出种种分厂，更由分厂以专造各种特别之机械。简言之，即此厂当有制造机器之机器，以立一切制造厂之基础也。"所谓"普通基础"，就是说不单造枪炮弹药、轮船，而且可以造出各种机械，作为一切制造厂的基础。

曾国藩很快就采纳了容闳的建议，他后来对别人说："这个年轻人'制器之器'的想法，实在是比我一向主张的适应'特别之应用'的军火生产要高明得多。"于是，曾国藩果断地向朝廷专折保奏容闳为五品衔，并专门拨了一笔钱让他到美国去买机器设备。容闳也为曾国藩的魄力所倾倒，他想：清朝有此等人才，国家还是有希望的。容闳尽心尽力，经多方洽谈，与美国朴得公司签约，由该公司按要求承造机器，并于同治四年（1865年）运抵上海。

容闳的宏才大略在太平天国被视为瓦砾，到曾府后却被当作珍宝，这正说明了曾国藩用人的诚意。

曾国藩"待人以诚以恕"，他认为，一个人，特别是手握重权的将帅的度量直接影响到人与人之间的关系是否能协调发展，进而影响到战局。人与人之间经常会产生矛盾，有的是由于认识水平的不同，有的则是由于一时的误解造成的。如果身为将帅的人有较大的度量，以谅解的态度去对待别人，这样就可能赢得时间，使矛盾得到缓和，不会影响大局。反之，如果度量不大，那么即使为了芝麻大的小事，相互之间也会争争吵吵，斤斤计较，结果必然是伤害了感情，影响了相互之间的信赖。纵观古今中外，大凡胸怀大志、目光长远的仁人志士，无不以大度为怀，置区区小事于不顾；相反，鼠肚鸡肠、片言只语也耿耿于怀的人，没有一个成就了大事业，没有一个是有出息的。

用才首先辨才、知才、识才

【原典】

沅弟左右：

李幼荃有才，与少荃相等，将来必成伟器。穆海航德优而才亦并不劣，幼与海水乳交融。吾以无为付之二君，尚属付托得人。其城存钱米，俟闭城断接济时再行支放。火药余已解到万斤，弟不可疑余与幼、海毫无准备也。弟谓余用人往往德有余而才不足，诚不免有此弊，以后当留心惩改。然弟若疑幼、海为无才之人，所见差矣。

【译文】

沅弟左右：

李幼荃有才能，与少荃相差无几，以后必然成大气候。穆海航品德优秀而才能也不差，幼荃与海航水乳交融。我以无为托付给他们二人，属于托付得当。其城里存有钱财米粮，等到闭城断了接济时再行使用。火药我已运到万斤，你不能怀疑我与幼荃、海航没有一点准备。你说我用人往往品德有余而才能不足，不免有这个缺点，以后应当留心改正。但是你如若怀疑幼荃、海航是没有才能的人，这个见解是不正确的。

解读

办事不外用人，用人必先知人

曾国藩说："办事不外用人，用人必先知人。"又说："收之以其广，用之欲其慎。"薛福成评价曾国藩说："知人之鉴，超轶古今。或邂逅于风尘之中，一见以为伟器；或物色于形迹之表，确然许为异材。"

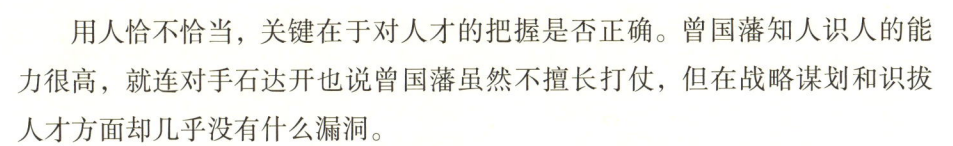

用人恰不恰当，关键在于对人才的把握是否正确。曾国藩知人识人的能力很高，就连对手石达开也说曾国藩虽然不擅长打仗，但在战略谋划和识拔人才方面却几乎没有什么漏洞。

咸丰八年（1858年），曾国藩率湘军收复了九江，这对李鸿章来说，真是一剂强烈的兴奋剂。倒不是因为湘军的这点胜利对他有多少鼓舞，而是因为湘军统帅曾国藩同他有师生关系。李鸿章认为他一旦投奔湘军，曾国藩一定会另眼相看，予以重用。于是，便离开了镇江，昼伏夜行，抄近路，避村舍，绕过太平军的营地，赶往九江，投奔曾国藩，希望能够得到曾国藩的重用。

然而，事情并不像李鸿章想象得那么顺利。李鸿章满怀希望地赶到九江后，曾国藩借口军务太忙，没有见他。李鸿章以为曾国藩只是一时忙碌，几天之内一定会召见自己，谁知他闲住了一个月，却没有得到一点接见他的消息，他心急火燎，如同热锅上的蚂蚁。

李鸿章得知与自己有同年之谊的道光丁未科进士陈鼐在曾国藩幕府中，陈鼐也任过翰林院庶吉士，与自己又是同僚，就请他去试探曾国藩的意图。

既然李鸿章是曾国藩的得意门生，那曾国藩为什么要如此冷落他呢？这实在令人费解。陈鼐也不明白，便问曾国藩："少荃（李鸿章）与老师有门墙之谊，往昔相处，老师对他甚为器重。现在他愿意借助老师之力，在老师门下得到磨炼，老师何以要对他拒之千里呢？"

曾国藩冷冷地回答说："少荃是翰林，了不起啊！志大才高。我这里的潺潺溪流恐怕承载不了他这样的巨船，他何不回京谋个好差事呢？"陈鼐为李鸿章辩解说："这些年，少荃经历了许多挫折和磨难，已不同于往年少年意气了。老师不妨收留他，试一试他，再作留与不留的决定。"曾国藩这才会意地点了点头，就这样，李鸿章终于进了曾国藩的幕府。

其实，曾国藩并不是不想接纳李鸿章，而是他知道李鸿章心高气傲，如果不磨掉他的锐气，磨圆他的棱角，将不利于他的成长。这大概就是曾国藩培养学生的一番苦心吧。李鸿章进入曾国藩的幕府后，曾国藩果然又对李鸿章的棱角着意进行了打磨，使他的锐气和傲气消磨了大半，最终成为晚清政府继曾国藩之后的一大顶梁柱。

在识人方面，曾国藩总是先通过与人谈话，听对方的陈述，然后给予他一个评语。后来有记载说他从来没有看错过人，甚至某个人能够发达到怎样的程度，都能通过谈话总结出来。

曾国藩任两江总督时，有人向他推荐了陈兰彬、刘锡鸿两人。这两人颇有文才，曾国藩面见后对人说："刘生满脸不平之气，恐不保善终。陈生稳重一些，可官至三四品，但不会有大的作为。"

后来，刘锡鸿作为副使，随郭嵩焘出使西洋，对思想开明的郭嵩焘事事看不惯，因而经常写信告郭嵩焘的状，说郭"与外国人往来密切，辱国实甚"。

郭嵩焘也写信回来告状，说刘锡鸿偷了外国人的手表。李鸿章便将刘锡鸿撤了回来，以后不再设副使。刘锡鸿十分怨恨，上疏朝廷列举李鸿章有十可杀大罪，当时清政府倚重李鸿章办外交，所以对他的上疏不予理会。刘锡鸿更加气愤难平，经常出言不逊，搞得亲友们都对他敬而远之。他设宴请客，竟没有一个人去赴宴，不久便抑郁而死。而陈兰彬后来果真官至三品，但他为人不肯随俗浮沉，终究没有大的建树。

曾国藩对部下的评价，都十分准确。朝廷用他推荐的人，有做封疆大吏的，有做一般官员的，他们遍布全国，人数众多，都没有辜负曾国藩的举荐：如他保举塔齐布说"将来如打仗不力，臣甘同罪"；说左宗棠"取势甚远，审机甚微，才可独当一面"；说李鸿章"才大心细，劲气内敛"；说沈葆桢"器识才略，实堪人用"，称李、沈二人"并堪膺封疆之寄"，这些评价在后来都得到了应验。

曾国藩在谈到用人时曾经说，要广收、慎用。的确，对于人才的使用，曾国藩是很谨慎的。为了掌握人才的基本情况，曾国藩十分强调对人才的考察，认为考察是用人的基础。对于前来投效的人，曾国藩认为可用的，就先发给少量的薪资，把他们安顿在幕府，然后亲自接见，暗中观察。等到感觉了解得很深，确有把握的时候，再根据实际情况，保以官职，委以责任。对于那些他认为可以大用的人考察就更细致，时间也更长。

鲍超是湘军名将，短小精悍，胆略过人，在湘军中与多隆阿齐名，军中呼为"多龙鲍虎"。他本来是胡林翼的旧部，后来由乡人李申甫推荐给曾国藩。

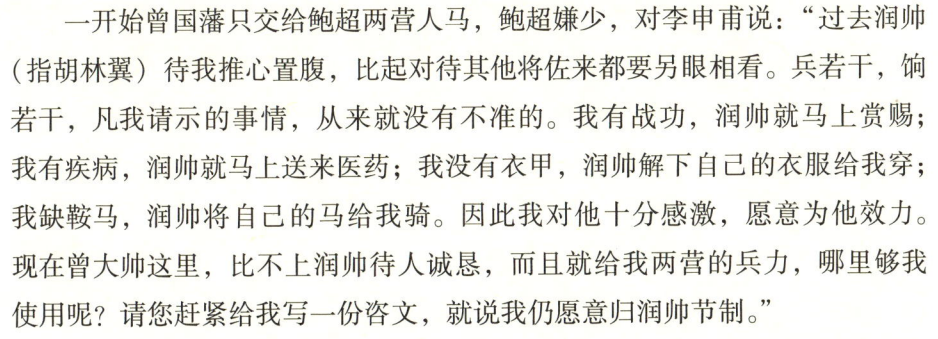

一开始曾国藩只交给鲍超两营人马，鲍超嫌少，对李申甫说："过去润帅（指胡林翼）待我推心置腹，比起对待其他将佐来都要另眼相看。兵若干，饷若干，凡我请示的事情，从来就没有不准的。我有战功，润帅就马上赏赐；我有疾病，润帅就马上送来医药；我没有衣甲，润帅解下自己的衣服给我穿；我缺鞍马，润帅将自己的马给我骑。因此我对他十分感激，愿意为他效力。现在曾大帅这里，比不上润帅待人诚恳，而且就给我两营的兵力，哪里够我使用呢？请您赶紧给我写一份咨文，就说我仍愿意归润帅节制。"

李申甫好言相劝，并将鲍超的不满告诉了曾国藩。曾国藩说："鲍超尚无尺寸之功，怎么能现在就嫌兵少呢？姑且先率两营，待稍见成效，十倍于此的兵力，我也没有什么舍不得的。"李申甫再三为鲍超求情，曾国藩才勉强给加了一营。李申甫回来后对鲍超说："曾大帅待人，未必不如胡润公，你刚来，还不了解情况，还是耐心等待一段时间再说吧。"鲍超于是默然而退。

第二天，曾国藩请鲍超吃饭，并请他坐在上座。曾国藩喜欢吃猪肚，宴客时肯定有这道菜，其余的无非是鸡鸭鱼肉之类。席间，鲍超屡屡说给自己的兵太少，曾国藩却说："今天我们喝个痛快，不要谈论兵事。"便举起酒杯劝酒，于是鲍超再也没有机会发牢骚。退下之后，鲍超对李申甫说："润帅请我吃饭，向来都是十分丰盛，这并非是为了口腹之欲，而是表示礼重。今天却以猪肚下酒，这哪里是养贤之礼？曾帅跟我说话，又不让我说完。我只不过是一介武夫而已，怎么能忍耐这种生活？请先生赶紧给我写一份咨文，我愿意仍归润帅节制！"

李申甫好言相劝，鲍超仍然郁郁不平。不久太平军大举进攻清廷，曾国藩派鲍超前去增援，结果大胜而归，曾国藩立即给他加了数营的兵力。鲍超这才不再说离去的事，曾国藩也开始倚重他。

由于曾国藩特别重视对人才的考察，所以他对于人才的特点也总是了如指掌，这就为他用人一般不出问题提供了保证。

诸酋不和即官军之利

【原典】

沅弟左右：

本日未刻发一缄，由马递达弟处，不知何年可到？戌刻接弟巳初信，知稳守如常，为慰。观狗酋伪文，林绍璋之讳败，与将来之诸酋不和，皆官军之利也。初九、初十傍夕时，皆闻大炮声，究竟是各营放炮？抑系陆军守濠之炮？乞查。

魏荫亭今日来此，率三之子裕八亦来。昨到银二万，以一万饷安庆，六千遣散余庵之军，四千代弟还华阳厘局，可谓乞儿暴富矣。即问近好。

【译文】

沅弟左右：

今天未时寄出的一封信，由马转递到弟那里，不知道哪天可以到达？戌时接到弟巳初的来信，得知弟那里仍然安全防守，我感到欣慰。看了敌军头目的假信，林绍璋也顾虑如果打仗失败了，与将要前来的各军头目会闹僵，这是当官的利益所致的。初九和初十傍晚听到了大炮声，到底是各军营放的炮吗？还是陆军守壕的士兵放的炮？望查清楚。

魏荫亭今天来这里时，他把第三个儿子裕八也带来了。昨天收到的两万饷银子，拿一万饷银子给安庆，拿六千给余庵的军队，拿四千代弟弟还给华阳厘局，这真是叫花子发暴财了。即问近好。

解读

遇利益注重分配，遇名声注意分享

曾国藩说："凡是遇到利益问题，要注意分配；凡是遇到名声问题，要注意分享，这样才能成大事。"

"没有梧桐树，引不来金凤凰。"一个组织要想有长远的发展，就必须广泛种植梧桐树，这样才能引来更多的金凤凰。

司马迁曾经说："天下熙熙，皆为利来；天下攘攘，皆为利往。"现实中的人，除了精神上和情感上的需求之外，还有利益上的需要。曾国藩在以情打动人的同时，也没有忘记以现实的利益来调动部下的积极性。曾国藩自己对于钱财看得很轻，并且要求将领们也不计较名利，认为计较名利者是干不成大事的。但他也知道凡是勇于做事的人，都是因为心中有大欲望，因而利益的驱动是绝对不能少的。他的《水师得胜歌》最后两句总结性的话，就是"仔细听我得胜歌，升官发财笑呵呵"。他在给弟弟的信中说，凡是出来带兵的人，都不可避免地会稍肥私囊，要想让他们做到一点钱也不拿，是不可能的。

人生是离不开名利二字的，军队打仗有死人的风险，因而更离不开利益的驱动，用中国古代的兵书《三略》中的话说："军无财，士不来；军无赏，士不往。"所以，高谈忠义的湘军将帅，在实际的操作中其实并不忌讳谈名谈利。

咸丰八年（1858年）曾国藩丁忧再出的时候，李续宜就劝他说："如果你想请名将出来为你所用，你非得花费十万两白银，出来之后，又必须每月花费一万两才足以够他使用。"李续宜建议他不要怕花钱，而是要"轻视银钱"，以重金求人才。

咸丰十年（1860年）左宗棠首次出来带兵，胡林翼也写信教他"军营中的办公费用一定要多定一些"，因为"聚集人才依靠的是钱财"，特别是"用兵打仗更是不能在乎钱"，让他"不要学那乡下的老教师，得到一笔学生交的学费，就觉得一生都吃不完了"。曾国藩也曾经向清朝皇帝奏报说，湘军以当兵为名利两全的事情。所以曾国藩给将领们定的薪水都很高。按照湘军饷章的规定，营官每月为白银二百两，分统、统领带兵三千人以上的每月为三百九十两，五千人以上的五百二十两，万人以上的六百五十两。《湘军志》说："带五百人的每年收入白银三千，带一万人每年收入六万，这还是廉洁的将领。"所以湘军将领人人都很有钱，有十万家产的大概有一百多人。彭玉麟号称最廉洁的将领，但他自己说，打完仗后，除了已经报销饷项及阵亡恤赏养伤等银外，剩余可以归入私囊的白银近六十万两。加上包揽货运和打完仗以后的公开劫掠，湘军将领都发了大财。郭松林号称四百万两，席宝田分给十个儿子每人二十四万两，加上公产及捐助，财产将近三百万两。

人生除了有利益的需求之外，还有被别人承认的欲望，这就是所谓的"名"。所以，除了以丰厚的报酬来吸引将领之外，曾国藩还非常重视对将领的保举。咸丰四年（1854年），湘军攻克了武汉，这是清军攻克的第一座省城，清政府上下都十分振奋。曾国藩把握住这个机遇，适时地上疏要求对湘军官兵大加奖励：罗泽南由候选知府请以道员用；李续宾由候选知县请以直隶州用；杨载福由升用游击请以参将用，并加副将衔。其他开单请奖人员，达一百多人。咸丰皇帝高兴之余，全部批准了曾国藩的请求，罗泽南、杨载福、李续宾这些人由此崭露头角。这对于鼓励湘军的士气，起了很大的作用。

曾国藩是一个非常善于推功于部下的人，像安庆之战，他将功劳归于胡林翼，说"湘军围攻安庆……其谋始于胡林翼一人决策，商议于臣及官文，并遍告各统领。前后布置规模，谋剿援贼，皆胡林翼所定"；打下太平天国首都天京以后，他又将功劳归于将领们，在保单中开列有功人员一千多名，参战部队的统领、分统、营官等几乎一个不落。左宗棠、李鸿章这些人的升迁，更是与他的保举有直接的关系。据统计，曾国藩的幕僚有四百余人，其中绝大多数都得到过他的保举。在他的保举下，他的幕僚，即使不是实缺的官员，也有候补、候选、记名之类的名堂，这其中，有二十六人成为督抚一级的人员，五十人成为三品以上的大员，至于道、府、州、县的官员就数不胜数了。因此只要进入曾国藩的幕府，就可以说是有了升迁的机会，这样人们自然就乐于为他所用。所以，后来曾国藩说过这样一句话："凡是遇到利益问题，要注意分配；凡是遇到名声问题，要注意分享，这样才能成大事。"

曾国藩的利益引导，确实是很成功的。从中我们也可以得到这样的启示：管理者一定要注意合理的利益分配和利益引导，这是决定人才能否为你所用的基础，这一点做不好，就根本谈不上用人。

不过，曾国藩认为利益引导也有两重性。湘军将领所得的利益，一部分是来自自己应得的薪水，另一部分是公费、克扣军饷，甚至是在战争中掠夺而来的，曾国藩对于后者实际上是默许的。这就使得湘军很快就没有了战斗力。因为等到将领们个个都发了大财，也就没有人再肯卖命了。所以后来一打完太平天国的首都天京，湘军就再也不能用了。从这个意义上说，利益的引导是一把双刃剑，用人者在使用的时候，不可不用，但也不可不慎。

对于利益引导方面的失误，曾国藩是有察觉的。他说："近年来我对待将领过于宽厚，又与诸将相距遥远，因而一遇到危险，就暴露出很多问题，经历了这些我才明白了古人所说的'多一点约束，少一点放纵，人数虽然少，但也能成功'，违背了这一条，就肯定是要失败的。"

这应该说也是经验之谈，不过这并不意味着对人才就应该过分苛刻。

曾国藩认为，如果说利益引导是宽，严格约束是严，那么用人之道，就应该宽严结合。具体来说，是在名和利问题上要宽，在是与非问题上要严。湘军中有这样一些将领，他们很能打仗，但又很能惹是生非。曾国藩曾经以如何处理与这种人的关系为例，讲明宽严结合的道理。他说：

"对待这种人的办法，在两方面应该宽，在两方面应该严。应该宽的：一是花钱要慷慨大方，绝不计较。当手中钱财较多的时候，则数十百万，掷如粪土。当手中钱财紧张的时候，则将好处让给他，哪怕自己过得很苦。二是不要与他争功，遇有胜仗，将全部的功劳归于他，遇有升官的机会，将保举的机会给他。应该严的：一是对他的礼节要疏远，跟他的往来要少一些，给他写的信要简单，话不可多，情不可密。二是要明是非，凡是他和他的部下做得不对，要坚决进行惩治。总的来说，在名和利问题上要宽，在是与非问题上要严。四者兼备，你的手下又有强兵，那么就没有不可以相处的人了。"

曾国藩这一手确实很高明。名利问题上要宽，是非问题上要严。这样一来，就使人既知道向上，又知道忌讳了。用我们常说的话，就是要恩威并用。

恩威并用，才能刚柔相济，保持一种策略的弹性。所以曾国藩的这种用人之道，对于我们今天的用人策略，也还是具有启发意义的。

第四章　处世技巧

独立不惧，确定不移

【原典】

沅、季弟左右：

从古帝王将相，无人不由自立自强做出，即为圣贤者，亦各有自立自强之道，故能独立不惧，确乎不拔。昔余往年在京，好与诸有大名大位者为仇，亦未始无挺然特立不畏强御之意。

【译文】

沅、季弟左右：

自古帝王将相，没有不是从自立自强做起，成为圣贤的，也各有自立自强的方法，所以能够独立不惧、确定不移。过去我在京城，好与各位有大名高位的人为仇，也没有一开始就挺然独立不畏强暴。

解读

关键时刻要忍匹夫之勇

曾国藩认为，作为统兵打仗的一方主帅，能够成就大事的重要一点，就是能够在关键的时刻"独立而不惧怕，确立而坚忍不拔"。

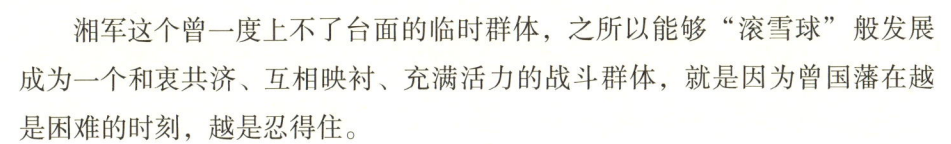

湘军这个曾一度上不了台面的临时群体，之所以能够"滚雪球"般发展成为一个和衷共济、互相映衬、充满活力的战斗群体，就是因为曾国藩在越是困难的时刻，越是忍得住。

同治八年（1869年）闰三月十六日，太平军再破清江南大营，解除金陵之围，和春自杀，张国梁战死。随后，太平军在李秀成的率领下，分兵四路，进攻苏州、常州。从闰三月二十五日开始，几天之内太平军连克丹阳、常州、无锡，并在四月十三日攻克苏州。一时间江南富有之地进入太平军之手。

江南大营被太平军攻破，对清政府来说是个沉重的打击。因为江南大营完全是清政府的八旗正规军，长期以来咸丰皇帝一直将其倚为长城，用来威胁和窥视金陵。清政府并不放心曾国藩，原指望用湘军与太平军进行剿杀，而由江南大营坐享其成。然而，天命无常，咸丰皇帝原以为将大营扎在金陵东郊，既可以威胁金陵，又可以护住苏、常财源之地，没想到江南大营如此不堪一击，这就迫使朝廷不得不转而依靠湘军。为了催促曾国藩尽快收复苏、常两地，破例赏给曾国藩兵部尚书衔，授以署理两江总督之职，就连曾国藩的同僚及部下，在闻知曾国藩被授以署理两江总督后，也都劝他放手大干，进军东南。

曾国藩却一直坚定地认为，只有将战略重心放在安庆，才能掌握以上制下、反客为主的军事主动权，并最终达到围攻金陵，铲除太平军的目的，因而仍然坚持围攻安庆之兵不能撤。当然，曾国藩为了向朝廷有个交代，同时还决定驻守祁门，在表面上摆出一副援苏、常的态势。

祁门是一座小县城，位于浙赣边界，四面环山，它的东部与徽州府的黟县、休宁、歙县毗邻。这里虽然交通闭塞，但却是太平军西向征伐中原及长江南岸的必经之地。驻守祁门，表面上是对援苏、常做出姿态，以慰藉咸丰皇帝和江南士绅，实际上是要争夺皖南，以达到西屏江西后方，东阻江浙太平军西向，北作为安庆的南翼，危急时即可上援安庆的目的。为此，曾国藩抽调鲍超六千人、朱品隆和唐义训两千人、杨镇魁一千人，并将张运兰的人由湖南调回，预计集中一万三千余人渡江南下，进驻祁门。

然而，曾国藩于六月初十日到达祁门时，随从他一起来到祁门的部队，只有朱品隆和唐义训的两千人、杨镇魁的一千人，张运兰于七月才到达祁门，而鲍超回家探亲迟迟未归。

曾国藩抵达祁门以后，由于江浙地区相继被太平军占领，当地官僚纷纷请求咸丰皇帝，派湘军前去援助，李秀成进出嘉兴府、瑞昌，王有龄请其援浙；陈玉成进攻上海，薛焕请求派兵支援上海和苏州。适逢英法联军又发动了第二次鸦片战争，咸丰皇帝不知所措，只好命曾国藩"分路进兵，规复苏、常"。三天后，又改命"保全浙省，再图规复江苏"。并于六月二十四日实授曾国藩两江总督，并授为钦差大臣，督办江南军务，所有大江南北的水陆各军悉归其调遣。

此时，曾国藩虽至祁门，但兵将不齐，身边能征善战的兵力并不多，进援江浙是根本不现实的。目前，只能立足皖南，争取迅速攻克安庆。但为了应付咸丰皇帝，曾国藩只好对咸丰皇帝开空头支票："皖南进兵，必须能保宁国、能复广德，乃有进兵东下之路。"因为此时太平军已占领广德，而军事重镇宁国正处于被太平军包围之中。所以，曾国藩的当务之急是先解宁国之围，保住祁门东向的门户。谁知，八月十二日，清军在损失了近六千人之后，宁国府被攻陷。这就迫使曾国藩只能改攻为守，令张运兰驻防旌德，鲍超坚守太平、李元度防御徽州，以阻止太平军的进一步深入。

由于徽州战略地位重要，所以临行前曾国藩不放心地对李元度说："徽州乃皖南大城，又是祁门的屏障，长毛打徽州，是想冲破这道门，蹿进祁门来，守住徽州意义重大。你千万不要把它丢了。"

李元度毫不在乎地拍着胸脯说道："大帅请放心，长毛撼山易，撼平江勇难。有平江勇在，徽州城绝不会缺一个角。"然而，李元度到达徽州后，并没能守住这座门，很快便在太平军九万大军的围攻下弃城而逃。

徽州失守，祁门变成了前线。当时，曾国藩身边仅有张运兰的老湘营一部分及亲兵营，合起来不足三千人，情形十分危急。再加上此时李秀成正率领第二次西征的南路大军进入皖南，并于咸丰十年（1860年）十月十八日击败了张运兰一部，刘官芳所率大军攻入安徽黟县羊栈岭，离曾国藩的祁门大营仅六十里，而李世贤部则从东面逼近祁门，黄义金部也扎在祁门西。曾国藩的祁门大营实际上已处于太平军的团团包围之中。

当时，曾国藩的身边只有不到三千人，而张运兰被李秀成打败之后，处境也是岌岌可危，此时已处于无暇旁顾的境地，曾国藩只好急调鲍超前来援助。曾国藩在家信中，描述了此一窘境："十九日未刻，石埭之贼，破羊栈岭而入，新岭、洞林岭同时被破，张军前后受敌，全局大震，比之徽州之失，更有甚焉。"曾国藩觉得此次祁门被围，肯定是凶多吉少，便事先写好了遗嘱，祁门大营的众幕僚也都是心慌意乱，纷纷有撤退的意思。欧阳兆雄曾描绘说："（湘军）至徽一战大败，叶小鹤副将阵亡。文正驻休宁城，羞愤不肯回答，已书遗嘱，部署后事，军中皇皇，莫知为计。"曾国藩见人心涣散，强留必定适得其反，遂声称愿走者大营发给路费，待渡过难关后仍可回来。正当众人不知所措之时，李秀成却匆匆撤兵。原来，李秀成只是借道羊栈岭，并非想进入曾国藩的祁门大营。一场虚惊总算过去。

李秀成虽然离开了祁门，但太平军仍有人马停留在皖南，太平军占领徽州，随时还有进攻祁门的可能。所以，曾国藩命令鲍超仍然驻扎渔亭，张运兰驻扎黟县，来加强祁门大营的防卫。但一时间曾国藩却无法从根本上改变兵力上的劣势。

咸丰十一年（1861年）正月二十八日，李世贤由休宁进占江西婺源，一举攻占了景德镇，刘官芳则开始进攻榉根岭、禾成岭、历口等地。历口是祁门大营出入的通道，距曾国藩大营仅二十里，特别是景德镇的失守，更是切断了祁门大营的所有对外通道，曾国藩几乎陷于绝境。

当时，太平军的兵力在湘军十倍以上，湘军则占据了有利的地势，双方打了三天三夜，一时还没有分出胜负来。但是，湘勇的人数却在一天天减少，太平军随时都有可能破岭而入。看来，祁门老营的覆没是在所难免了。

曾国藩此次处于绝境，自料难逃一死，再次写好遗嘱，并在床头放一把剑，随时准备兵败自杀。祁门大营的幕僚们更是惊慌失措，整个大营到处弥漫着惊恐慌乱的气氛。那些纸上谈兵的军机参赞们，舞文弄墨的书记文案们以及记账算数的小吏们，乱成一团，纷纷暗中寻找生路。许多人暗暗后悔没有早点离开。

在此生死存亡的危急时刻，曾国藩尽管已做好了最坏的准备，但他充分发挥了"独立而不惧怕，确立而坚忍不拔"的忍道之功，表面上仍镇定自若。

他亲拟一个告示："当此危急之秋，有非朝廷命官而欲离祁门者，本督秉来去自愿之原则，发放本月全薪和路费，拨船相送；事平后愿来者，本督一律欢迎，竭诚相待，不计前嫌。"并叫文书誊抄后贴在营房外。众幕僚见曾国藩在关键时刻如此镇定，大受感动，纷纷表示愿生死与共，老营"人心遂固"。正是曾国藩在生死关头的"不惧"和"坚忍"，才激起了部属同仇敌忾、拼死报效的决心，从而渡过了难关。

不要轻易出头露面干预公事

【原典】

澄弟左右：

江西之贼若至瑞、袁等处，则湖南处处须设防兵。如有调弟带兵出境防剿者，弟千万不可应允。即在本县办团，亦须另举贤员为首，弟不可挺身当先。

吾与沅弟久苦兵间，现在群疑众谤，常有畏祸之心。弟切不宜轻易出头露面，省城则以足迹不到为是。树堂劝弟不可干预公事，吾已作函谢之。并劝其出山，或蜀或粤矣。

【译文】

澄弟左右：

江西的敌人如果到了瑞州、袁州等地方，那么湖南到处都必须设置防兵。如果有调弟带兵出境防剿敌军的，弟千万不能够答应。就是在本县操办团练，也需要另外保举贤才为首领，弟不能够挺身而出、一马当先。

我和沅弟长期苦于军务，现在众人怀疑、诽谤，因此我时常有畏惧祸变的心理。弟千万不要轻易地抛头露面，省城则以脚不踏其地为好。树堂劝弟不能够干预公事，我已经写信感谢了他，并劝他出山入仕，要么去四川、要么去广东。

解 读

凡事留有余地，避免走向极端

俗言道："凡事留一线，日后好见面。"凡事都能留有余地，方可避免走向极端。

曾国藩谋事之深，虑事之远，不可谓不厉害。凡事给对方留有余地，这就是曾国藩为人处世常胜不败的奥秘之一。

人生在世，要面对朋友关系、邻里关系、同事关系等各种各样的关系。这些关系处理得好就会使人到处受欢迎，处理得不好就可能到处遭人痛恨。如何处理好这些关系，的确是一门学问。

曾国藩在处理这些关系时奉行的一个原则就是：凡事给对方留有余地，既不让自己违反大的原则，也不完全拒绝对方的要求。比如说，曾国藩常在家中劝父教弟，不要干预地方的公事。可是，有些时候，他的一些亲朋好友难免会因一些万难之事有求于他，其中不乏一些确实存在冤屈的事。却之，于情于理不忍；助之，又恐落下干预地方公务或权势欺人之嫌。这时，曾国藩只好对来求者做出那种"道似无情却有情""醉翁之意不在酒"的曲意相助之举，给别人留下充分回旋的余地。下面"一把折扇"的故事就能很好地说明这一点。

同治年间，衡阳靠近双峰大界的地方，有一个忠厚而倔强的农民，他一生勤劳节俭，生活过得不错。不料那一年清明节扫墓时，与人发生了一场纠纷，对方仗着有钱有势，硬将坟迁到他家的祖坟上来。官司由衡阳县打到衡州府，总是对方占上风，老头儿咽不下这口窝囊气，被逼得想上吊自尽。

一天，有个老友提醒他："你呀，真是没有脑子。你不是有个干儿子在南京做两江总督吗？他一人之下，万人之上，天下谁个不知其名。"那人伸出两个指头，嘴巴挨着他的耳朵说："你只要让他给衡州府写个二指宽的条了，保准你把官司打赢。"

"是啊！"老头儿把胸脯一拍，说，"好办法，我怎么没有想到呢！"他受到启发之后，凑足盘缠，背上包袱雨伞，就直奔南京。

可是两江总督衙门，是不容易进得去的。

"你是干什么的？"老头还没有跨过门槛，衙役就大声喝问他。

"我找我干儿子。"老头儿壮着胆子回答。

"谁是你干儿子？"

"宽一。"

衙役们没有一个人知道曾国藩的乳名叫宽一，见这老头儿土里土气，就说什么也不让他进去。

忽然，督署里传出讯令，总督大人要出门。衙役们忙把这个老头儿拉开，不能让他挡住大门。可他哪里肯听，偏偏要站在门边，想看一看是不是干儿子出来。

一会儿，一顶轿子出门了。老头一眼就窥见轿中坐的正是曾国藩。"宽一！"他操着家乡口音喊一声，被曾国藩听出来了，曾国藩连忙叫轿夫停住，下轿后又惊又喜地问："这不是干爹？您老人家怎么到了这里？"便将干爹迎进了自己的住宅。

顿时，督署后院的曾宅里欢乐起来。曾国藩夫妇一面招待酒饭，一面问长问短。从干爹的家境到大界白五堂、黄金堂新老住宅屋后的楠竹和杉树生长情况无所不问。当老头儿话入正题，说明来意时，曾国藩打断他的话说："干爹咱们先不谈这个，您老人家难得到这儿来，先游览几天再说吧。"他把一个同乡衙役叫来，接着说："干儿公务在身，这几天不能陪干爹玩，就请他陪同您去玩吧，玄武湖啦，秦淮河啦，夫子庙啦，南京的名胜及热闹地方都去看看。"老头儿哪有心思游览，仅玩了三天，就按捺不住了。那天晚上，他对干儿媳细说了来意，求她跟宽一说说，给衡州府下个二指宽的条子。

欧阳夫人说："急什么？您干儿要您多玩几天，您就再玩几天再说嘛。"

"我肺都气炸了，官司打不赢，白白受人欺，哪有心思玩？"

"不要担心，除非他的官比你干儿大。"那老头听到这句话，心里倒有几分安稳了。

又玩了三天。当曾国藩办完一天的公事后，欧阳夫人对他说起干爹特意

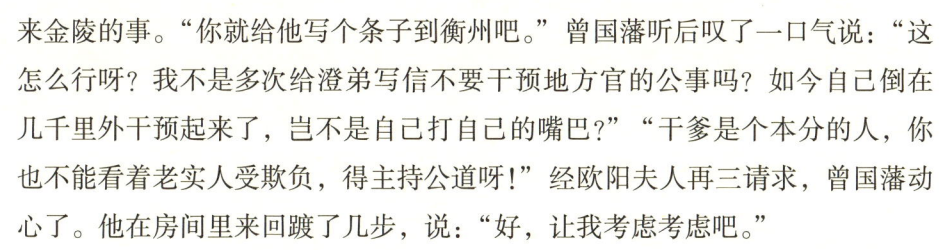

来金陵的事。"你就给他写个条子到衡州吧。"曾国藩听后叹了一口气说:"这怎么行呀?我不是多次给澄弟写信不要干预地方官的公事吗?如今自己倒在几千里外干预起来了,岂不是自己打自己的嘴巴?""干爹是个本分的人,你也不能看着老实人受欺负,得主持公道呀!"经欧阳夫人再三请求,曾国藩动心了。他在房间里来回踱了几步,说:"好,让我考虑考虑吧。"

第二天,正逢曾国藩接到奉谕升官职,南京的文武官员都来贺喜。曾国藩在督署设宴招待,老头儿也被尊了上席。敬酒时,曾国藩先向大家介绍,首席是他湖南来的干爹。文武官员听了,一齐起身致敬,弄得老头儿怪不好意思。接着,曾国藩还把自己的干爹推崇了一番,说他一生勤劳啦,为人忠厚啦,怎么也不愿意到南京久住,执意要返乡里。说着,从衙役手中接过一个用红绫包着的小盒子,打开后拿出一把折扇又说:"我准备送干爹一个小礼物,各位看得起的话,也请在扇上题留芳名,作个永久纪念。"大家放下盅筷,接过一看,只见折扇上已工工整整地落了款。上款是"如父大人侍右",下款是"如男曾国藩敬献"。大家一个个应曾大人之请,在扇上签起名来,有的还题了诗句。不到半个时辰,折扇两面都写得满满的。曾国藩兴高采烈地把折扇收起来,仍用红绫包好,双手奉送给了干爹。这老头儿也懂得礼数,起身向各位文武官员作揖致谢。

席终客散,老头儿回到了住室,嘴里连连嘀咕着什么。欧阳夫人出来一看,只见他手捧着红绫包唠叨着:"宽一呀宽一,一张二指宽的条子总不肯

写,却要这么费事,在这个玩物上写的字再多,我也不领情。"欧阳夫人忙从他手中接过红包打开一看,不觉大吃一惊:"干爹呀,恭喜,恭喜!"老头儿脸色阴沉,好不耐烦地说:"喜从哪来?"

"干儿给您的这个,可是一个大宝呢!"

"一把折扇算什么大宝?给我写个二指宽的条子,才是尚方宝剑。"

"哎呀,干爹,"欧阳夫人凑到老头身边细说,"这可比您要的那个条子更宝贵呀,拿回去后,不论打官司也好,办别的什么事也好,任他多大的官,见到此扇都会有灵验,千万不要把它丢了,随手带着,还能逢凶化吉呢!"

一番话,说得老头子心里热乎乎的。"啊!"他似有所悟,会意地笑了。

回到家里,老头就又去衡州告状了。衡州知府升堂,老头儿手执折扇,大摇大摆地走了进去。在那个年代,被告上堂打官司,手执扇子是藐视公堂,要受到惩治的。

"把扇子丢下!"衙役喝令。老头儿装作没有听见,一个衙役上前从手中夺过扇子丢到地上。

"这个可丢不得,是我干儿子送的。"

知府大怒,惊堂木一拍:"放肆!拿上来!"知府接过扇子一看,"嗯……"他翻来覆去看了后,又将视线转到老头身上,仔细打量了一番。然后,一声令下:"退堂!"

据说,老头从衡州府衙门后堂退出来后,知府用轿子把他接了回去,不仅将折扇恭恭敬敬退还给他,还热情地款待了他。他的官司是输是赢,也就可想而知了。

一把折扇,醉翁之意不在酒,表面是在显示亲情,实则相助,意在让地方官给面子。这把折扇同时也给足了亲人面子,并使曾国藩免于干涉地方公务之嫌。曾国藩谋事之深,虑事之远,不可谓不厉害。凡事给对方留有余地,这就是曾国藩处世为人常胜不败的奥秘之一了。

凡事给对方留有余地,也应成为今天我们为人处世的一项准则。因为时势每时都在变化,同时我们每个人也有考虑不周全的时候,凡事不留余地的话,就有可能犯一些愚蠢的错误,到头来吃亏的还是自己。凡事三思而行,话不可说得太死,事不可做得太绝,这样就会永远稳操胜券,进退自如!

第五章 治军韬略

善于审时度势

【原典】

沅、季弟左右：

二十三晚接弟十五日信，系从景德镇送鲍公信绕来者。朱云岩今早业已启行，二十八九可到东流，三十日必到弟处帮守壕墙矣。鲍公二十六日拔营，余有一批抄阅。左军破侍逆股十余万，可谓奇功，然其不可及处，只在善于审机审势耳。顺问近好。

【译文】

沅、季弟左右：

二十三日晚上接到弟十五日的来信，是专差从景德镇给鲍公绕道送来的。朱云岩今天早上已经开始动身，二十八九日可以到达东流，三十日他一定到弟那里帮助守护壕墙。鲍公二十六日开出军队。我有一批抄写来的信件寄给你看。左军攻破伪侍王的一股十多万人的敌军，真可以说是奇大功绩，然而这比不上他的善于审时度势。顺问近好。

解读

天下事当于大处着眼

曾国藩的长处在于他具有丰富的历史经验，具有超出常人的战略头脑，长于从大处落墨,长于整体的战略谋划。曾国藩说:"军中阅历有年,益知天下事当于大处着眼。"确实,曾国藩总是能总揽全局,抓住要害,能够从战略上胜人一筹,因而也就笑到了最后。

太平天国翼王石达开曾经说,曾国藩在两个方面几乎没有什么漏洞,其中之一就是战略谋划。

曾国藩超出常人的战略头脑,从一开始就表现了出来。

咸丰三年(1853年),在太平天国战争初起之时,曾国藩就写信给王鑫,纵论当时的军事形势,提出了"湖北省的存亡,关系到天下全局的安危"的观点:"荆襄扼长江之上游,控秦豫之要害,诚为古来必争之地。然以目前论之,则武昌更为吃紧。盖贼首既巢金陵,近穴镇、扬二城,远处所宜急争者,莫要于武昌。昔人谓江自出蜀以后,有三大镇:荆州为上镇;武昌为中镇,九江次之;建业为下镇,京口次之。今粤逆已得下镇矣,其意固将由中镇以渐及于上镇。闻九江、安庆,近已设立伪官,据为四窟。若更陷鄂城,上及荆州,则大江四千里,遂为此贼专而有之。北兵不能渡江而南,两广、三江、闽浙之兵,不能渡江而北,章奏不能上达,朝命不能下宣,而湖南、江西,逼近强寇,尤不能一朝安居。即使贼兵不遽渡湖南窜,而沅湘固时有累卵之危。然而鄂省之存亡,关系天下之全局固大,关系吾省祸福尤切。鄂省存,则贼虽南窜,长沙尤有幸存之理。鄂省亡,则贼虽不南窜,长沙断无独存之势。然而今日之计,万不可不以援鄂为先筹,此不待智者而决也。"

这个观点,可以说是独具慧眼。当时清政府为了扑灭太平天国,在南京周围相继建立了江北大营和江南大营,然而清政府的注意力只局限于东南一隅,用兵的重点也只在南京一城的得失,而并没有意识到必须着眼于与太平军争夺整个长江流域,才能最终攻下南京。曾国藩从全局出发,根据地理形势,认为必须首先控制长江中上游地区,先武汉,次九江,次安庆,只有这样,才能攻克南京。这个计划,表现出他在战略眼光上要高出清政府不知多少倍。

咸丰四年(1854年)年初,太平军西征部队由安徽向湖北挺进,先后攻克安庆、九江、汉阳。湖北省城武昌戒严,清政府在太平军的强大攻势面前无所适从,一会儿救东,一会儿救西,被太平军搞得团团转。曾国藩在这个

时候给咸丰皇帝上了一个奏折，认为不能光顾眼前的得失，还要考虑到大局的发展。他说："论目前之警报，则庐州为燃眉之急。论天下之大局，则武昌为必争之地，何也？能保武昌，则能扼金陵之上游，能固荆襄之门户，能通两广四川之饷道。若武昌不保，则恐成割据之势，此最可忧者也。如今之计，宜先合两湖之兵力，水陆并进，以剿为堵，不使贼舟回窜武昌，乃为绝不可易之策。若攻剿得手，能将黄州、巴河之贼渐渐驱逐，步步进逼，直至湖口之下、小孤之间，与江西、安徽四省合防，则南服犹可支撑。"

由此，曾国藩极力主张应该集中两广、两湖、江西、安徽的兵力，与太平军争夺武昌，进而由上而下，沿江攻占两岸重地。以着眼于发展为原则，咸丰四年（1854年）九月，湘军开始向武昌进军，十月攻占武昌，而后沿江东下，连连突破太平军在田家镇、半壁山的防线，包围九江，占领湖口，使太平军遭受重大损失。这是曾国藩以上制下战略的初步胜利。

咸丰九年（1859年）二月，曾国藩针对石达开率数万太平军入浙、入闽，又转入赣南，使江西湘军处于东、南、北三面受敌的不利形势，向咸丰皇帝上了著名的《通筹全局折》。在这个折子中，他全面论述了当前的形势，和湘军应当采取的应对之策。在这个折子中，他提出了两个原则。

第一个是全局与局部的关系："就全局观之，则两利相形，当取其重；两害相形，当取其轻。又不得不舍小而图大，舍其枝叶而图其根本。"第二个是要分清轻重缓急，在一个时期，只能保持一个主要的战略方向。从这两个原则出发，曾国藩认为，在当时的情况下，"论大局之轻重，则宜并力江北，以图清中原；论目前之缓急，则宜先攻景德镇，以保全湖口，先固南岸"。于是湘军收拢兵力，集中进攻赣北重地景德镇，不仅改变了被动局面，而且为后来进军安庆奠定了基础。

十一月，曾国藩从全局出发，又向清政府提出了全力进攻安庆，迫使太平军进行战略决战的作战计划。这个计划，可以说最充分地体现了曾国藩的战略水平。太平天国的首都是南京，清政府多年来一直盯着南京用兵，为此还先后组织了江南大营、江北大营，结果打了几年，不但南京没有打下来，江南大营、江北大营也全军覆灭，清军在战略形势上更加被动。曾国藩认为，之所以会造成这个局面，从根本上来说，是战略指导上的错误。

曾国藩说:"余于大利大害所在,均悉心考究。"他用兵十分强调"审势",他说"用兵以审势为第一要义","势则大局大计"。他还说,"应该从大的地方去分清界限,不要斤斤于小处去剖析微芒"。这个大利大害、大局大计,就是战略重心的所在。

由于曾国藩始终坚持站在战略全局的高度,根据敌我各方面的形势来制订战略计划和进行战争指导,把总揽全局作为制定战略的出发点,始终具有强烈的全局观念,所以湘军虽然在局部的战斗中不断吃败仗,但在战略态势上却越来越有利。而太平天国虽然在局部的战役上取得了一些胜利,但整个战略态势却越来越恶化。这是湘军最终能够将太平天国镇压下去的重要原因之一。

"用兵如对弈,谋势不谋子",战略的根本在于它的宏观性和长远性,如表现在力量的综合运用上,就是计划性和有序性。一个具有战略头脑的人,要能够把力量的各种要素和各种制约条件加以整理,按轻重缓急、先后次序进行排列,然后提出最有效的行动方案。

任何事业,某种意义上都是局部的事业,都在一定的大局之内,要想把事业做好,必须先观大局,认清其有利条件和不利条件,特别是大局的发展趋势,然后借势生风。不然的话,纵有千条妙策,亦难有所作为。

进兵宜稳,不应操之过急

【原典】

沅弟左右:

二日未接弟信,正深系念,兹接十九日信,慰悉一切。应复之事,条列如下:

一、守住庐江,余已大喜大慰,再破泥汊口,更为心满意足。以后神塍河、无为州纵不遽破,亦不要紧,弟进兵宜稳,不宜过急。

……

【译文】

沅弟左右：

两天没有接到你的来信，正在深深惦念时，接到了你十九日的信，欣然知道了一切。应答复的事项，条列于后：一、守住庐江，我已是大喜大慰，又攻克了泥汊口，更是心满意足。以后即便不马上攻破神塘河、无为州也不要紧。弟进兵要稳，不应操之过急。

……

解读

稳字当头，慎中进取

曾国藩用兵极其稳健，"临阵之际，务宜稳而又稳。佯做败不可猛追，孤军不可深入。""未经战阵之勇，每好言战。带兵者亦然，若稍有阅历，但觉我军处处瑕隙，无一可恃，不轻言战矣。"不轻言战，即不打无准备之仗。

曾国藩是中国近代杰出的军事家，也是一个功罪鲜明，成就极大的人物。曾国藩的发家，主要靠湘军；他的功和罪，也大多和湘军有关。他所组建的湘军"别树一帜，改弦更张"，先后镇压了太平天国和捻军起义，既为维护封建统治建立了功勋，客观上又为中国走向近代、走向世界起了巨大的作用，其功之大，是难以有人可以匹敌的。在军事方面，他不愧为中国近代军事家的第一人。蔡冠洛编《清代七百名人传》，将曾国藩归为军事人才。

曾国藩用兵极其稳健。他称赞李续宾，说他"用兵得一'暇'字诀，不特平日从容整理，即使临阵，也回翔审慎，定静安虑。"又说："迪安善战，其得诀在'不轻进，不轻退'六字。"

曾国荃在金陵前线时，曾国藩嘱咐说："总以'不出壕浪战'五字为主。"曾国藩所说的"浪战"，指胜负不分情况下的战争。即或有小胜，或仅小挫，浪战都会带来严重后果，士卒不但因浪战而疲困，且因浪战而对战事玩忽。与其如此，不如坚而守之，士卒身心强健，斗志昂扬，一战可胜。这就涉及战争中求胜的快与慢的问题。不浪战，或坚守不战，似乎胜之甚慢。实际上，养足精力，看准时机，战而必胜，虽慢实快。否则，欲速反不达。曾国藩这个于谨慎中求进取的战略，可以说是他的战略思想的核心。

曾国荃在围攻江西重镇吉安时，曾国藩曾经为他写下了一副对联，上联是"打仗不慌不忙，先求稳当，次求变化"，下联是"办事无声无息，既要精到，又要简捷"。后来这一句对联的上联成为曾国藩和太平军作战的指导原则。不但在战略思考上，同时在具体战术扎营修垒上，也体现了这一原则。

太平天国起义后，势力很快就遍及长江流域，军力发展到五六十万人，占领了长江流域的许多重要城镇。而湘军编练成军后，兵力最初不过一万七千人，发展到最后也不过十二万人左右，相差甚为悬殊，太平军往往是湘军的几倍或几十倍。面对强大的太平军，湘军不得不进行防御，先求立于不败之地，然后乘隙制人而不制于人。

起初，湘军不懂扎营要领，屡为太平军所破。曾国藩力惩前失，努力吸取古代兵法的经验："攻城最忌蛮攻，兵法曰：将不胜其愤而蚁附之，杀士卒三分之一而城不拔者，此攻之罪也，故仆屡次寄书，以蛮攻为戒。"此后，改变了战略："此后不可再行蛮攻，坚垒须扼扎要地，贼所必争之区，致令贼来攻我，我亦坚壁不与之战。待其气疲力尽而后出而击之，自操胜算。"

曾国藩还积极学习太平军扎营之术，并博考中国古代扎营成法和历代战争的得失，亲定"扎营之规"，扎营修垒、围而不攻、困死敌人成为曾国藩对付坚城的主要战术。而太平军为了打破湘军的围攻，又往往在内线组织反攻，在外线用援兵破围，这样湘军又经常处在防御地位，从而使自己的攻坚战变为进攻中的防御战，形成攻势防御的态势。

为了能首先使自己立于不败之地，达到围困太平军的目的，曾国藩对扎营修垒做了严格的规定。湘军每进攻到一座城下，统领首先根据利于作战的原则，选择地势险要的地方，要求湘军"每到一处安营，无论风雨寒暑，队伍一到，立即修挖墙壕，未成之先，不许休息，亦不许与敌搦战。墙子须八尺高、一丈厚，内有子墙，为人站立之地。壕沟须一丈五尺深，愈深愈好，上宽下窄"。此后湘军都依照这个规定扎营。扎营修垒，筑墙挖壕。正如曾国藩所指出的那样："惟当酌择险要，固垒深沟，先立于不败之地。"曾国藩对部下李元度说:"扎营宜深沟高垒,虽仅一宿,亦须为坚不可拔之计,但使能守我营垒,安如泰山,纵不能进攻,亦无损于大局。"中国近代名将蔡锷高度评价湘军的这个筑营措施"防御之紧严,立意之稳健,为近世兵家所不及道者也"。

湘军不但扎营以求自固,进攻敌人的坚垒、名城,也用扎营战术来围困敌人。咸丰六年(1856年),湘军围武昌,挖前壕来防武昌城内的太平军出击和突围,挖后壕以拒太平军的救兵。一般人虑不及远,笑挖后壕为"拙",后来太平天国翼王石达开率领援军接近武昌,于是湘军的后壕变为前壕,以抗拒石达开,人又叹其"巧"。咸丰十一年(1861年),胡林翼指示进攻安庆集贤关的湘军将领鲍超"莫攻贼垒,而于距贼垒二里外,以兵力分前后左右围之。每一面只需三营,遥遥相制,邀截樵汲,静待十日,贼必无水、无米、无薪,自行奔溃。"鲍超遵照胡林翼的命令,不到二十天,就把坚守集贤关的太平军四个坚垒全部攻克。这样关系重大的战果,只是从运用扎营战术中轻易得来的。

此后的湘军战役中,夺取九江、安庆,乃至天京,都是运用扎营战术来围困坚城而夺取的。湘军拔营有两个特点:第一,队伍要严整,哨探要严明;第二,不求神速,但求稳妥。对此,李鸿章说:"楚军营规,无论调援何处,事势缓急,仍守古法,日行三四十里,半日行路,半日筑营。粮药随带,到处可以立脚,劳逸饥饱之间,将领节养其体力,体恤其艰苦,是以用兵十余年,卒能成功,为其能自立于不败之地,制人而不制于人。"故湘军用兵,不患敌袭,不患中伏,很少有在拔营的时候,遭到全军覆灭之事,正是由于其扎营的成规周密所致。

湘军作战,极重地势。由于作战的方略,随山地与平原地势的不同而迥异,所以在作战前,湘军的统帅、大将,必审地势的险易。如湘军攻武昌,曾国藩先乘小舟赶汉口审地势。左宗棠攻杭州,先轻骑赴余杭察看地势。他们都在看明地形以后,才定进攻的方略。部下将领塔齐布常以单骑清晨独往看地势,不使将士得知;罗泽南每战必先精审地势;王鑫每战之前先勘地势,然后召集将领,根据地图各提所见,对此曾国藩很是钦佩。他们身经大小百战,都是战前先审地势、扼险要,而后出奇制胜。不独统帅,将领以亲看地势为第一要义，其下营官、哨官以至哨长、队长，人人都以看地势为行军的要务，人人都知道审地势。

这些例子说明：当两军对垒，善静者善养己之锐气，躁动者必将再衰三竭，虽未战而静者已先胜一筹。所以，曾国藩说："凡行兵，须积蓄不竭之气，留有余之力，《左传》所称再衰三竭，必败的道理。"在没有现代化武器，打仗只有刀矛，全靠体力，全凭勇气的情况下，曾国藩的"静"字法，无疑是有合理内核的。当然，曾国藩的"静"字法，并不是消极被动挨打。他指出，"战阵之事，须半动半静，动者如水，静者如山"。静时如山之屹立，不可动摇；动则如水之奔腾，不可遏止。

善用兵者总以主客二字最审慎

【原典】

沅弟左右：

前日接复信并苦株一包，顷又接二十二日戌刻来信，具悉一切。狗、辅不来集贤，艇船不送贼米，安庆之事，十牙子真有影子乎？古文二本，日内当圈点以犒赏统领也。汉口、汉阳只要布置略早，水师足资防御。逸亭之能否内剿城贼，外抵狗、辅，则未可知。然南昌岸尚有成、蒋八千人置之空虚之地，万一金、刘小有疏虞，上游亦不至决裂。江西建昌之贼与兴国、义宁等股会合，蔓延太广。闽汀股匪，散布抚、建、广三府境内，并围玉山县城，无人去剿，饷源竭矣。

多公函寄还。渠每主先出队寻贼，余每主待贼来扑我，所见不同。古之用兵者，于主、客二字最审也。顺问近好。

【译文】

沅弟左右：

前天接到回信和"食物"一包，不久又接到二十二日戌时来信，一切都知道了。狗、辅不来集贤，艇船也不来给贼送米，安庆的事，真的有希望吗？

古文二本，将在近日圈点，用来犒赏统领。汉口、汉阳只要早点布置，水师足以御敌。逸亭能不能内剿城内敌军，外抵陈玉成、伪辅王，则未可知。然而南岸我军还有成、蒋的八千人，置于空虚的地方，万一金、刘两军稍有疏忽，上游军事也不至于崩溃。江西建昌的敌军与兴国、义宁等股敌军会合，势力蔓延太广。闽汀这股敌军，散布于抚、建、广三府境内，并包围了玉山县城，无人去剿，军饷的来源枯竭了。

多公的信寄回。他常主张派兵寻找敌人，我常主张等敌人来攻打我，所见不同。古人用兵，对"主""客"二字最审慎。顺便问好。

解读

以主待客，制敌而不被敌制

由于稳、慎，曾国藩又提出了"以主待客"的原则，他说："兵不得已而用之，常存不敢为先之心，须人打第一下，我打第二下也。"其主旨是制敌而不被敌制。

这里所说的打第一下、打第二下，不是从战争谁正义谁不正义的角度说的，而是指具体战役战斗中，谁先动手，何时动手的问题，即战役战斗何者为主、何者为客的问题。故他说："古之用兵者，于'主客'二字精审也。"何谓主客？曾国藩罗列道："守城者为主，攻者为客；守营垒者为主，攻营垒者为客；中途相遇，先至战地者为主，后至者为客；两军相持，先呐喊放枪者为客，后呐喊放枪者为主；两人持矛相格斗，先动手戳第一下者为客，后动手即格开而即戳者为主。"

如何处理主与客？曾国藩说："凡出队有宜速者、宜迟者。宜速者，我去寻贼，先发制人者也；宜迟者，贼来寻我，以主待客者也。主气常静，客气常动。客气先盛而后衰，主气先微而后壮。故善用兵者，最喜做主，不喜做客。"他评论湘军将领说："近日诸名将，多礼堂好先去寻贼，李希庵好贼来寻我。休、祁、黟诸军但知先发制人一层，不知以主待客一层。"以主待客，既可以逸待劳，养精以应敌，又可静以审势，乘机破敌。所以，曾国藩认为，以主待客是制敌而不制于敌的最稳健的方略。

曾国藩甚至把这套"主客论"进而推到了战略问题上。他分析江南大营之所以失败，是因为他们对于"内外主客形势全失"。向荣、和春专注金陵一隅，而不顾及金陵上游的争夺，在江北，连与江浦、六合紧连的和州、无为一带也不去占领，安庆、庐州更不在他们的战争全局之内。在江南，对与江南大营毗邻的皖南地区，未力加控制，以巩固大营的后方。这叫作全失内外之势。

与此同时，向荣、和春又根据朝廷的旨令，"援浙、援闽、援皖、援江北，近者数百里，远者两三千里，援军四驰，转战不归"，被太平军各个击破。如冯子材率五千人援江北大营，几乎被全歼于小店；在六合、浦口之役中，李若珠部五千余人全部被歼于扬州，张国梁大败于浦口，周天培部全军覆灭。仅这两次战役，共损失"兵勇一万数千名，精锐失之过半"。江南大营的内外、主客之势之所以全失，曾国藩认为，这是因为向荣等"不能从大处落墨，空处着笔也"。

总之，曾国藩对待战争中的快慢问题、静动问题、主客问题，都是以"稳慎"二字为出发点来立论的。从中，我们不难体会曾国藩"打仗不慌不忙，先求稳当"的原则，而扎营看地则成为这一战术的关键。湘军用兵战术，稳步前进，步步为营，不慌不忙，以孙子兵法"善战者制人而不制于人"，逐渐争取主动为原则，故湘军用兵很少陷于危地，常据险要之地以制敌命，出奇制胜。曾国藩用兵，重视"主客"的说法，以守者为主，攻者为客，主逸而客劳，主胜而客败。归结起来，其军事战略的主旨主要在于四个方面：一扎营垒以自固，二慎拔营以防敌袭，三看地势以争险要，四明主客以操胜算。

曾国藩不仅自己"稳扎稳打"，还时常告诫带兵将领勿求速度，"步步把稳"，"稳扎稳打，机动则发"，"不必慌忙，稳扎稳守"。

宜全心忍耐

【原典】

弟到省之期,计在十二日。余日内甚望弟信,不知金八、佑九何以无一人归来?岂因饷事未定,不遽遣使归与?弟性褊激似余,恐怫郁或生肝疾,幸息心忍耐为要。

【译文】

弟到省城的时间,预计是在十二日。我目前很盼望弟的来信,不知道金八、佑九怎么没有一人回来?难道因为军饷没有着落,不能立即让他们回来吗?弟性情偏激就像我,担心愤怒抑郁会得肝病,希望一定要全心忍耐。

解 读

先忍让退缩,再后发制人

曾国藩喜欢避其锋芒,察见其形,先削弱敌人力量,让敌人的弱点暴露无遗,在动态中捕捉和创造战机,待条件成熟果断决战,可夺得胜利。在而后的对抗中掌握主动,这是一种非常高明的战略思想。它不是消极的,而是积极的。

"先发制人"重在以快取胜,招招求快,搞得对手目不暇接,出尽风光赚够钱,永远走在别人的前面。"后发制人"先是以不动应万变,静观其变,待看到其实力全现,招数使尽时,再不慌不忙地亮出自己的杀手锏,把对方杀个措手不及,最后只能认输。你觉得哪一种是制胜之道呢?

曾国藩提出了后发制人的思路。他在给曾国荃的信中这样写道:"敌人向我进攻,一定要仔细考究衡量,这样应战多半会打胜仗。随意而没有仔细考究衡量，轻率地发兵向敌人进攻的，多半会打败仗。兵者是不得已而用的，所以应常常存留一颗不敢为先之心，必须让对方打第一下，我才打第二下。"在同一封信中，他还说："与强悍的敌人交手，总要以能看出敌人的漏洞和毛病为第一要义。如果在敌方完全没有漏洞和毛病的情况下，而我方贸然前进，那么在我方必有漏洞和毛病，而被对方看出来了。不要有急躁情绪，不要为空洞的议论所动摇，自然能够瞄准敌方可破的漏洞。"

鬼谷子曾经说过，计谋可以分为上、中、下"三计"。上谋是无形的谋略，它使事业成功但不为人所知；中谋是有形的谋略，它帮助成就事业但留下痕迹，不过，因为用得巧妙，大家都称赞它；下谋是迫不得已使用的下下之策，它也能扶危济困，但费力伤物。以上三种计谋，相辅相成，可以制定出最佳的方案，皆可称为奇谋。奇谋既出，所向披靡，自古依然。

据此，鬼谷子提出："欲闻其声反默，欲张反敛，欲取反与。"这就是利用事物相辅相成的规律，从反面达到正面的方法。鬼谷子还强调：对方所不欲，勿强加于人；不要指出对方的错误而教导他；对方有短处，就避而不说出来；圣人的谋略是秘密的，唯有愚蠢的人喜欢张扬外露。

曾国藩发现，将老子和鬼谷子的"欲夺先与"的策略运用到军事上，则可收到奇效。春秋战国时期，晋国曾称霸一时。朝中的权臣智伯贪得无厌，向另一权臣魏桓子提出割地要求。魏桓子大怒，欲与之火拼。这时，他的一个部下任章却老谋深算地说："我们不妨暂时割地给他，他定会欲壑难填，从此不断地向人提出领土要求，惹得天怨人怒。然后，各诸侯联合起来，他必死无葬身之地。"后来智伯果然被各领主追杀，被迫自尽。

曾国藩认为，这个例子就说明了"后发制人"战略具有不可忽视的力量。老子说："天下莫柔弱于水，而攻坚者莫之能胜，以其无以易之。"意思是说：遍天下再没有什么东西比水更柔弱了，而攻坚克强却没有什么东西可以胜过水，也没有什么能够替代水。在老子思想中，"柔弱"是万物具有生命力的表现，也是真正有力量的象征。

当然也可以说，这种先是忍让退缩，而后后发制人的道理，也是中庸思想的另一种实践。《李卫公问对》一书中说："后则用阴，先则用阳；尽敌阳节，盈吾阴节而夺之。此兵家阴阳之妙也。"这句话的意思就是：后发制人要用潜力,先发制人要用锐气;把敌人的锐气挫折到最低限度,把我们的潜力发挥到最大限度去消灭敌人,这是用兵的奥妙之处。不难理解,先发制人的最大劣势是"覆水难收",说出去的话收不回来,迈出来的步子退不回来,容易暴露自己的缺陷与问题,容易被对方抓住把柄。反应太强烈,有可能火上浇油,使局势更难控制;反应太软弱,则有可能被对方利用,有可能出现路越走越窄、越来越被动的情形。而后发制人就是强调先让一步,化解力量,然后制敌。后发制人,要注意其中的"发"字,这是讲出力的时机。"发"字掌握不好,达不到克敌制胜的最终效果。

我们知道,水无论流向哪里,遇到阻力都会自行谦让;正面流不过去就向左面,左面流不过去又向右面,每一面都流不过去时,就停下来,积蓄自己,再等待时机的到来以及各种条件的变化,等到自身条件或外部条件成熟后,再开始新的历程。曾国藩后发制人的人生策略,顺应着自然力运转的规律,值得我们重视。

第六章　为政之道

居官以耐烦为第一要义

【原典】

昔耿恭简公谓居官以耐烦为第一要义，带勇亦然。兄之短处在此，屡次谆谆教弟亦在此。二十七日来书，有云"仰鼻息于傀儡膻腥之辈，又岂吾心之所乐"，此已露出不耐烦之端倪，将来恐不免于龃龉。去岁握别时，曾以惩余之短相箴，乞无忘也。

【译文】

昔日耿恭简公说做官以忍耐烦恼为第一要义，带兵也是这样。我的缺点在这里，多次教导弟，讲的道理也是这个。二十七日来信中说："仰鼻息于傀儡膻腥之辈，又岂吾心之所乐"，已流露出不耐烦的苗头，将来恐怕难免出现摩擦。去年告别时，曾以我的缺点告诫你，希望你不要忘记。

解读

处事不烦、不急不躁

曾国藩在家书中写道：耿恭简公谓居官以耐烦为第一要义，带勇亦然。又曾经写道：阁下若遇棘手之际，请从"耐烦"二字痛下功夫。

在不经意的时候惹上祸端，最为恼人。曾国藩认为避祸是人生大事，也是官场重头戏。做官都会遇到很多麻烦事，也必须要处理很多麻烦事，有的人处理一件麻烦事可以，处理两件麻烦事也还能行，但遇到三件或三件以上的麻烦事就耐不住了；有的人遇到一件小的麻烦事还可以，一旦遇到大的麻烦事就挺不住了；有的人处理别人的麻烦事还可以，一旦自己遇到麻烦事就受不了了。

当官之所以烦人，就是因为麻烦事往往一件跟着一件，推也推不脱，躲也躲不掉，难得清静，难得自在，难得潇洒，为什么说"无官一身轻"呢？就因为没有那么多的麻烦事。所以做官修养心性第一件事就是训练自己处事不烦、不急不躁，保持清醒的头脑。头脑清醒才能保持安静，保持安静才能稳住部下，稳住部下才能作出决断。

同治三年（1864年），曾国藩率部队追击捻军。一天夜晚，兵驻周家口（今江西万载县），湘军护卫仅千余人，捻军突然来袭，湘军惊恐不已。幕府文书钱应溥急忙对曾国藩说："现已半夜，力战肯定不行，突围恐怕危险重重。但若我们按兵不动，佯为不知，彼必生疑，或许不战自退。"曾国藩于是高卧不起，钱应溥也很镇静，守护曾国藩的卫兵见主帅若无其事，于是也都平静下来，恢复常态。捻军见状，果然怀疑曾国藩布有疑兵，徘徊不定，不敢冒进，最终匆匆撤退。

曾国藩一生，顺境时少，逆境时多，经历了官场内部的无数忌恨、猜疑与攻击。耿恭简的"居官以耐烦为第一要义"，曾国藩深以为然，说"遇棘手之际，须从'耐烦'二字痛下工夫"，才能找到解决问题的方案。

不能耐烦者必不能成大事。曾国藩前后耐烦精神不一样，前期重在身居高位、敢于直谏的耐烦劲儿，后期重在居家修身、修炼心智的耐烦劲儿。曾国藩说，"我愧居高位，也想忠贞报国，不敢唯唯诺诺，阿谀奉承，以求容身，唯恐这样做会玷污宗族，辜负了大家的一片期望，故需要耐烦工夫！"

在晚清大臣中，曾国藩的直谏是出了名的。他并不想出风头，甚至觉得这样做十分危险，但作为臣子，他认为这就是忠诚，就是尽自己的本分。荀子说，忠诚有三个等级，大忠、次忠和下忠，无论是哪一种忠诚，都要有利于君主。但忠诚并不是一味地随声附和，如果君主的政策和行为发生错误，就应该大胆陈言，加以规劝。

大胆进言具有很大危险性，一语不慎，轻则导致皇上疏远，重则招致杀身之祸。历史上由于大胆直言而触犯龙颜，招来杀身之祸的人和事太多了，所以曾国藩每次出于忠心上谏，仍心有余悸。

咸丰元年（1851年）五月二十六日，曾国藩上一谏疏，敬陈皇上预防流弊。事后曾国藩谈了自己的感受：

"我谏疏的言辞非常激动，而皇上气量如海，尚能容纳，这难道是汉唐以来的君主所能比拟的吗？我想，自己受恩深重，官至二品，不为不尊；父母被皇上诰封三代，儿子也荫任六品，不为不荣。如果这种情况还不能尽忠直言，那要等到什么时候才能谏言呢？皇上的美德乃自然天禀，满朝文武竟然不敢有一句逆耳之言。将来万一皇上一念之差，产生了骄傲自满的思想，并且逐渐发展到只喜欢听奉承话，而厌恶听任何逆耳忠言，那么满朝文武大臣都有不可推卸的责任。所以今趁皇上元年新政伊始之时，把这骄傲自满的机关说破，以便使皇上兢兢业业，断绝骄傲自满的苗头。这是我的区区本意。"

"现在人才缺乏，民心不振，大家都在小事上谨慎，在大事上却马虎，每个人都习惯了唯唯诺诺、阿谀奉承的风气。我想用这篇谏疏稍稍挽救一下江河日下的风气。希望朝中的大臣们能耿直起来，遇事谁也不推脱。这是我想表达的另外一个意思。"

"折子递上去时，我恐怕会冒犯皇上的不测之威，因而早已将福祸置之度外。不料皇上慈颜含容，不仅不治我的罪，而且还赏赐了我。从此以后，我应更加尽忠报国，不再顾及自己和家人的私利了。不过以后奏折虽多，但断不会再有现在这样激切直率的奏折了。"

曾国藩的上谏，恰如《晏子春秋》所说："忠臣不避死，谏不违罪。"至于他的因祸得福，那是意料之外的事情。在曾国藩看来，做官要修养心性，要训练自己不急不躁、头脑清醒的耐烦性情。

要想做到耐烦容人，必须有一个豁达的心胸。曾国藩曾经在日记中写道："静中细思古今亿万年无有穷期，人生其间，数十寒暑，仅须臾耳；大地数万里无有纪极，人于其中，寝处游息，昼仅一室耳，夜仅一榻耳；古人书籍，近人著述，浩如烟海，人生目光之所能及者，不过九牛一毛耳；事变万端，美名百途，人生才力之能办者，不过太仓之一粒耳。"

由此他说："知天之长而吾所历者短，则遇忧患横逆之来，当少忍以待其定；知地之大而吾所居者小，则遇荣利争夺之境，当退让以守其雌；知书籍之多而吾所见者寡，则不敢以一得自喜，而当思择善而约守之；知事变之多而吾所办者少，则不敢以功名自矜，而当思举贤而共图之。夫如是，则自私自满之见可渐渐蠲除矣。"

曾国藩认为古往今来的失败者包括那些英雄，大都败在气度不够开阔、不能控制自己的情绪上，这是应当引以为戒的。他在给曾国荃的信中说："我一天天老了，也还经常有控制不了自己肝火的时候。但是我总是提醒自己要抑制住怒气，这也就是佛家所讲的降龙伏虎，龙就是火，虎就是肝气。自古以来，有多少英雄豪杰没有过去这两关啊，也不仅是你我兄弟这样。关键要抑制自己的情绪，不能让它随便发作。儒家、佛家理论不同，然而在节制血气方面，没有什么不同。总而言之，不能情绪化，否则对身体是非常有害的。"

"老弟你近年来在我愤怒和激动的时候，总是坦言相劝，在自己愤怒和激动的时候，也常常能马上收敛。由此看来，老弟你以后的成就是不可限量的，后福也是不可限量的。担任国家大事的人必须有气度，忧虑之气积于心中就变成了负担，所以说倔强到了极点，就不能不流露为情绪。以后我们兄弟动气的时候，彼此之间应该互相劝诫，保留住倔强的品质，除去愤怒激动的情绪，也就可以了。"

存其倔强，去其愤怒激动，就是要在保持进取之心的同时，保持一颗清醒冷静的头脑，而不要做出情绪化的反应来。

谨慎的迟疑是审慎的表现

【原典】

沅弟左右：

至安庆之围不可撤，兄与希庵之意皆是如此。弟只管安庆战守事宜，外间之事不可放言高论毫无忌惮。孔子曰"多闻阙疑，慎言其余"。弟之闻本不多，而疑则全不阙，言则尤不慎。捕风捉影，扣盘扪烛，遂欲硬断天下之事。天下事果如是之易了乎？大抵欲言兵事者，须默揣本军之人才，能坚守者几人，能陷阵者几人；欲言经济，须默揣天下之人才，可保为督抚者几人，可保为将帅者几人。试令弟开一保单，未必不窘也。弟如此骄矜，深恐援贼来扑或有疏失。此次复信，责弟甚切。嗣后弟若再有荒唐之信如初五者，兄即不复信耳。

【译文】

沅弟左右：

至于安庆城绝不可撤围，我与希庵的意见都是这样。你只管处理好安庆的战守事务，其余的事不要肆无忌惮乱发议论。孔圣人说"多闻阙疑，慎言其余"。你的听闻本来就不多，而疑却全不阙，至于言谈尤其不谨慎。捕风捉影，扣盘扪烛，便要主观武断地论天下之事。天下的事情当真这样容易了解吗？大体上讲，凡是用兵打仗的人，对本军的人才必须心中有数，擅长坚守有几个人，善于冲锋陷阵的有几个人；如果要定国安邦，必须对天下的人才做到心中有数，可以保举做督抚的人有几个，可以保举做将帅的有几个人。如果让你开列一个保举奏单，恐怕你未必不感到为难。你这样骄狂，我担心援敌前来进攻，可能你会有疏失。这次复信，对你的批评很恳切。今后你若再有像五日那样的荒唐信来，我就不再给你回信了。

解读

谨言慎行方可办大事

对于一个人来说，只有具备了严谨的性格，才能走得稳，走得远。否则，大部分的时间都可能花在摔跤上了。假如一路上总是摸爬滚打，能走得快，走得远吗？不要看不上那些简单的事情，不要忽略那些被他人认为很容易的细节和细致的工夫。一个人能够把简单的事情做到位，这就是不简单。大家都认为很容易的事，假如你能认真严谨地做好，这就是不容易。

谨慎并非美德，却是成大事必备的素质。《诗经》中说，做事应当"惴惴小心，如临于谷；战战兢兢，如履薄冰"。《管子》中说"其所谨者小，则其所立亦小；其所谨者大，则其所立亦大"。曾国藩说："做官之人，终身涉危蹈险，如履薄冰。"

俗语说，"诸葛一生唯谨慎"。朱熹说，古今大英雄豪杰，做事只有如临深渊，如履薄冰才能成大事，他在给陈亮的书信中说："真正大英雄人，却从战战兢兢、临深履薄处，做将出来。若是血气粗豪，却一点使不着也。"明代大儒薛瑄也说："圣贤成大事业者，从战战兢兢中来。"

吕坤的《呻吟语》、洪应明的《菜根谭》、石成金的《传家宝》是明清处世三大奇书，也都把谨慎作为待人办事的秘方。吕坤说："世间事各有恰好处，慎一分者得一分，忽一分者失一分，全慎全得，全忽全失。小事多忽，忽小则失大；易事多忽，忽易则失难。"洪应明说："思立掀天揭地的事功，须从薄冰上履过。"意思是，要想做成惊天动地的事业，就要有如在薄冰上行走一样的谨慎才行。

谨慎方可办大事，可以说是古代贤哲经历无数磨难后总结出来的道理。为人如此，自修如此，做官更须如此。因此，为官三箴——清、慎、勤中，"慎"字被列为第二，仅次于"清"字，比"勤"字还重要一些。

何谓慎？刚毅说："行不放逸，语不宣泄，谓之慎。"就是说，一言一行，均须慎重。"忧患生于所忽，祸害兴于细微。人臣不慎密者，多有终身之悔。故言易泄者，召祸之媒也；事不慎者，取败之道也。"

怎样做才算是谨慎呢？

其一，要深思熟虑。每遇到一件事，都要进行详细的调查，掌握充分而全面的情况，反复思考，得出解决的办法，没有疑问，再付诸实施。正如宋人陈襄所说："官司凡施设一事情，休戚系焉。必考之以法，揆之于心，了无所疑，然后施行。有疑，必反复致思，思之不得，谋于同僚。否则，宁缓以处之，无为轻举，以贻后悔。"清人张运青说："处事当熟思缓处。熟思则得其情，缓处则得其当。"

其二，一言一行都要谨慎。清人高廷瑶指出："夫居官之要，莫要于谨言慎行。举止戒浮动，说话戒夸张。上官及朋友有事相商，不可漏泄，所谓计事不密则害成也。"清人文海认为："'慎'字所包甚广，不独刑罚之措施，钱谷之出纳，凡堂上之一喜一怒，署内之一言一动，俱有关系，不可任我性情。"

其三，谨始慎终，时时都要谨慎。清人郑端说："事必谋始。莅事之初，士民观听所系，廉污贤否所基，做事务须详审，未可轻立新法，恐不宜人情，后难更改；持身务须点检清白，且不可轻与人交，恐一有濡染，动遭钳制，不但贿赂可以污人而已。"不仅要谨始，而且要慎终。正如元代名臣张养浩所说："为政者不难于始而难于克终也。初焉则锐，中焉则缓，末焉则废者，人之情也。慎始如终，故君子称焉。"老子说"慎终如始，则无败事"，指的就是这个意思。

曾国藩生性谨慎，不是那种粗心鲁莽、毫无顾忌的人。但他一生之中，有多次变化，性格也有很大改变。刚进入仕途还以"敢"字标榜，以"强"字自励。随着深入官场，他体会到仕途险恶，性情更加谨慎，甚至如他自己所说，已由慎生葸，葸者，畏惧之意也。朱之瑜说过："慎者，美德也，而过用之，则流于葸。"如果由慎而惧，胆子越来越小，恐怕就什么事也办不成。左宗棠性情刚烈，李鸿章则远为圆通，两人都批评过曾国藩胆小。

军事上的谨慎固然重要，但对曾国藩而言，太平军不可怕，打败仗不可怕，最可怕的是官场风云。在他官卑权微时，尚未悟出其中的奥妙，随着他官大权大，在官场混迹越久，陷入越深时，越感到可怕。在同治帝继位以后，慈禧当政，这个女人心狠手辣，更令曾国藩生畏，从而也更加谨慎。

中国古代讲究以文治国，如魏文帝曹丕所言，"文章乃经国之大事"，科举制度考的就是一个人的文章。文章表现一个人的品德，所以有"文如其人"之说，文章表现个人的见识，也表现一个人的才能。对于臣子而言，要想表达自己的立场、观点，为君主所用，文章好坏是关键。对朝臣尚且如此，对地方官更不用说了，因为当时交通落后，主要信息只能靠邮寄书信传达。一般官员，至少三五年才能进京觐见，奏牍就成了与君主沟通最便利的载体。所以曾国藩认为，奏议是臣子最重要的事，要谨慎对待，下一番功夫才行。

曾国藩文章高妙，被誉为晚清国手，他以理学为积淀，风格雄健刚劲，自成一家。

曾国藩还善于从历史的经验中学习处世之道，在总结历代权臣结果时发现，权位往往是致祸之源，尤其是兵权。秦朝的白起，西汉的韩信、彭越，明代的蓝玉，都是因兵权过重、声望过高而被杀的。曾国藩手握十几万重兵，足以推翻清朝，更为朝廷所忌。对此，他早有警惕，就在同治三年（1864年）初，他给昔日挚友倭仁写信，诉说自己的不安："自古柄兵之臣，广揽利权，无不获祸谪者。侍忝附儒林，时凛冰渊，而使人以广揽利权疑我，实觉无地自容。"

所以灭太平军后，曾国藩首先想到的是裁湘军，但同时却保留了淮军。

不能太有权，但亦不可无权。无权则受人任意宰割，悔则晚矣。有人劝曾国藩急流勇退，曾国藩不听，也是同样的考虑。正因为他有这种谨慎态度，才得以善终。倘若追寻其居高位的奥秘所在，不过一"慎"字而已。道理人人能知，真正做到的，古今又有几人？

大乱未平之际应学会藏身匿迹

【原典】

澄侯四弟左右：

顷接来缄，又得所寄吉安一缄，俱悉一切。朱太守来我县，王、刘、蒋、唐往陪，而弟不往，宜其见怪。嗣后弟于县城省城均不宜多去。处兹大乱未平之际，惟当藏身匿迹，不可稍露圭于外。至要至要。

吾年来饱阅世态，实畏宦途风波之险，常思及早抽身，以免咎戾。家中一切，有关系衙门者，以不与闻为妙。诸唯心照，不一一。

【译文】

澄候四弟左右：

刚才接到来信，又接到你们寄往吉安的一封信，详细地知道了一切。朱太守来到我县，王、刘、蒋、唐前往作陪，而澄弟不去，这会让他见怪。以后无论是县城还是省城澄弟都不宜多去。处于现在这种大乱未平的时刻，只应藏身匿迹，不可以稍稍在外显露头角。这是万万重要的。

我多历尽世态炎凉，实在畏惧宦途风波的险恶，常常想及早抽身退出，以免获罪。家中一切事务，如有关系到官府衙门的，以不闻不问为好。请大家理解我的一番苦心，不再一一叙说。

解读

龙蛇伸屈之道乃生存之道

一个人应该和周围的环境相适应，适者生存。曲高者，和必寡；木秀于林，风必摧之；人浮于众，众必毁之。以退为进才能有一颗平凡的心，才不至于被外界左右，才能够冷静，才能够务实，这是一个人成就大事的最起码的前提。

张衡曾说："不患位之不尊，而患锋之不藏。"有人说，曾国藩能够成功的最大原因是深谙藏锋的道理。

曾国藩常用"厚藏匿锐，身体则如鼎之镇"这两句话教育僚属及家人，这两句话可以作为座右铭来遵守。"藏"是什么？藏心是为了把锋芒掩饰住，不让别人察觉。即本来强，却装弱，本来大，却装小，目的是为了更好地出击，让别人防不胜防。

曾国藩说："藏，匿也，蓄也；锋，尖也，锐也。藏锋乃书家语，言笔藏而不露也。吾谓言多招祸，行多有辱。是故，傲者人之殃，慕者退邪兵。为君藏锋，可以及远；为臣藏锋，也以至大。讷于言，慎于行。乃吉凶安危之关，成败存亡之键也。"

屈是为了伸，藏锋本是蓄志，不屈难以伸展，不藏锋志从何来？曾国藩的"藏锋"表现在他与君、与僚属的共同处事上，这种藏锋来自他对中国传统文化的体会，来自一种儒释道文化的综合。

一般谈曾国藩的思想往往只谈他所受到的儒家文化的影响，作为一个对中国传统文化全面研究过的人，曾国藩对道家文化也情有独钟，尤其是在他晚年时期。他终生都喜欢读《老子》，且对受道家文化影响很深的苏轼钦佩不已。在政治上、为人上，曾国藩崇尚儒家；在军事上、养生上，曾国藩又崇尚道家。这些都为他掌握藏露之道打下了坚实的思想基础。

曾国藩认为，锋芒会给人带来许多不必要的麻烦。人仅仅有才智不行，还要修炼自己，此间最重要的是去掉锋芒、少言实干。

同治三年（1864年）天京攻破，红旗报捷，曾国藩把官文列于捷疏之首，就是为了藏住自己的锋芒，尤其是裁减湘军，留存淮军，意义更为明显。不裁湘军，恐权高震主，危及身家，如裁淮军，手中不操锋刃，则任人宰割，因此他叫李鸿章留下淮军以保留实力，从自己处下手。

曾国藩到达天京以后，七月初四日"定议裁撤湘勇"。在七月初七日的奏折中，曾国藩向清朝廷表示："臣统军太多，即裁撤三四万人，以节縻费。"从当时的材料来看，曾国藩裁撤湘军的表面原因是湘军已成"强弩之末，锐气全消"，而时人却认为全是为了避锋芒的借口。时人王定安就说过："曾国藩谦退，以大功不易居，力言湘军暮气不可复用，主用淮军。以后倚淮军以平捻。然国藩之言，以避权势，保令名。其后左宗棠、刘锦棠平定关外盗寇，威西域，席宝田征苗定黔中，王德榜与法朗西（法兰西）战越南，皆用湘军，暮气之说，庸足为定论乎？吾故曰，国藩之暮气，谦也。"

当时曾国藩所统湘军约计十二万余人，但左系湘军进入浙江以后，已成独立状态，早在攻陷天京以前，江忠义、席宝田两军一万人已调到江西，归沈葆桢统辖，鲍超、周宽世两军两万余人赴援江西以后，随即也成为沈葆桢的麾下人马，剩下的便只有曾国荃统率的五万人，而这些人也正是清政府最为担心的。于是曾国藩从这五万人开始进行裁撤。

曾国藩留张诗日等一万余人防守江宁，五万人由刘连捷、朱洪章、朱南桂率领，至皖南、皖北作为巡防军队，裁撤了助攻天京的萧衍庆部（李续宜旧部）近万人和韦俊的两千五百余人。同治四年（1865年）正月，又裁撤防军以及十六营八千人，但只有张诗日一营愿随曾国藩北上，其余都不愿北上，于是曾国藩又裁撤了其余的七千五百人。之后，又陆续裁了刘连捷、朱洪章、朱南桂三军。此时，曾国藩能够调动的部队只剩下张诗日一营和刘松山老湘营六千人。

在裁撤湘军的同时，曾国藩还奏请曾国荃因病开缺，回籍调养。此时，曾国荃因攻陷天京的所作所为，一时间已成为众矢之的。同时，清廷对他也最为担心，唯恐他登高一呼，从者云集，所以既想让他早离军营而又不想让他赴浙江巡抚任。无奈，曾国藩只好以其病情严重，奏请回乡调理。很快清廷便批准了曾国藩所奏，并赏给曾国荃人参六两，以示慰藉。而曾国荃却大惑不解，愤愤不平溢于言表，甚至在众人面前大放厥词以发泄其不平，使曾国藩十分难堪。曾国藩回忆说："三年秋，吾进此城行署之日，舍弟甫解浙抚行，不平见于辞色。时会者盈庭，吾时无地置面目。"

在曾国荃四十二岁生日那天，曾国藩还特意为他创作了七绝十二首以示祝寿。曾国藩的至诚话语，感动得曾国荃热泪盈眶，竟放声恸哭，以宣泄心中的抑郁之气。随后，曾国荃返回家乡，但怨气难消，以致大病一场，从此，辞谢一切所任，直至同治五年（1866年）春，清廷命其任湖北巡抚，他才前往上任。

同治九年（1870年）五月，曾国藩作了一副对联："战战兢兢，即生时不忘地狱；坦坦荡荡，虽逆境亦畅天怀。"曾国藩藏锋的"龙蛇伸屈之道"，是一种自我保护、实现自我价值的生存之道。实际上藏锋露拙与锋芒毕露，是两种截然相反的处世方式。锋芒引申指人显露在外的才干。有才干本是好事，是事业成功的基础，在恰当的场合显露出来是十分必要的，但是带刺的玫瑰最容易伤人，也会刺伤自己。露才一定要适时、适当。时时处处才华毕现只会招致嫉恨和打击，导致做人及事业的失败。有志于做大事的人，可能自认为才分很高，但切记要含而不露。

参考文献

[1] 王再华. 曾国藩处世谋略［M］. 呼和浩特：远方出版社，2008.

[2] 清远. 图解曾国藩冰鉴［M］. 北京：中央编译出版社，2009.

[3] 李志敏，王再华. 冰鉴的智慧［M］. 呼和浩特：远方出版社，2007.

[4] 曾国藩，东篱子. 冰鉴全鉴［M］. 北京：中国纺织出版社，2010.

[5] 马道宗. 曾国藩全书·冰鉴［M］. 北京：光明日报出版社，2004.

[6] 杨学强. 曾国藩教子家书［M］. 北京：群言出版社，2009.

[7] 龙柒. 曾国藩处世家书［M］. 北京：中国画报出版社，2009.

[8] 陈才俊. 曾国藩家书（精粹）［M］. 北京：海潮出版社，2007.

[9] 童亮. 读家书·懂人生［M］. 北京：地震出版社，2007.

附录　曾国藩小传

曾国藩（1811～1872年）原名子城，乳名宽一，字伯涵，号涤生，谥文正；湖南长沙府湘乡县白杨坪人，现属湖南省双峰县荷叶镇天子坪。

曾国藩是清朝末年的军事家、理学家、政治家、文学家，"中兴名臣"之一。官至两江总督、直隶总督、武英殿大学士，封一等毅勇侯。曾国藩给后人留下了用之不竭的人生及社会经验。

曾国藩出生在一个地主家庭。兄妹九人，曾国藩为长子。祖辈以农为业，生活较为宽裕。祖父曾玉屏粗通文化，阅历丰富；父亲曾麟书为饱读诗书之士，可考取秀才后便在举人考试中屡次名落孙山。

曾国藩天资聪颖，六岁上学，七岁起开始在他父亲执教的家塾读书，八岁能读八股文、诵"五经"，十四岁时能读《周礼》《史记》《文选》，并参加长沙的童子试，成绩俱佳，被列为优等。二十岁那年，才到外地上学。

道光十三年（1833年），考中秀才后，入湖南最高学府——长沙岳麓书院学习。曾国藩自幼聪敏，勤奋好学，少年即小有才名，到岳麓书院后，开始比较系统地接受封建思想的教育和湖南学风的熏陶。他在岳麓书院大约学习了一年，于1834年（道光十四年）肄业。

道光十四年（1834年），金秋时节，曾国藩参加乡试考中第三十六名举人。次年春天，在杏花如雪的北京，曾国藩会试落第。四月，曾国藩寓居长沙会馆读书。准备参加来年的恩科会试。结果道光十六年（1836年），恩科会试再次不第的曾国藩出京返家。

道光十八年（1838年），曾国藩再次赴京参加会试，取中第三十八名贡士。殿试取三甲第四十二名，赐同进士出身。朝考取一等三名，改庶吉士，入翰林院庶常馆深造。

道光二十年（1840年），庶吉士散馆，曾国藩取二等第十九名，授翰林

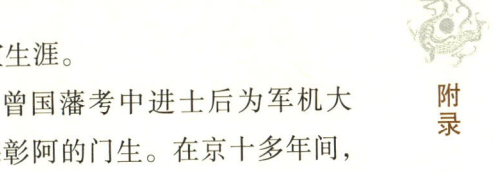

院检讨，秩从七品，由此，正式开始了他的仕宦生涯。

曾国藩考中进士后为军机大臣穆彰阿的门生。在京十多年间，他先后任翰林院庶吉士，累迁侍读，侍讲学士，文渊阁直学士，内阁学士，稽查中书科事务，礼部侍郎及署兵部、工部、刑部、吏部侍郎等职。十年七迁，连跃十级，从七品一跃而为二品大员。

曾国藩的时代，是一个政治黑暗、军队腐败、社会不安、天灾流行、内乱外患交相侵迫的时代。我们观察曾国藩的成功，虽说是基于天生过人的才能，但也是艰难困苦的环境造成他的惊人"事业"。正所谓乱世可成"英雄"之业。

曾国藩初登仕途之时，正是第一次鸦片战争爆发之际。这似乎是一个象征，他所生活的时代，正是民族危机不断加深，社会性质急剧变化，社会形势错综复杂的时代。曾国藩之政治生活的目标是为这个社会找一条出路。为此，他提出了一整套解决国内外矛盾的设想和办法，不仅如此，他还是一个积极的实践者。他是近代洋务运动的首倡者，最早提出学习外国科学技术，兴办近代军事工业的主张，他所制定的洋务运动的基本原则，基本上规范了其后洋务运动的发展和洋务派人物的活动。曾国藩之所以成为近代史上一个影响深远的人物，这是一个很重要的原因。

咸丰二年（1852年），曾国藩因母丧在家守孝。起源于广西的太平天国起义在江南如火如荼。尽管清政府从全国各地调集大量八旗、绿营官兵来对付太平军，可清军腐朽的武装不堪一击。因此，咸丰三年（1853年），守孝的曾国藩被特批在其家乡湖南一带抗击太平军。1853年1月，曾国藩以在籍侍郎的身份被清廷任命为团练大臣，负责湖南的团练招募、训练和自保，他便因势在家乡成功地组建了一支特别的民团——湘军。

他以封建宗法关系为纽带，不招游杂、城镇市民，只招募青年农民，挑选同乡、同学、师生和亲友当军官，并先聘营官，由营官自己招募士兵，整个湘军只服从曾国藩一人。他要求将士"忠义血性""书生以忠诚相期奖"，与左宗棠、曾国荃、李鸿章率领这支军队转战十年，1860年湘军总数已达到三十万人，并最终平定了太平天国运动。之后，曾国藩被加封为兵部尚书衔，授两江总督，并以钦差大臣的身份督办江南军务。从此，曾国藩不但拥有兵权，而且掌握地方大权。

自打下天京后，为消除朝廷的疑忌，曾国藩主动收敛羽翼，亲自裁减湘军，在朝中赢得了极好的口碑。后被封为一等勇毅侯，成为清代以文人而封武侯的第一人。